NUDGE

Richard H. Thaler e Cass R. Sunstein

Nudge

Como tomar melhores decisões

EDIÇÃO AMPLIADA E DEFINITIVA

TRADUÇÃO
Ângelo Lessa

OBJETIVA

Grafia atualizada segundo o Acordo Ortográfico da Língua Portuguesa de 1990, que entrou em vigor no Brasil em 2009.

Título original
Nudge: The Final Edition

Capa
Cleber de Campos

Preparação
Diogo Henriques

Índice remissivo
Probo Poletti

Revisão
Ingrid Romão
Juliana Cury/ Algo Novo Editorial

Dados Internacionais de Catalogação na Publicação (CIP)
(Câmara Brasileira do Livro, SP, Brasil)

Thaler, Richard H.
Nudge : Como tomar melhores decisões / Richard H. Thaler, Cass R. Sunstein ; tradução Ângelo Lessa. — 1ª ed. — Rio de Janeiro : Objetiva, 2023.

Título original : Nudge : The Final Edition.
Edição ampliada e definitiva.
ISBN 978-85-390-0743-1

1. Comportamento do consumidor 2. Negócios e economia 3. Tomada de decisão — Aspectos psicológicos I. Sunstein, Cass R. II. Título.

23-155071 CDD-330.01

Índice para catálogo sistemático:
1. Economia comportamental 330.01

Tábata Alves da Silva - Bibliotecária - CRB-8/9253

2ª reimpressão

EDITORA SCHWARCZ S.A.
Praça Floriano, 19, sala 3001 — Cinelândia
20031-050 — Rio de Janeiro — RJ
Telefone: (21) 3993-7510
www.companhiadasletras.com.br
www.blogdacompanhia.com.br
facebook.com/editoraobjetiva
instagram.com/editora_objetiva
twitter.com/edobjetiva

Para France, que (ainda) faz com que tudo na vida seja melhor.

R. H. T.

Para Samantha, que sabe o que importa.

C. R. S.

Sumário

PARTE IV: SOCIEDADE

PARTE V: DEPARTAMENTO DE RECLAMAÇÕES

Prefácio à edição final

A versão original de *Nudge* foi publicada em 2008. Enquanto escrevíamos o livro, Thaler comprou seu primeiro iPhone, e Sunstein, seu primeiro BlackBerry. Em seu primeiro mandato como senador, Barack Obama, nosso ex-colega da Universidade de Chicago, decidira desafiar Hillary Clinton pela indicação do Partido Democrata à presidência. O senador Joe Biden tentava fazer o mesmo, sem muito sucesso. O incorporador imobiliário e astro de reality shows Donald Trump dizia que Clinton era "fantástica" e "daria uma grande presidente".[1] Uma crise financeira estava nascendo. Taylor Swift tinha dezenove anos (e ainda não havia ganhado um Grammy), e Greta Thunberg completara apenas meia década de vida.

Para dizer o mínimo, de lá para cá algumas coisas aconteceram. Mas *Nudge* continua atraindo interesse, e não estávamos muito inclinados a mexer nele. Então, por que fazer uma revisão agora? Como discutimos aqui, o viés do statu quo é poderoso.

No mesmo espírito do livro, foi uma questão aparentemente pequena que nos estimulou a acordar desse sono. Os contratos para as edições americana e britânica haviam expirado, e era preciso refirmá-los. Os editores nos perguntaram se poderíamos adicionar um novo capítulo ou talvez até fazer algumas alterações. Nossa reação imediata foi responder que não. Afinal, Thaler é famoso pela preguiça, e Sunstein poderia ter escrito outro livro no tempo que levaria para fazer seu coautor concordar. Além do mais, estávamos orgulhosos de nossa obra, então por que mexer no que já era bom?

Mas aí começamos a folhear os exemplares que tínhamos em casa, onde passamos o ano da covid-19. O primeiro capítulo menciona o então estiloso mas hoje obsoleto iPod. Caramba, parece meio datado. E um capítulo inteiro é dedicado ao que ainda consideramos uma excelente solução para o casamento entre pessoas do mesmo sexo. Mas desde então muitos países conseguiram resolver esse problema de uma forma que não imaginávamos ser politicamente possível: aprovaram leis legalizando a união homoafetiva. Então, sim, talvez certas partes do livro precisassem de uma atualização.

E então, em meados de 2020, num verão como nenhum outro em nossas vidas, decidimos dar uma olhada no manuscrito para ver se queríamos fazer alguma alteração. O fato de Thaler ter encontrado os arquivos em Word do que chamamos de "edição internacional" ajudou muito, e esses arquivos eram (quase) utilizáveis. Sem eles, esta edição não existiria, pois não conseguiríamos recomeçar da estaca zero. Admitimos que caímos numa pequena armadilha. Em tese, somos especialistas em vieses na tomada de decisões humanas, mas isso certamente não significa que estamos imunes a eles! Muito pelo contrário.

Não sabemos ao certo se essa armadilha específica tem um nome, mas ela é familiar a todos. Vamos chamá-la de viés "já que estamos aqui". Ele é muito comum em projetos de reforma doméstica. Certo dia, após vinte anos de negligência, a família conclui que a cozinha da casa precisa de uma reforma imediata. A lista inicial de tarefas inclui trocar eletrodomésticos e armários, mas é claro que o piso será destruído durante a reforma, então é melhor substituí-lo, e caramba, se pudéssemos empurrar a parede mais para lá e ganhar um espacinho, daria para colocar uma nova janela para o pátio, mas puxa... quem quer olhar para esse pátio? Assim, nos declaramos culpados de fazer uma reforma geral no livro. A revisão que planejamos fazer no meio do ano só foi entregue no fim de novembro.

Para continuar a analogia, apesar do ritmo lento, o que fizemos aqui definitivamente não foi uma reforma geral. O livro ainda se parece muito com a edição original. Todas as paredes permanecem no lugar. Não aumentamos a metragem do imóvel, mas nos livramos de um monte de aparelhos eletrônicos antigos que estavam acumulando poeira e os substituímos por itens novos.

Mais especificamente, os primeiros quatro capítulos do livro não sofreram muitas mudanças. Eles estabelecem a estrutura básica da nossa abordagem, incluindo o termo *paternalismo libertário*, do qual só nós gostamos. Os exemplos e as referências foram atualizados, mas as músicas permanecem as mesmas. Se este fosse um álbum musical, diríamos que essa seção foi "remasterizada" – seja lá o que isso signifique. Se você leu a primeira edição, provavelmente pode folhear os quatro primeiros capítulos mais depressa. Depois disso, porém, mesmo quem leu a edição original encontrará muitos temas novos e talvez algumas surpresas.

Dois temas importantes receberam novos capítulos logo de cara. O primeiro é o que chamamos de *divulgação inteligente*. Basicamente, afirmamos que os governos devem considerar a "ideia radical" de avançar pelo menos para o século XX na forma de divulgar informações importantes. É claro que listar os ingredientes na lateral das embalagens de alimentos é útil, sobretudo para aqueles que têm boa visão, mas será que Sunstein não deveria poder pesquisar na internet por alimentos que contenham mariscos, aos quais ele é alérgico? A internet não é exatamente uma tecnologia de ponta. O uso disseminado da divulgação inteligente possibilitaria a criação de ferramentas de tomada de decisão on-line que chamamos de *mecanismos de escolha*, que podem executar muitas tarefas com a mesma facilidade que hoje temos para encontrar o melhor caminho para ir a um novo restaurante.

Também acrescentamos um capítulo sobre o que chamamos de sludge – "lodo" –, que é tudo aquilo que dificulta a tomada de boas decisões. (Você vai ver que o sludge está por toda parte.) A divulgação inteligente é uma forma de minimizá-lo. Outra forma é enviar a todos os contribuintes uma declaração simplificada de imposto de renda pré-preenchida e que pode ser transmitida às autoridades com um clique. Ou então reduzir o tamanho dos formulários que é preciso preencher para obter licenças, autorizações, vistos, assistência médica ou ajuda financeira, ou para ser reembolsado por uma viagem que fez a trabalho. Toda empresa deve tentar destruir qualquer sludge.

O resto do livro também conta com inúmeras mudanças importantes, as quais esperamos que sejam vistas como um pensamento novo. Nesta edição, apresentamos vários conceitos de arquitetura de escolhas – entre eles, o de padrões personalizados, o de tornar os nudges divertidos e o de curadoria. Esses conceitos desempenham um papel importante nos capítulos sobre decisões financeiras. Aumentamos o espaço dedicado às mudanças climáticas e ao meio ambiente. Demos destaque aos limites da arquitetura de escolhas (spoiler: não podemos resolver o problema só com nudges) e também às muitas maneiras pelas quais os nudges podem nos ajudar a alcançar o sucesso em projetos que exigem a implementação de todas as ferramentas possíveis. Ah, e também temos algumas coisinhas a dizer sobre a pandemia de covid-19.

Alguns temas que abordamos na edição original ganharam nova roupagem. O passar dos anos nos ofereceu uma chance de avaliar como as políticas funcionam ao longo do tempo. Um bom exemplo é a implementação, na Suécia, de um programa nacional de previdência, no ano 2000, que permitiu aos investidores criar suas próprias carteiras. Na edição original, discutimos o projeto inicial do plano. Agora, quase duas décadas depois, podemos fornecer algumas ideias sobre quanto tempo duram os nudges (spoiler: alguns podem durar quase para sempre). Também reescrevemos o capítulo sobre doação de órgãos, pois muita gente pensou que apoiávamos uma política à qual nos opomos. Na edição original, explicamos nossa posição numa linguagem que acreditamos ser simples, mas, como pelo jeito não ficou claro, resolvemos tentar de novo. Caso queira saber desde já, *não apoiamos a política denominada "consentimento implícito"*. Sinta-se à vontade para ir direto ao capítulo em questão para descobrir por quê. Nós realmente acreditamos na liberdade de escolha.

Criamos outros tópicos com um olhar novo para ajudar os consumidores a fazerem escolhas melhores com seu dinheiro. As pessoas acumulam dívidas de cartão de crédito assombrosas e não tomam medidas simples para reduzir os custos de manutenção desses valores exorbitantes. Os consumidores também fazem opções comprovadamente ruins na hora de contratar hipotecas, seguros e planos de saúde. Talvez você possa economizar muito nessas áreas. O mais importante de tudo, porém, é que esperamos que, ao discutir essas questões, possamos estimular mudanças de políticas comportamentais em áreas que não exploramos. É nosso dever ressaltar que os conceitos e as abordagens apresentados aqui são totalmente aplicáveis ao setor privado. As empresas devem reconhecer de maneira explícita que seus funcionários, clientes e concorrentes são seres humanos e, com isso em mente, conceber políticas e estratégias. Vamos oferecer muitas ideias sobre como fazer isso.

Também é importante deixar claro o que não fizemos. Não tentamos atualizar os leitores sobre as muitas e importantes pesquisas, atividades e reformas relacionadas ao campo científico dos nudges nos últimos anos. Governos de todo o mundo vêm utilizando nudges, muitas vezes para o bem, e o setor privado tem sido excepcionalmente inventivo nesse sentido. Aos trancos e barrancos, a pesquisa acadêmica sobre o assunto cresceu. Para falar desses desenvolvimentos precisaríamos escrever um livro inteiramente novo, e o fato é que muitos já foram escritos, alguns até por Sunstein, que coorganizou uma coletânea de artigos sobre o tema em quatro volumes. (Sunstein acha divertido organizar coletâneas de artigos em quatro volumes; Thaler preferiria fazer uma contagem regressiva de 10 milhões até zero.)

Temos algumas coisas a dizer sobre objeções aos nudges — na verdade, dedicamos um capítulo inteiro ao tema, mas não respondemos às críticas de forma sistemática. Esperamos oferecer uma edição atualizada, mais divertida e menos datada a quem está lendo o livro pela primeira vez, ou mesmo a quem já leu a edição original e está voltando, o que nós mesmos fizemos ao longo dos últimos meses.

Por fim, uma palavra sobre a decisão de chamar esta versão do livro de "edição final". Um dos primeiros tópicos estudados pelos economistas comportamentais foram os problemas relacionados ao autocontrole. Por que as pessoas continuam se submetendo a algo que elas próprias consideram idiotice (tanto olhando para o futuro quanto em retrospecto)? Estamos falando de coisas como aumento das dívidas de cartão de crédito e tabagismo. Uma forma de lidar com esses problemas é adotar *estratégias de compromisso*, nas quais as opções tentadoras (mas desaconselháveis) se tornam indisponíveis. Por exemplo, algumas pessoas com problemas com jogos de azar incluem o próprio nome na lista de pessoas proibidas de entrar num cassino. Acrescentar "edição final" ao título deste livro é a nossa estratégia de compromisso para nos impedir de voltar a mexer nele. Adoramos fazer esse trabalho, e talvez até tenhamos ficado um pouco viciados, mas prometemos, aqui e agora, que não haverá uma edição "pós-final" de *Nudge*. E um de nós realmente acredita nessa promessa.

Richard H. Thaler
Cass R. Sunstein
Janeiro de 2021

Introdução

O REFEITÓRIO

Imagine que uma amiga sua, Carolyn, seja a responsável pelo serviço de alimentação das escolas de uma grande cidade. Ela cuida de centenas de instituições, e centenas de milhares de crianças comem em seus refeitórios diariamente. Carolyn, formada em nutrição (e com mestrado em uma universidade estadual), é uma pessoa criativa, que gosta de pensar de forma inovadora.

Certa noite, enquanto tomam uma boa garrafa de vinho, ela e seu amigo Adam – um consultor de gestão de perfil estatístico que trabalhou para redes de supermercados – têm uma ideia interessante. Sem mudar nenhum cardápio, eles decidem fazer alguns experimentos nas escolas para verificar se a disposição e a apresentação da comida são capazes de influenciar a escolha dos alunos. Assim, Carolyn seleciona dezenas de escolas e dá ao diretor do refeitório de cada uma delas instruções específicas sobre como organizar os alimentos no mostruário. Em alguns refeitórios as sobremesas ficam à frente; em outros, atrás; e em outros, até separadas dos pratos principais. O posicionamento dos vários itens varia de escola para escola. Em algumas a batata frita fica bem na linha de visão, enquanto em outras é a cenoura que ocupa essa posição.

Com base em sua experiência em plantas de supermercados, Adam suspeita que os resultados serão expressivos. E está certo. Ao simplesmente reorganizar o refeitório, Carolyn é capaz de aumentar ou reduzir o consumo de vários alimentos. E, com essa experiência, aprende uma lição valiosa: assim como se dá com os adultos, é possível exercer uma grande influência sobre crianças e jovens em idade escolar com pequenas mudanças de contexto — uma influência que pode ser para o bem ou para o mal. Carolyn sabe, por exemplo, que pode aumentar o consumo de alimentos saudáveis e reduzir o de alimentos prejudiciais à saúde.

Trabalhando com centenas de escolas e contando com uma equipe de voluntários formada por estudantes universitários para coletar e analisar os dados, Carolyn agora compreende que exerce grande influência sobre a alimentação dos alunos, e está pensando no que fazer com esse poder recém-descoberto. Eis aqui algumas sugestões que ela recebeu de amigos e colegas — em geral bem-intencionados, embora por vezes maliciosos.

1. Organizar os alimentos de forma que, ao final, os estudantes sejam beneficiados.
2. Organizar os alimentos de forma aleatória.
3. Organizar os alimentos de forma que as crianças façam as mesmas escolhas que já fariam por conta própria.
4. Maximizar a venda de produtos dos fornecedores dispostos a oferecer as maiores propinas.
5. Aumentar o lucro e ponto-final.

O atrativo da opção 1 é óbvio, mas ela parece um pouco invasiva e até paternalista. O problema é que as outras opções são piores. A opção 2, da organização aleatória, poderia ser considerada imparcial e honesta, e, de certa forma, é neutra. Mas não faria sentido deixar os alimentos em ordem aleatória num refeitório. Por questão de eficiência, o molho de salada deve ficar perto da salada, não das sobremesas. Além disso, se a posição dos alimentos é aleatória e varia de acordo com o refeitório, os alunos de algumas escolas terão dietas menos saudáveis que os de outras. Isso é desejável? Será que Carolyn deve optar pela neutralidade, mesmo sabendo que pode facilmente beneficiar o maior número possível de estudantes oferecendo condições para uma vida mais saudável?

A opção 3 parece uma honrosa tentativa de evitar qualquer intromissão: emular o que a criança escolheria por si só. Talvez essa seja a escolha verdadeiramente neutra, e talvez Carolyn devesse atender ao desejo das pessoas (pelo menos o desejo dos estudantes mais velhos) sem intervir. Mas não requer muito esforço perceber que é difícil implementar essa opção. O experimento de Carolyn com Adam prova que a escolha das crianças depende da forma como os itens são dispostos. Então, quais são as "verdadeiras preferências"? O que significa dizer que Carolyn deveria tentar descobrir o que os estudantes escolheriam "por conta própria"? Qualquer que seja a posição de cada alimento, não há como *não* organizar a comida de um refeitório de alguma maneira. E muitas dessas mesmas considerações se aplicariam caso ela estivesse servindo adultos em vez de crianças.

A opção 4 seria interessante para uma pessoa corrupta que estivesse no lugar de Carolyn, e, nesse caso, manipular a posição dos alimentos seria mais uma arma no arsenal de recursos de um indivíduo que deseja tirar proveito do poder que tem. Mas Carolyn é íntegra e honesta, e nem considera essa alternativa. (Infelizmente, nem todo mundo agiria desse modo.) Por fim, assim como acontece com as opções 2 e 3, a opção 5 tem seu lado positivo, sobretudo se Carolyn considerar que o melhor refeitório é aquele que gera mais lucro. Mas será que ela deve mesmo seguir por esse caminho, sabendo que ele não ajudará os alunos a serem mais saudáveis, e levando em conta que ela trabalha no sistema municipal de educação?

Carolyn é o que chamamos de uma *arquiteta de escolhas*. Um arquiteto de escolhas tem a responsabilidade de organizar o contexto no qual as pessoas tomam decisões. Embora ela seja uma personagem, muitas pessoas desempenham esse papel no mundo real – e a maioria nem se dá conta disso. Algumas podem até coordenar um refeitório. Se você é médico e vai explicar as opções de tratamento disponíveis a um paciente, você é um arquiteto de escolhas. Se elabora os formulários ou sites que os recém-contratados de uma empresa utilizam para escolher entre vários benefícios, você é um arquiteto de escolhas. Se cria o design da cédula de votação utilizada para escolher um candidato, você é um arquiteto de escolhas. Se organiza um refeitório ou um mercado, você é um arquiteto de escolhas (e precisa lidar com várias das questões que Carolyn teve de enfrentar). Se está explicando ao seu filho ou à sua filha que faculdades ele ou ela pode cursar quando terminar o ensino médio, você é um arquiteto de escolhas. Se é um vendedor, você é um arquiteto de escolhas (mas nesse caso você já sabia).

Podemos fazer muitos paralelos entre a arquitetura de escolhas e as formas mais tradicionais de arquitetura. O principal deles é que não existe uma conjuntura "neutra". Pense na tarefa de projetar um novo prédio comercial. O arquiteto precisa cumprir alguns pré-requisitos estabelecidos pelo contratante: deve haver espaço para um saguão, 120 escritórios, treze salas de reunião de diversos tamanhos, um salão grande o suficiente para comportar todos os funcionários etc. O prédio deve ser construído em um local específico. Centenas de outras restrições serão impostas — algumas legais, outras estéticas, outras práticas. No fim, o arquiteto deve apresentar um edifício com portas, escadaria, janelas e corredores. Todo bom arquiteto sabe que algumas decisões aparentemente arbitrárias — como a localização dos banheiros — influenciarão de maneira sutil a interação das pessoas que utilizam o prédio. Cada ida ao banheiro cria uma oportunidade de encontrar colegas (para o bem ou para o mal). Um bom edifício não deve ser apenas atraente; ele precisa "funcionar".

Como veremos, detalhes mínimos e aparentemente insignificantes podem gerar grandes impactos no comportamento das pessoas. Uma boa regra geral é partir do pressuposto de que "tudo é importante". Em muitos casos, se esses detalhes são tão poderosos é porque atraem a atenção das pessoas para determinado ponto. Um excelente exemplo prático desse princípio são os banheiros masculinos do aeroporto Schiphol, em Amsterdam, onde as autoridades colocaram a imagem de uma mosca em cada mictório. Ao que parece, os homens não miram muito bem quando vão ao banheiro, e o resultado disso pode ser bem asqueroso. No entanto, se virem um alvo, sua atenção e, portanto, sua precisão aumentam consideravelmente. De acordo com o idealizador, a tática funciona muito bem. "Melhora a pontaria", explica Aad Kieboom. "Quando vê a mosca, o homem mira nela." Kieboom, que é economista, coordenou a expansão do aeroporto. Segundo ele, a mosca falsa reduziu em 80% a quantidade de urina que cai para fora do mictório, percentual que não fomos capazes de comprovar. No entanto, podemos afirmar que, depois que o exemplo foi citado na primeira edição deste livro, começamos a ver mosquinhas parecidas em outros aeroportos ao redor do mundo. E sim, estamos plenamente cientes da heurística da disponibilidade, da qual falaremos mais tarde.[1]

A ideia de que tudo é importante pode ser, ao mesmo tempo, paralisadora e estimulante. Os bons arquitetos sabem que, embora não possam construir o edifício perfeito, ao menos são capazes de tomar algumas decisões com efeitos benéficos. A localização das máquinas de café, por exemplo, pode influenciar a interação entre as pessoas. Se você pinta linhas na calçada em frente a um supermercado, onde as pessoas aguardam em fila para entrar durante uma pandemia, está promovendo o distanciamento social. E, assim como um arquiteto de prédios necessariamente acaba construindo um edifício com certas particularidades, um arquiteto de escolhas como Carolyn, por exemplo, deve escolher uma posição para cada alimento na vitrine, influenciando, assim, o que as pessoas comem. Ela pode dar um nudge.*

PATERNALISMO LIBERTÁRIO

Dito isso, se você acredita que Carolyn deve aproveitar a oportunidade que tem em mãos para influenciar as crianças a comerem de forma saudável — a opção 1 —, seja bem-vindo ao nosso movimento: o paternalismo libertário. Temos plena consciência de que muitos leitores não vão gostar desse termo logo de cara. As duas palavras são desagradáveis e nos deixam com o pé atrás; têm uma carga negativa criada pelos estereótipos da cultura popular e da política, que as tornaram pouco atraentes para a maioria da população. E o pior de tudo: parecem contraditórias. Por que combinar dois conceitos desprezados e contraditórios? Porque acreditamos que, se entendidos da maneira correta, esses termos refletem bom senso e são muito mais atraentes juntos do que separados. O problema é que estão associados a dois grandes dogmas.

O lado libertário das nossas estratégias se encontra na convicção de que, na maior parte do tempo, e desde que não estejam prejudicando ninguém, as pessoas devem ter liberdade para fazer o que bem entenderem, inclusive recusar acordos que considerem desvantajosos. Para citar uma expressão do falecido economista Milton Friedman, os paternalistas libertários prezam a "liberdade de escolha".[2] Fazemos um grande esforço para criar políticas que mantenham ou aumentem o nível de liberdade de escolha. Quando usamos o adjetivo "libertário" para modificar o substantivo "paternalismo", é apenas no sentido de preservar a liberdade. E estamos falando sério em relação a isso. Os paternalistas libertários desejam ajudar as pessoas a seguir seu próprio caminho, e não impor obstáculos. (Devemos enfatizar que, quando as pessoas

* Em inglês, "nudge" significa "dar um empurrãozinho, cutucar as costelas, principalmente com os cotovelos".

prejudicam as outras, a liberdade de escolha não é a melhor ideia — mas mesmo nesses casos os nudges podem exercer um papel importante. Falaremos disso mais à frente. Também defendemos que, se as pessoas estão fazendo péssimas escolhas e prejudicando o próprio futuro, talvez os nudges não sejam suficientes. Também falaremos disso adiante.)

Já o lado paternalista se encontra na ideia de que os arquitetos de escolhas têm toda a legitimidade para tentar influenciar o comportamento das pessoas, desde que seja para tornar a vida delas mais longa, saudável e melhor. Em outras palavras, defendemos que os setores público e privado direcionem de forma consciente as pessoas a fazerem escolhas que melhorem suas vidas. Estamos cientes de que muitos se esforçaram para definir o termo "paternalismo" e explorar o que há de certo e errado nele, inclusive os filósofos. As políticas paternalistas que defendemos buscam influenciar a população a fazer escolhas benéficas, *conforme sua própria consciência*. É um paternalismo focado nos meios, não nos fins; essas políticas ajudam as pessoas a alcançarem seus objetivos prioritários.

Com base em décadas de pesquisas em ciência comportamental, sabemos que as pessoas costumam tomar decisões ruins em experimentos em laboratório. Elas também tomam muitas decisões ruins na vida real, o que reforça nosso ponto de vista tão bem explicitado pelos Beatles: "We get by with a little help from our friends" — "nós superamos as dificuldades com uma ajudinha dos amigos". Nosso objetivo, em suma, é ajudar as pessoas a fazerem as escolhas que elas fariam se estivessem prestando plena atenção e tivessem todas as informações necessárias, habilidades cognitivas ilimitadas e total autocontrole. (Isso não significa que as pessoas não possam ficar até tarde na rua, comer demais ou se divertir de vez em quando. É como se diz: "Aproveite a vida agora. Só se vive uma vez".)

O paternalismo libertário é um tipo de paternalismo relativamente fraco, brando e não intrusivo, pois não cria impedimentos ou obstáculos às escolhas. Se as pessoas querem fumar, se entupir de doces, escolher um plano de saúde pouco vantajoso ou torrar todo seu dinheiro antes da aposentadoria, os paternalistas libertários não vão forçá-las a fazer o contrário — aliás, nem sequer vão colocar empecilhos nessa jornada. Ainda assim, a abordagem que recomendamos é considerada paternalista, pois, em contextos importantes, os arquitetos de escolhas, públicos ou privados, não devem apenas identificar ou colocar em prática as decisões que esperam que as pessoas tomem; na verdade, devem induzir as pessoas a seguirem caminhos que melhorarão suas vidas. Devem dar um nudge.

Esse nudge, da maneira como o vemos, é um estímulo, um empurrãozinho, um cutucão; é qualquer aspecto da arquitetura de escolhas capaz de mudar o comportamento das pessoas de forma previsível sem lhes vetar qualquer opção e sem introduzir nenhuma mudança significativa em seus incentivos econômicos. Para ser considerada um nudge, a intervenção deve ser barata e fácil de evitar. Um nudge não é um imposto, uma multa, um subsídio, uma proibição ou uma ordem. Colocar as frutas em posição bem visível é um exemplo de nudge. Simplesmente proibir comidas pouco saudáveis, não.

Muitas das políticas que recomendamos podem ser e têm sido implementadas pelo setor privado (com ou sem um nudge do governo). Os empregadores, por exemplo, são importantes arquitetos de escolhas nos exemplos que discutiremos ao longo deste livro. Em áreas que envolvem assistência médica e planos de aposentadoria, acreditamos que eles podem exercer uma influência muito mais positiva em seus funcionários (por exemplo, estabelecendo regras-padrão orientadas pelo bom senso, apresentando as informações de forma clara e dando dicas úteis). As empresas privadas que têm o objetivo de lucrar e fazer o bem podem se beneficiar de nudges ambientais, ajudando a reduzir a poluição e a emissão de gases causadores do efeito estufa. Mas é claro que elas também podem se valer dos mesmos conceitos discutidos aqui para aumentar suas vendas por meios ofensivos. Elas podem aumentar o sludge. Nosso esforço é no sentido de reduzir o sludge produzido pelos setores público e privado. Leia o capítulo 8.

ECONOS E HUMANOS: POR QUE OS NUDGES PODEM AJUDAR

Quem é contra o paternalismo muitas vezes argumenta que os seres humanos fazem excelentes escolhas e que, mesmo que não sejam excelentes, são muito melhores do que as que qualquer outra pessoa faria por eles (sobretudo se essa outra pessoa trabalha para o governo). Quer tenham ou não estudado economia, muitas pessoas parecem, pelo menos implicitamente, concordar com a ideia do *Homo economicus* – isto é, do homem econômico –, segundo a qual cada indivíduo sempre pensa e toma decisões de forma correta, enquadrando-se assim no retrato do ser humano que costuma ser pintado pelos economistas.

Se você der uma olhada nos livros teóricos de economia, vai descobrir que o *Homo economicus* pode pensar como Albert Einstein, ter tanta capacidade de armazenamento quanto a nuvem da Google e tanta força de vontade quanto Mahatma Gandhi. Mas as pessoas que conhecemos não são assim. Pessoas reais têm dificuldade de fazer divisões complexas sem uma calculadora, às vezes esquecem o aniversário do parceiro e ficam de ressaca no Ano-Novo. Esses não são *Homo economicus*; são *Homo sapiens*. Para evitar usar o latim o tempo todo, de agora em diante vamos nos referir à espécie imaginária como "econos" e à espécie real como "humanos".

Vejamos a questão da obesidade. Nos Estados Unidos, atualmente mais de 40% da população adulta é obesa, e mais de 70% dos adultos são considerados obesos ou acima do peso. No mundo todo existe cerca de 1 bilhão de adultos acima do peso, dos quais 300 milhões são obesos. As taxas de obesidade variam muito de acordo com o lugar: em países como Japão, Coreia do Sul e algumas nações africanas, estão abaixo dos 6%, enquanto nas áreas urbanas de Samoa alcançam 75%.[3] De acordo com a Organização Mundial da Saúde, desde 1980 as taxas de obesidade triplicaram em algumas regiões da América do Norte, no Reino Unido, na Europa Oriental, no Oriente Médio, nas ilhas do Pacífico, na Austrália e na China. Existem inúmeras evidências de que a obesidade aumenta o risco de doenças cardíacas e de diabetes, condições que com frequência levam à morte prematura. Não dá para imaginar que estão todos escolhendo a melhor dieta possível, ou pelo menos uma dieta tão boa quanto a que teriam caso houvesse um bom empurrãozinho.

Claro que pessoas sensatas levam em conta o sabor da comida, não apenas o quanto ela é saudável, e que comer é por si só uma fonte de prazer. Não estamos afirmando que todas as pessoas com sobrepeso são necessariamente irracionais, mas rejeitamos a proposição de que todas (ou quase todas) estejam optando pela dieta ideal. E o mesmo vale para outros comportamentos de risco, como o tabagismo e o alcoolismo, que são responsáveis por centenas de milhares de mortes prematuras todos os anos. Em relação à dieta, ao tabagismo e ao alcoolismo, não podemos afirmar que as atuais opções são as que promovem de maneira mais adequada o bem-estar das pessoas (para dizer o mínimo).

Na verdade, muitas pessoas que bebem, comem ou fumam em excesso estão dispostas a pagar para que terceiros as ajudem a tomar melhores decisões.

Essas conclusões complementam as descobertas da ciência da escolha, um campo emergente que se baseia em investigações minuciosas feitas por cientistas sociais nos últimos cinquenta anos. Grande parte das primeiras pesquisas neste campo foi conduzida com experimentos de laboratório, mas nos últimos tempos um número cada vez maior de estudos é sobre comportamentos do mundo real, entre os quais estudos sobre escolhas feitas em ambientes naturais e ensaios randomizados e controlados. Essas investigações fizeram brotar grandes dúvidas sobre a racionalidade e a sabedoria dos nossos julgamentos e decisões. Não que para ser econos as pessoas precisem sempre fazer previsões perfeitas (para isso, teriam de ser oniscientes), mas é preciso que sejam sempre imparciais. Ou seja, elas podem até estar erradas, mas não estarão sistematicamente erradas em uma direção previsível. Ao contrário dos econos, porém, os humanos cometem erros previsíveis. Vejamos, por exemplo, a falácia do planejamento – a tendência sistemática de apresentar um otimismo irreal quanto ao tempo necessário para completar um projeto qualquer. Quem já contratou um pedreiro para fazer uma obra em casa sabe que tudo demora mais do que o previsto, mesmo que conheça a falácia do planejamento.*

Milhares de estudos confirmam que as previsões humanas são falhas e tendenciosas. E a capacidade de decisão do ser humano também está longe de ser ótima. Para citar outro exemplo, vejamos o viés do statu quo, nome rebuscado para a inércia. Por uma série de razões, que examinaremos mais adiante, as pessoas apresentam uma forte tendência a seguir o statu quo ou a aceitar a opção-padrão. Quando se compra um smartphone novo, por exemplo, é preciso fazer uma série de escolhas, que vão desde o plano de fundo, passando pelo som do toque até o número de vezes que o aparelho toca até cair na caixa-postal. Para cada uma dessas decisões, o fabricante escolheu uma opção-padrão. Pesquisas mostram que, independentemente de quais sejam, essas opções predefinidas são a escolha de muita gente, mesmo quando se trata de questões mais importantes do que o toque do celular.

* Conhecer a falácia do planejamento não impede ninguém de cometer o erro. Esta revisão demorou muito mais tempo do que imaginávamos.

Há diversos exemplos do uso das opções-padrão, que são em geral muito poderosas, como veremos em seguida. Se empresas privadas ou agentes públicos preferem determinado resultado e com isso selecionam determinada opção-padrão, isso pode exercer grande influência nas pessoas. Muitas vezes é possível aumentar a taxa de participação em 25%, e até muito mais que isso, simplesmente adotando um modelo em que as pessoas, em vez de se inscrever em determinada coisa, são inscritas automaticamente. Como mostraremos, a escolha das opções-padrão e a adoção de estratégias similares e aparentemente triviais podem exercer um forte impacto nos resultados – quer se trate do aumento do orçamento para o combate às mudanças climáticas, da melhoria no sistema de saúde ou da redução da pobreza. Ao mesmo tempo, mostramos que existem situações importantes em que as pessoas exercitam sua liberdade e rejeitam a opção-padrão. Quando têm uma opinião forte a respeito de algo, por exemplo, elas vencem a inércia e o poder da sugestão (muitas vezes as opções-padrão são vistas como pistas da opção recomendada). Mudar a opção-padrão pode ser um nudge muito eficaz, mas certamente não é a resposta para todos os problemas.

Quando uma opção-padrão é bem escolhida, fica fácil perceber o sutil poder dos nudges. Segundo a nossa definição, eles incluem intervenções capazes de alterar significativamente o comportamento dos humanos, mesmo que sejam ignoradas pelos econos. Os econos reagem, acima de tudo, a incentivos. Se o governo começa a taxar os doces, eles passam a comprar menos, mas não são influenciados por fatores "irrelevantes" como a ordem em que as opções são exibidas. Humanos também reagem a incentivos, mas sofrem forte influência dos nudges.* Ao implantar adequadamente tanto os incentivos quanto os nudges, aumentamos nossa capacidade de melhorar a vida das pessoas e ajudamos a resolver muitos dos problemas da sociedade. E tudo isso sem impedir a liberdade de escolha dos indivíduos.

* Os leitores mais atentos vão reparar que os incentivos podem surgir de diferentes formas. Se forem instituídas medidas para aumentar o esforço cognitivo das pessoas – como colocar as frutas na parte mais visível da vitrine e os doces na parte mais escondida –, seria correto dizer que o "custo" de escolher os doces aumenta. De certa maneira, alguns dos nossos nudges impõem custos cognitivos (mais que materiais), e nesse sentido eles alteram os incentivos. Eles só contam como nudges e se inserem no paternalismo libertário se os custos forem baixos.

UM PRESSUPOSTO FALSO E DUAS IDEIAS EQUIVOCADAS

Muitos daqueles que são a favor da liberdade de escolha rejeitam qualquer tipo de paternalismo. Eles desejam que o governo dê liberdade para que os indivíduos tomem suas próprias decisões. As políticas que nascem dessa forma de pensar defendem que é preciso dar às pessoas o máximo de opções e deixar que elas escolham a que consideram melhor (com o mínimo possível de intervenção ou de influência do governo). A graça desse tipo de raciocínio é que ele apresenta uma solução simples para vários problemas complexos: basta maximizar as opções e ponto-final.

Essa política tem sido imposta em diversos âmbitos, da educação aos cuidados médicos e planos de aposentadoria. Em determinados círculos, "basta maximizar as opções" se tornou um mantra, e muitas vezes a única alternativa vista a esse mantra é a intervenção do governo, que deve eliminar todas as opções e manter apenas uma, que terá de servir para todos. Quem acredita que basta maximizar o número de opções não percebe que há uma vasta gama de variações entre sua política preferida e a política do governo, em que não há opção alguma. Os defensores da liberdade de escolha se opõem ao paternalismo, ou pelo menos assim creem, e têm um pé atrás com os nudges. Acreditamos que esse ceticismo esteja baseado em um pressuposto falso e em duas ideias equivocadas.

O pressuposto falso é o de que praticamente todas as pessoas quase sempre fazem as melhores escolhas para si, ou pelo menos escolhas melhores do que as que outras pessoas fariam por elas. Afirmamos que esse pressuposto é falso — aliás, claramente falso. Na verdade, achamos que basta refletir um pouco para deixar de acreditar nisso.

Imagine que um jogador de xadrez principiante tenha que enfrentar um jogador experiente. Supõe-se que o principiante perca porque fez escolhas inferiores — escolhas que poderiam ser melhores com apenas algumas dicas úteis. Em muitas áreas, os consumidores comuns são novatos e precisam interagir num mundo infestado de profissionais experientes que estão tentando lhes vender coisas. De maneira mais geral, quando questionamos até que ponto as pessoas fazem boas escolhas, estamos fazendo uma pergunta empírica, cuja resposta provavelmente varia de acordo com o âmbito em questão. Em geral as pessoas fazem boas escolhas em contextos nos quais têm muita experiência, boas informações e feedback rápido — por exemplo, quando vão escolher um sabor de sorvete. As pessoas sabem se gostam de chocolate, baunilha, café etc.

Mas essas mesmas pessoas não fazem boas escolhas quando se encontram em cenários nos quais carecem de experiência, informações e feedback rápido — por exemplo, um plano de aposentadoria, um tratamento médico ou um investimento financeiro. Se você precisa escolher uma entre várias apólices de seguro, cada uma com diversas características específicas, talvez seja bom contar com alguma ajuda. Se as pessoas não estão fazendo escolhas perfeitas, então algumas mudanças na arquitetura de escolhas podem melhorar a vida delas (e, quando dizemos melhorar, é de acordo com suas próprias preferências, e não com as de um burocrata qualquer). Como tentaremos demonstrar, não só é possível projetar uma arquitetura de escolhas que beneficie as pessoas, como muitas vezes isso é fácil.

A primeira ideia equivocada é a de que é possível não influenciar as escolhas das pessoas. Em muitas situações, uma organização ou um agente *precisa* fazer uma escolha que afetará o comportamento de outros indivíduos. Nesses casos, é impossível não as orientar em alguma direção, e essa influência afetará a escolha delas. A arquitetura de escolhas é inevitável. Como vimos no exemplo dos refeitórios de Carolyn, essas escolhas são, em grande medida, influenciadas pelo projeto selecionado. Não existe website ou mercado sem um projeto. Claro que certos nudges não são intencionais; os empregadores de alguns países podem decidir, por exemplo, se vão pagar os funcionários mensal ou quinzenalmente sem, com isso, querer dar qualquer tipo de empurrãozinho, mas podem se surpreender ao descobrir que as pessoas economizam mais se receberem quinzenalmente, pois duas vezes por ano receberão três contracheques no mesmo mês, e muitas contas são mensais. Também é verdade que instituições públicas e privadas podem aspirar a algum tipo de neutralidade — por exemplo, fazendo escolhas aleatórias ou tentando descobrir o desejo da maioria das pessoas. Mas o fato é que nudges não intencionais podem exercer uma influência poderosa, e, em alguns contextos, essas formas de neutralidade não são interessantes. Veremos muitos exemplos disso ao longo do livro.

Também é verdade que arquitetos de escolhas podem insistir na escolha ativa — por exemplo, dizendo que, se você quer trabalhar para o governo, precisa especificar qual plano de saúde deseja. Mas a escolha ativa é, por si só, uma arquitetura de escolhas, e não do tipo preferido de todos, sobretudo quando há muitas opções e é difícil tomar uma decisão. Num restaurante francês onde os clientes abrem o cardápio e se deparam com centenas de variedades de queijo, poder pedir dicas ao garçom é uma bênção. Nem sempre as pessoas gostam de ter que escolher, e, se forem forçadas, talvez não fiquem nada felizes.

Alguns vão se mostrar dispostos a aceitar esse argumento no que diz respeito a instituições privadas, mas opor-se de forma taxativa a tentativas estatais de influir nas decisões com o objetivo de melhorar a vida das pessoas. Eles acham que o governo não é uma instituição competente ou sequer benigna, e temem que os políticos eleitos e os burocratas sejam ignorantes, priorizem os próprios interesses ou defendam os interesses de grupos privados. Essas possibilidades também nos preocupam. Acima de tudo, concordamos plenamente quando essas pessoas dizem que o risco de o governo errar, ser parcial ou ir além de suas funções é real e, por vezes, muito grave. Em parte por esse motivo, preferimos nudges a ordens, exigências e proibições (exceto quando as pessoas estão prejudicando umas às outras). Mas os governos, assim como os refeitórios (que muitas vezes são administrados pelo próprio governo), precisam ter um ponto de partida. Isso é inevitável. Como salientaremos mais adiante, isso é feito todos os dias de acordo com as regras que eles mesmos estabelecem, de maneiras que inevitavelmente afetam escolhas e resultados. Nesse sentido, ser contra todo e qualquer nudge é uma impossibilidade lógica, um entrave.

A segunda ideia equivocada é a de que o paternalismo sempre envolve coação. No exemplo do refeitório, a escolha da posição dos alimentos não força ninguém a seguir uma dieta específica, mas Carolyn — e outras pessoas com cargo semelhante — pode decidir onde cada um ficará utilizando argumentos paternalistas, no sentido em que empregamos o termo. Será que, no caso do refeitório, alguém seria contra colocar frutas e saladas na frente dos doces, sabendo que isso induziria as crianças a comer mais maçãs e menos besteiras? Essa questão é fundamentalmente diferente se em vez de crianças forem adolescentes ou mesmo adultos? Um dispositivo com GPS representa uma invasão à liberdade, mesmo que seja paternalista, por tentar lhe dizer como chegar ao destino desejado? Tendo em vista que não há coação, acreditamos que determinados tipos de paternalismo devem ser aceitos mesmo por aqueles que mais valorizam a liberdade de escolha.

Em áreas tão distintas como poupança, saúde, proteção ao consumidor, doação de órgãos, mudanças climáticas e seguros, ofereceremos sugestões específicas de acordo com nosso enfoque geral. E acreditamos que, por nos posicionarmos contra toda e qualquer restrição nas alternativas, o risco de arquiteturas incoerentes ou até corrompidas acaba sendo reduzido. A liberdade de escolha é a melhor salvaguarda contra uma má arquitetura de escolhas.

COMO FUNCIONA A ARQUITETURA DE ESCOLHAS?

Os arquitetos de escolhas podem melhorar a vida das pessoas concebendo ambientes favoráveis para o usuário. Muitas das empresas mais bem-sucedidas no mercado deram certo exatamente por essa razão. Às vezes, a arquitetura de escolhas é bastante visível, sendo apreciada por consumidores e empregadores pelo valor que traz. O iPhone da Apple se tornou um enorme sucesso não só pela elegância, mas sobretudo por sua facilidade de uso. Às vezes negligenciamos a arquitetura de escolhas, mas vale a pena dar uma atenção especial a ela.

Vejamos o exemplo do ambiente de trabalho norte-americano. A maioria das grandes empregadoras oferece uma gama de benefícios, entre os quais plano de saúde, seguro de vida e plano de aposentadoria. Uma vez por ano, todo empregado pode rever suas escolhas. Essa revisão é feita on-line. Os funcionários recebem pelo correio o material explicando as opções e oferecendo instruções sobre como acessar o sistema. Além disso, são lembrados por cartas e e-mails.

Como os funcionários são humanos, alguns perdem o prazo, portanto é fundamental decidir quais são as opções-padrão para aqueles que são esquecidos ou estão atarefados ou mesmo sobrecarregados. Em geral, há duas alternativas a serem consideradas nesse caso: o funcionário pode ficar com a mesma escolha que fez no ano anterior ou sua escolha pode voltar para "zero". Vamos chamar essas opções de "statu quo" e "zerar". Nesse caso, qual alternativa o arquiteto de escolhas deve reconhecer como padrão?

Os paternalistas libertários estabeleceriam o padrão se perguntando o que funcionários ponderados e bem informados prefeririam. Embora esse princípio nem sempre conduza a uma decisão clara, é certamente melhor do que escolher um padrão aleatório ou simplesmente optar pelo "statu quo" ou "zerar". Exemplo: seria um bom palpite afirmar que a maioria dos funcionários não optaria por cancelar um plano de saúde que conta com um grande subsídio do empregador. Por isso, nesse caso, o padrão "statu quo" (o mesmo do ano anterior) parece bem mais razoável que o padrão "zerar" (que, na prática, significa perder o plano de saúde).

Compare o exemplo anterior com o de uma conta de gastos flexíveis, um "benefício" peculiarmente cruel que até onde sabemos só existe nos Estados Unidos. O funcionário pode contribuir com um valor mensal para certas despesas (como médicos que não entram na cobertura do plano ou gastos com a creche dos filhos). A crueldade é que o dinheiro que entra na conta precisa ser gasto anualmente, do contrário será perdido, e os gastos previstos podem sofrer enorme variação de um ano para outro (os gastos médicos aumentam num ano em que a família ganha um novo membro, por exemplo, e os gastos com a creche caem quando a criança entra na escola). Nesse caso, a opção "zerar" provavelmente faz mais sentido do que a "statu quo".

Esse problema não é apenas hipotético. Tempos atrás, Thaler teve uma reunião com três dos principais diretores de sua empregadora, a Universidade de Chicago, para discutir assuntos como esse, e calhou de a reunião acontecer no último dia do período de revisão das condições de trabalho dos funcionários. Ele tocou no tema e perguntou, em tom de provocação, se eles haviam acessado o sistema e feito suas escolhas. Um dos diretores disse sem graça que planejava fazer isso ainda naquele dia e agradeceu a lembrança, outro admitiu que havia esquecido e o terceiro respondeu que torcia para que a esposa tivesse lembrado! Em seguida, o grupo voltou a conversar sobre o tema da reunião: qual deveria ser a opção-padrão para um programa de nome bem desagradável: "programa de redução da previdência suplementar" (o programa não é tão ruim quanto parece; é um programa de poupança com incentivos fiscais). Até então, o padrão tinha sido "zerar", e Thaler marcara a reunião na esperança de que os diretores o mudassem para "mesma opção do ano anterior". Depois de perceberem o próprio esquecimento, os diretores rapidamente concordaram. Temos certeza de que, como resultado disso, muitos funcionários da universidade terão aposentadorias mais tranquilas.

Esse exemplo ilustra alguns princípios básicos da boa arquitetura de escolhas. As pessoas que escolhem são humanas, portanto quem concebe essas escolhas deve facilitar nossa vida ao máximo: enviar lembretes (não muitos!) e depois tentar minimizar os custos para quem acaba esquecendo as coisas. Como veremos mais adiante, esses princípios (e muitos outros) valem tanto para o setor público quanto para o privado, e há espaço suficiente para fazer mais do que tem sido feito. Governos e grandes empresas, tomem nota. (Aliás, universidades e pequenas empresas também.)

UM NOVO CAMINHO

Temos muito a falar sobre os nudges de instituições privadas, mas a verdade é que grande parte das aplicações mais importantes do paternalismo libertário é de âmbito estatal; por isso, ao longo das páginas seguintes, faremos uma série de sugestões de políticas públicas e legislação. Quando escrevemos este livro, estávamos torcendo para que essas recomendações fossem bem recebidas por ambos os lados do espectro político. Na verdade, acreditávamos que as políticas sugeridas pelo paternalismo libertário poderiam ser adotadas tanto por conservadores quanto por liberais. É com muita felicidade que informamos que essa crença vingou.

No Reino Unido, o ex-primeiro-ministro David Cameron, líder do Partido Conservador, abraçou o nudge e criou a primeira equipe do mundo com dedicação exclusiva nesse sentido, oficialmente intitulada Behavioural Insights Team, e muitas vezes chamada de Unidade Nudge.* Nos Estados Unidos, o ex-presidente Barack Obama, um democrata liberal, também abraçou a ideia básica, instruindo suas agências a adotarem vários nudges e a criarem uma unidade de nudges própria (originalmente denominada Equipe de Ciências Sociais e Comportamentais, hoje chamada de Gabinete de Ciências da Avaliação). A Agência dos Estados Unidos para o Desenvolvimento Internacional conta com uma variedade de programas que usam ciência comportamental e insights. Desde que o livro foi originalmente publicado, governos de todo o mundo, de todas as visões políticas, incorporaram essas e outras ideias relacionadas, num esforço para tornar seus programas mais eficientes e eficazes. Existem equipes de nudge de vários tipos em diversos países, como Austrália, Nova Zelândia, Alemanha, Canadá, Finlândia, Cingapura, Holanda, França, Japão, Índia, Qatar e Arábia Saudita. Muitos trabalhos relevantes vêm sendo

* A equipe ainda existe, mas agora é uma "empresa com fins sociais" de propriedade conjunta do governo, de seus funcionários e de uma instituição de caridade chamada Nesta. Em 2020, possuía mais de duzentos funcionários operando em mais de trinta países.

conduzidos pelo Banco Mundial, pelas Nações Unidas e pela Comissão Europeia. Em 2020, a Organização Mundial da Saúde instituiu uma Iniciativa de Insights Comportamentais com foco em várias questões de saúde pública, incluindo pandemias, vacinação e comportamentos de risco entre jovens.

Embora o mundo pareça cada vez mais polarizado, continuamos acreditando que o paternalismo libertário pode ser um fundamento promissor para o multipartidarismo e para a resolução de problemas. Uma governança mais competente muitas vezes requer menos coação e limitações governamentais e mais liberdade de escolha. Ordens e proibições também têm seu lugar (e a ciência comportamental pode ajudar a identificá-lo), mas, quando os nudges substituem exigências e proibições, o Estado fica menor e mais modesto. Para deixar claro: *este livro não propõe um aumento da burocracia ou um crescimento do papel do Estado. Queremos apenas um governo melhor.* Em suma, o paternalismo libertário não é de esquerda nem de direita. Apesar de todas as diferenças, esperamos que pessoas com convicções políticas tão diferentes estejam dispostas a se unir para apoiar alguns nudges.

Parte I

Humanos e econos

1. Vieses e asneiras

Por favor, observe as mesas a seguir.

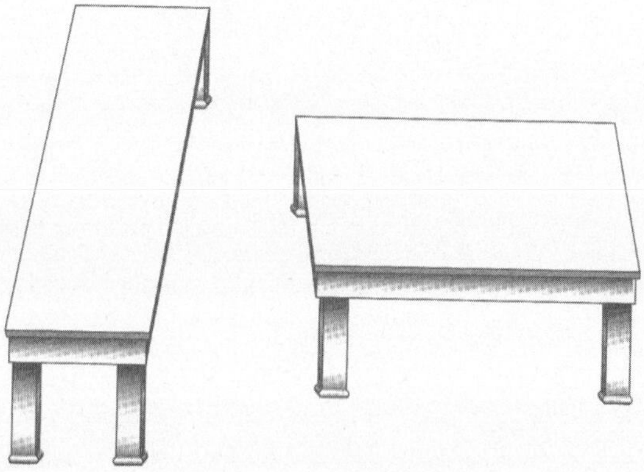

Figura 1.1. Duas mesas (adaptado de Shepard, 1990).

Imagine que você queira saber qual delas ficaria melhor como mesinha de centro na sua sala de estar. Que formatos você diria que elas têm? Apenas olhando, calcule a proporção entre largura e comprimento de cada uma.

A maioria das pessoas vai achar que a mesa da esquerda é muito mais comprida e estreita que a da direita. Quanto à proporção entre largura e comprimento, em geral os palpites são de 3:1 na mesa da esquerda e 1,5:1 na da direita. Agora, pegue uma régua e meça cada mesa. Você descobrirá que o formato dos dois tampos é idêntico. Meça-as até se convencer, pois este é um daqueles casos em que não dá para acreditar no que os olhos veem. (Quando Thaler mostrou esse exemplo a Sunstein num restaurante japonês, Sunstein usou o hashi para medir.)

O que podemos concluir com base nesse exemplo? Se a mesa da esquerda lhe parece mais comprida e estreita que a da direita, sem dúvida você é humano. Não há nada de errado com você (bom, pelo menos nada detectável nesse teste). Ainda assim, seu julgamento foi tendencioso, como era de se esperar. Ninguém diria que a mesa da direita é mais estreita que a da esquerda! E não só você estava errado, como tinha certeza de estar certo. Se quiser, pode usar esse teste visual com outras pessoas igualmente humanas num bar, caso elas estejam dispostas a apostar um dinheiro.

Figura 1.2. Tampos de mesa (adaptado de Shepard, 1990).

Agora observe a figura 1.2. As duas formas são iguais ou diferentes? Também nesse caso, se você é humano e tem uma visão razoável, é provável que diga que são idênticas, e de fato são. Mas, na verdade, essas duas formas são apenas o tampo das mesas da figura 1.1 sem as pernas e dispostas lado a lado. Na figura 1.1, as pernas e a posição das mesas ajudam a criar a ilusão de que os tampos são diferentes, mas, ao eliminar essas distrações, o sistema visual humano recupera sua extraordinária precisão.* Essas duas figuras resumem bem a ideia-chave

* Um dos truques utilizados nessas figuras foram as linhas no sentido do comprimento, já que as verticais parecem mais longas que as horizontais. É por isso que o Gateway Arch, em St. Louis, nos Estados Unidos, parece mais alto do que largo, embora sua altura e largura sejam exatamente iguais.

que os economistas comportamentais pegaram emprestado dos psicólogos. Em geral, a mente humana funciona extraordinariamente bem. Reconhecemos pessoas que não vemos há anos, compreendemos as sutilezas da nossa língua nativa e descemos correndo uma escadaria sem cair. Alguns são capazes de falar doze línguas, aprimorar o desempenho dos computadores mais modernos e/ou criar a Teoria da Relatividade. No entanto, essas mesas provavelmente teriam enganado até Albert Einstein, Bill Gates e Steve Jobs. Isso não significa que haja algo de errado com os humanos, só que podemos compreender melhor o comportamento humano se soubermos como e quando cometemos erros de forma sistemática. Saber algo a respeito do sistema visual permitiu ao psicólogo e artista Roger Shepard desenhar essas mesas enganosas.[1]

No mesmo espírito das mesas, este capítulo vai explicar detalhadamente algumas das divergências mais importantes entre, de um lado, o julgamento humano e a tomada de decisão e, de outro, os modelos de previsão baseados na otimização. Antes de começarmos, porém, precisamos deixar claro que não estamos dizendo que as pessoas são irracionais. Evitamos usar esse termo inútil e grosseiro, e não pensamos que as pessoas são burras. O problema é que estamos sujeitos a falhas, e a vida é dura. Se toda vez que formos fazer compras tentarmos descobrir a melhor combinação possível de itens a comprar, nunca sairemos do mercado. Assim, tentamos usar atalhos que façam sentido e chegar em casa antes de começarmos a comer as coisas dentro do próprio carrinho. Somos humanos.

REGRAS GERAIS

Para lidar com a vida, existe uma boa coleção de regras gerais bastante úteis muito bem ilustradas por Tom Parker em seu fascinante livro *Rules of Thumb*, publicado em 1983. Para escrever o livro, Parker pediu aos amigos que lhe enviassem exemplos de boas regras básicas. Por exemplo: "Um ovo de avestruz serve 24 pessoas no almoço"; "Dez pessoas aumentam a temperatura de um cômodo de tamanho médio em um grau por hora". E há também uma regra à qual voltaremos mais adiante: "Em um jantar de acadêmicos não deve haver mais de 25% de convidados do departamento de economia, para não estragar a conversa".

Embora possam ser bastante úteis, as regras gerais também podem nos levar a vieses sistemáticos. Essa ideia, originalmente desenvolvida décadas atrás por dois de nossos heróis – Daniel Kahneman e Amos Tversky –, mudou a forma como os psicólogos (e, com o passar do tempo, os economistas, os advogados, os formuladores de políticas públicas e tantos outros) estudam o pensamento. O trabalho original da dupla identificou três regras gerais, ou heurísticas – ancoragem, disponibilidade e representatividade –, e os vieses associados a cada uma. A pesquisa dos autores ficou conhecida como a abordagem de "heurísticas e vieses" ao estudo das opiniões humanas. Essa abordagem serviu de inspiração para a economia comportamental em geral, e em especial para este livro.

Ancoragem

Imagine que alguém tivesse nos pedido para estimar a população de Milwaukee, uma cidade duas horas de carro ao norte de Chicago, onde morávamos quando escrevemos a primeira edição deste livro. Nenhum de nós sabe muito sobre Milwaukee, exceto que é talvez a maior cidade do estado de Wisconsin. Então, como proceder? Bom, o primeiro passo é começar pelo que já sabemos, por exemplo, a população de Chicago: cerca de 3 milhões de habitantes. Sabemos também que Milwaukee é uma cidade grande o suficiente para ter um time de basquete e outro de beisebol, mas não tão grande quanto Chicago, então... vejamos... talvez tenha um terço da população. Assim, chutamos que Milwaukee tem 1 milhão de habitantes. Agora imagine que façam a mesma pergunta a um morador de Green Bay, Wisconsin. Ele também não sabe a resposta, mas sabe que Green Bay tem cerca de 100 mil habitantes e que Milwaukee é, digamos, três vezes maior, por isso tem 300 mil habitantes.

Esse processo é conhecido como "ancoragem e ajuste". Você começa com uma âncora – um valor que conhece – e a seguir faz ajustes na direção que considera apropriada. Até aí tudo bem. O viés ocorre porque, em geral, os ajustes são insuficientes. Experimentos têm comprovado que, em problemas semelhantes ao do nosso exemplo, os moradores de Chicago costumam fazer estimativas elevadas (baseados em sua ancoragem alta), enquanto os de Green Bay costumam chutar para baixo (baseados em sua ancoragem baixa). Na verdade, Milwaukee tem cerca de 600 mil habitantes.

Até mesmo ancoragens claramente irrelevantes se infiltram no processo de tomada de decisão. Faça o seguinte teste: pense nos últimos três dígitos do número do seu telefone. Anote-os. Agora responda: em que ano Átila, o Huno, saqueou a Europa? Foi antes ou depois desse ano? Tem algum palpite? Mesmo não conhecendo bem a história da Europa, você pode afirmar com propriedade que a data em que Átila fez seja lá o que for não tem nada a ver com o número do seu telefone. Ainda assim, quando realizamos esse experimento com nossos alunos, os que começam com ancoragens altas estimam respostas de mais de trezentos anos após as dos que começam com ancoragens baixas. (Aliás, a resposta certa é 452.)

As âncoras podem influenciar até sua forma de encarar a própria vida. Em um experimento, universitários foram solicitados a responder a duas perguntas: (a) Quão feliz você é?; (b) Com que frequência você sai com alguém? Quando as perguntas foram feitas nesta ordem, a correlação entre elas foi muito baixa (0,11). No entanto, quando a ordem foi invertida, a correlação saltou para 0,62. Ao que parece, instigados pela pergunta sobre relacionamento, os estudantes usam o que pode ser chamado de "heurística do namoro" para responder sobre a própria felicidade. "Nossa, não lembro quando foi a última vez que saí com alguém! Minha vida é horrível." É possível obter resultados semelhantes com casais; para isso, basta trocar a pergunta sobre relacionamentos para a frequência com que fazem sexo.[2]

Na linguagem deste livro, as âncoras atuam como nudges. Um exemplo é o nosso comportamento ao dar gorjeta para taxistas. De início os taxistas se mostraram relutantes a usar a tecnologia e aceitar cartões de crédito, porque as operadoras costumam cobrar uma comissão de mais ou menos 3% do valor total pelo serviço. Mas aqueles que adotaram o cartão de crédito ficaram agradavelmente surpresos ao ver que as gorjetas aumentaram. Esse efeito se deu em parte devido à ancoragem. Nos Estados Unidos, quando o consumidor escolhe usar o cartão de crédito para pagar uma conta, geralmente se vê diante de opções de gorjeta. Algo como:

15%
20%
25%
Escolha sua opção

Perceba que a tela está estimulando as pessoas a dar gorjetas maiores ao mostrar valores pré-calculados com base nesses percentuais. (E, na dúvida, as pessoas escolhem a opção do meio – neste caso, de 20%, que é mais que os 15% que muitos consumidores escolhem dar de gorjeta sem esta intervenção.) Além disso, a opção de escolher quanto dar de gorjeta é uma ilusão. A tela só aparece ao fim da viagem, e se você quiser dar uma gorjeta diferente precisará fazer os cálculos por conta própria e dar alguns passos a mais. Por outro lado, para escolher uma das opções que aparecem na tela é fácil: basta apertar um botão.

Apesar disso, é difícil saber ao certo quais são as melhores opções-padrão para o taxista. Isso fica claro em um estudo cuidadoso elaborado pelo economista comportamental Kareem Haggag. Ele comparou as gorjetas de duas cooperativas de táxi, uma que sugeria gorjetas-padrão de 15%, 20% e 25% e outra que sugeria gorjetas-padrão de 20%, 25% e 30%. No geral, a tela com valores maiores aumentou significativamente a gorjeta dos taxistas, ao aumentar o percentual médio. Por outro lado, também causou um aumento no número de passageiros que não davam gorjeta nenhuma. Algumas pessoas claramente se sentiram desconcertadas pelas opções-padrão agressivas e se recusaram a contribuir com qualquer valor.[3] Isso está ligado ao fenômeno comportamental conhecido como *reatância psicológica*: quando sentem que estão sendo obrigadas a fazer alguma coisa, as pessoas ficam irritadas e fazem o contrário.

Ainda assim, em muitas áreas, as evidências mostram que, dentro de um limite razoável, quanto mais se pede, mais se obtém. A manchete de Haggag é que, por causa das opções-padrão maiores, os taxistas acabaram tendo um aumento bastante razoável em sua renda anual. Advogados que processam empresas geralmente conseguem quantias astronômicas, em parte porque induzem o júri a se ancorar em valores multimilionários (por exemplo, o faturamento anual da empresa). Negociadores inteligentes quase sempre chegam a ótimos acordos para seus clientes fazendo uma proposta inicial tão elevada que, no fim, o outro lado fica empolgado por pagar apenas a metade do valor pedido. Mas nunca se esqueça da noção de reatância psicológica. Se você for ganancioso demais, pode acabar de mãos abanando.

Uma pergunta rápida: nos Estados Unidos, ocorrem mais homicídios ou suicídios causados por armas de fogo?

Para responder a questões desse tipo, a maioria das pessoas usa a heurística da disponibilidade. Elas avaliam o risco de algo acontecer de acordo com a facilidade com que conseguem pensar na questão. Como a imprensa mostra muito mais homicídios que suicídios, elas pensam, equivocadamente, que é mais provável que as armas de fogo causem mais mortes por homicídio que por suicídio. (Na verdade, para cada homicídio com arma de fogo ocorrem dois suicídios.) Uma lição importante a extrair disso é que, se as pessoas geralmente compram uma arma pensando que vão proteger a família, é muito mais provável que acabem aumentando a chance de um familiar cometer suicídio.

A acessibilidade e a visibilidade estão muito relacionadas à heurística da disponibilidade, e seu papel é igualmente importante. Se você já presenciou uma enchente ou um terremoto, terá mais facilidade de considerá-los um fenômeno provável de acontecer no dia a dia do que quem apenas leu sobre esses eventos numa revista. Por isso, superestimamos a probabilidade de mortes mais fáceis de imaginar (como as provocadas por um tornado) e subestimamos a probabilidade de formas mais discretas (uma crise de asma, por exemplo), mesmo que estas sejam muito mais frequentes (é vinte vezes mais provável que você morra de um ataque de asma do que vítima de um tornado). Acontecimentos recentes também têm um impacto maior no nosso comportamento e nos nossos medos em comparação com os antigos.

A heurística da disponibilidade ajuda a explicar muitos comportamentos relacionados a riscos, inclusive decisões públicas e privadas no tocante à precaução. Experiências recentes exercem uma forte influência na contratação de seguros contra desastres naturais.[4] Após uma enchente, há um grande aumento na aquisição de apólices de seguro — mas depois disso as lembranças vão ficando para trás, e esse número sofre uma queda constante. Ao mesmo tempo, aqueles que conhecem alguém que sofreu com uma enchente têm mais probabilidade de contratar um seguro, ainda que não corram risco real.[5]

Avaliações de risco tendenciosas podem influenciar de forma perversa a maneira como nos preparamos para crises, decisões econômicas e processos políticos — e também como reagimos a tudo isso. Sabendo que as ações de empresas de tecnologia já foram bem no passado, as pessoas tendem a comprá-las, mesmo que no momento não sejam mais um bom investimento. Além disso, elas podem superestimar certos riscos, como o de um acidente nuclear, porque esses incidentes, a exemplo de Chernobil e Fukushima, costumam ganhar a grande mídia, enquanto outros (como um AVC) são subestimados porque não recebem atenção da imprensa. Esses equívocos podem afetar as políticas governamentais, fazendo com que o Estado aloque recursos em áreas que causam mais temor na população, e não onde os perigos são mais prováveis.

Quando o viés da disponibilidade entra em ação, conduzir a avaliação de volta ao âmbito das possibilidades reais pode ocasionar melhorias tanto nas decisões públicas quanto nas decisões privadas. Uma boa forma de fazer as pessoas se precaverem contra um perigo em potencial é lembrá-las de um incidente semelhante que teve consequências negativas; uma boa forma de aumentar a confiança da população é lembrá-la de um incidente semelhante em que tudo correu bem.

Representatividade

A terceira das três heurísticas originais tem um nome de peso: representatividade. Pense nela como a heurística da similaridade. A ideia é que, quando perguntadas sobre a probabilidade de que A pertença à categoria B, as pessoas respondem com base na semelhança que enxergam entre A e a imagem ou o estereótipo de B (ou seja, se A é "representativo" de B). Assim como as outras duas heurísticas, ela é usada porque em geral funciona.

Os vieses costumam surgir quando há divergência entre similaridade e frequência. A demonstração mais conhecida desses vieses é o caso de uma mulher fictícia chamada Linda. Num experimento, os voluntários ouviam a seguinte história: "Linda é uma mulher de 31 anos, solteira, extrovertida e muito inteligente. É formada em filosofia. Quando estudante, era muito engajada em temas ligados à discriminação e à justiça social, e participava de manifestações contra o uso de energia nuclear". Em seguida, os pesquisadores pediam que os voluntários classificassem, por ordem de probabilidade, oito possíveis futuros para Linda. As duas respostas cruciais eram "caixa de banco" e "caixa de banco e ativista do movimento feminista". A maioria das pessoas acreditava que era mais provável que ela fosse caixa de banco *e* feminista do que apenas caixa de banco.[6]

Trata-se de um erro lógico evidente. Claro que não é logicamente possível dois eventos juntos serem mais prováveis do que apenas um sozinho. É mais provável que Linda seja apenas caixa do que uma caixa feminista, porque todas as caixas de banco feministas também se encaixam no grupo de apenas caixas de banco. O erro nasce na heurística da representatividade: a descrição de Linda parece bater muito mais com a de uma "caixa de banco e ativista do movimento feminista" do que com a de apenas uma "caixa de banco". Conforme disse Stephen Jay Gould: "Eu sei [a resposta certa], mas acontece que existe uma criaturazinha dentro da minha cabeça, e ela fica pulando de um lado para o outro, gritando: 'Mas ela não pode ser apenas uma caixa de banco; leia a descrição!'".[7] Assim como a heurística da disponibilidade, a heurística da representatividade costuma funcionar bem, mas pode levar a erros graves.

OTIMISMO E EXCESSO DE CONFIANÇA

Antes do início do curso de tomada de decisões de gestão ministrado por Thaler, os alunos preenchem um questionário anônimo sobre o curso pela internet. Uma das perguntas é: "Em que decil você acredita que estará na distribuição de notas da turma?". Os estudantes podem escolher os 10% superiores, os 10% logo a seguir e por aí vai. Como se trata de estudantes de MBA, presume-se que saibam que, como em qualquer distribuição, metade da população fica nos 50% superiores e a outra metade nos 50% inferiores, e que apenas 10% dos alunos de fato podem acabar no decil superior.

Ainda assim, os resultados da pesquisa revelam um alto grau de otimismo dos alunos sobre seu desempenho no curso. Em geral, menos de 5% acreditam que ficarão abaixo da média (o quinquagésimo percentil), e mais da metade da turma acredita que ficará nos dois decis superiores. Invariavelmente, o grupo mais numeroso sempre se coloca no segundo decil. Acreditamos que isso provavelmente se deve à modéstia: na verdade, eles acham que ficarão no decil superior, mas são modestos demais para dizê-lo.

Os estudantes de MBA não são os únicos a confiar excessivamente nas próprias habilidades. O efeito "acima da média" é generalizado. Em alguns estudos, 90% dos motoristas se consideram acima da média atrás do volante. E praticamente todo mundo acha que tem um senso de humor acima da média, inclusive aqueles que quase nunca são vistos sorrindo. (Isso porque eles sabem o que é engraçado, não porque são engraçados de fato!) Esse otimismo também contamina professores universitários. Um estudo revelou que cerca de 94% dos professores de uma grande universidade acreditam ser profissionais melhores do que a média, e há razões para crer que esse excesso de confiança se aplique a professores em geral.[8] (Sim, admitimos essa fraqueza.)

As pessoas também têm um otimismo irreal quando há muita coisa em jogo. Nos Estados Unidos, algo entre 40% e 50% dos casamentos terminam em divórcio, e a maioria das pessoas já ouviu falar dessa estatística. (Não é possível determinar o número exato.) Mas, perto da época da cerimônia, quase nenhum casal acredita que seu próprio matrimônio pode terminar em separação — e isso vale até para os que já foram casados![9] (O escritor Samuel Johnson certa vez brincou, dizendo que "o segundo casamento é o triunfo da esperança sobre a experiência".) O mesmo fenômeno pode ser visto em pessoas que estão abrindo um negócio, em que a chance de fracasso é de pelo menos 50%. Numa pesquisa com empreendedores (em geral, pequenas empresas, como empreiteiras, restaurantes e salões de beleza), pediu-se que eles respondessem a duas perguntas: (a) Em termos percentuais, qual você acha que é a chance de um negócio comum como o seu dar certo?; (b) Qual é a sua chance de sucesso? As respostas mais frequentes foram 50% e 90%, respectivamente, e muitos disseram 100% na segunda pergunta.[10]

O otimismo irreal pode explicar muitas decisões arriscadas que tomamos, sobretudo as que dizem respeito a riscos à vida e à saúde. Quando instados a imaginar o próprio futuro, estudantes costumam dizer que têm bem menos chances do que seus colegas de classe de serem demitidos de um emprego, sofrerem um ataque cardíaco ou desenvolverem um câncer, se divorciarem depois de poucos anos de casamento ou se tornarem alcoolistas. Idosos subestimam a probabilidade de sofrerem um acidente de carro ou de desenvolverem doenças graves. Fumantes estão cientes dos riscos estatísticos, que muitas vezes são exagerados, mas a maioria acredita que é menos propensa a ser diagnosticada com câncer de pulmão e doenças cardíacas do que a maioria dos não fumantes. As loterias são bem-sucedidas em parte por causa desse otimismo irreal.[11]

O otimismo irreal é uma característica generalizada da vida humana; ele define a maioria das pessoas em grande parte das categorias sociais. Quando as pessoas superestimam sua imunidade individual contra danos, pode ser que deixem de tomar medidas sensatas de prevenção. Durante a pandemia de covid-19, algumas não tomaram as devidas precauções, como o uso de máscaras, porque eram otimistas em relação aos riscos pessoais. Nesse caso, elas podem se beneficiar de um nudge. Na verdade, já falamos sobre uma possibilidade: quando são lembradas de um evento ruim, as pessoas podem não continuar tão otimistas.

PERDAS E GANHOS

Todo mundo odeia perder. Para usar um termo mais técnico, temos "aversão à perda". Grosso modo, a perspectiva de perder algo deixa uma pessoa duas vezes mais triste do que a perspectiva de ganhar a mesma coisa a deixaria feliz. Mas como sabemos disso?

Considere um experimento simples.[12] Metade dos estudantes em uma sala de aula recebe canecas de café com o brasão da universidade. Os que não as recebem são chamados a examinar as dos colegas. Em seguida, os que receberam as canecas devem vendê-las, e os que não receberam devem comprá-las. E a maneira de fazer isso é respondendo à seguinte pergunta: "Por quanto você estaria disposto a comprar uma caneca/vender sua caneca?". Os resultados mostram que os donos das canecas exigem mais ou menos o dobro do que os compradores estão dispostos a pagar. Milhares de canecas foram usadas em dezenas de réplicas desse experimento, e os resultados são quase sempre os mesmos. Uma vez que tenho uma caneca, não estou disposto a abrir mão dela. Mas, se não tenho, não sinto necessidade premente de comprá-la. Isso significa que as pessoas não atribuem valores específicos a objetos; o que importa, em geral, é se estão comprando ou vendendo.

Também é possível medir a aversão à perda com apostas. Vamos supor que eu lhe peça para fazer uma aposta. Cara, você ganha X, coroa, você perde cem dólares. Quanto X precisa valer para que você aceite entrar na aposta? Para muitos, a resposta está em torno de duzentos dólares. Isso significa que a possibilidade de ganhar duzentos dólares compensa a perspectiva de perder cem dólares.

A aversão à perda produz inércia, nesse caso um forte desejo de conservar suas posses atuais. Se você reluta em abrir mão do que possui porque não deseja perder, acaba rejeitando trocas que teria feito numa situação diferente. Em outro experimento, metade dos alunos de uma turma recebia canecas (sempre as canecas...) de café e a outra recebia barras de chocolate. As canecas e o chocolate custam mais ou menos a mesma coisa, e em testes prévios fora verificado que os alunos escolhiam ambos numa proporção muito parecida. No entanto, quando tinham a oportunidade de trocar a caneca pelo chocolate ou vice-versa, apenas um em cada dez aceitava.

A aversão à perda tem grande relevância na política pública. Se você quer desencorajar o uso de sacolas plásticas, é melhor dar às pessoas uma quantia pequena caso elas levem as próprias sacolas ou cobrar o mesmo valor por uma sacola plástica? As evidências mostram que a primeira abordagem não surte nenhum efeito, mas a segunda funciona bem, reduzindo significativamente o uso de sacolas plásticas. As pessoas não querem perder dinheiro, mesmo que pouco.[13] (Ambientalistas, por favor, lembrem-se disso.)

O VIÉS DO STATU QUO

Por diversas razões, as pessoas apresentam uma tendência geral a se manter em sua situação corrente. Um motivo é a aversão à perda; abrir mão do que temos é doloroso. Mas esse fenômeno tem diversas causas. William Samuelson e Richard Zeckhauser batizaram esse comportamento de "viés do statu quo", e ele tem sido demonstrado em diversas ocasiões.[14] A maioria dos professores sabe que os alunos costumam se sentar no mesmo assento em sala de aula, ainda que os lugares não sejam marcados. Mas o viés do statu quo também ocorre quando há muita coisa em jogo, e pode custar muito dinheiro.

Por exemplo, grande parte das pessoas que fazem um plano de previdência complementar, tal como o 401(k), escolhe um valor para a contribuição mensal quando adere ao plano e depois esquece o assunto. Um estudo conduzido no fim da década de 1980 analisou as decisões dos participantes de um plano de aposentadoria de professores universitários nos Estados Unidos. A mediana de alterações no valor das contribuições mensais foi, acredite ou não, zero.[15] Em outras palavras, ao longo da carreira, mais da metade dos pensionistas não fazia mudança alguma no plano. E talvez o dado mais revelador seja que muitos participantes casados que eram solteiros quando aderiram ao plano ainda tinham a mãe como beneficiária! Como veremos no capítulo 10, a inércia do investidor vai muito bem na Suécia, obrigado.

O viés do statu quo pode ser facilmente explorado. Eis uma história real. Muitos anos atrás, a American Express enviou uma cartinha simpática a Sunstein informando que ele podia receber gratuitamente, durante três meses, a assinatura de cinco revistas à sua escolha.* Que ótimo negócio! Assinaturas gratuitas parecem um bom negócio mesmo que as revistas raramente sejam lidas, por isso ele aceitou a oferta. O que ele não percebeu foi que, se não cancelasse a assinatura, continuaria recebendo as publicações após o período de três meses, mas passaria a pagar o preço cheio. Durante mais de uma década ele continuou assinando as revistas que quase nunca lia e, em grande parte, desprezava. Elas formavam pilhas que se espalhavam pela casa. Ele queria cancelar as assinaturas, mas por alguma razão nunca tomava uma atitude. Só fez isso quando começou a trabalhar na edição original deste livro.

Uma das causas do viés do statu quo é a falta de atenção. Muitas pessoas costumam adotar o que chamamos de heurística do "ah, tanto faz". Um bom exemplo é o efeito de transferência que ocorre quando as pessoas começam a maratonar séries. Na maioria dos serviços de streaming você não precisa fazer nada quando chega ao fim de um episódio: o próximo começa automaticamente. A essa altura um grande número de telespectadores diz (implicitamente) "ah, tanto faz" e continua assistindo. Muitas pessoas que planejavam assistir a um ou outro episódio de uma série acabam varando a madrugada por causa dessa heurística, sobretudo quando o episódio termina com um gancho para o seguinte. Sunstein está longe de ser a única vítima da renovação automática das assinaturas de revista, tática que é hoje adotada por praticamente todos os serviços on-line. Os profissionais do departamento comercial sabem que, quando a renovação é automática, e sobretudo quando as pessoas precisam dar um telefonema para fazer o cancelamento, a probabilidade de renovação é muito maior. (Voltaremos a esse tema no capítulo 8, sobre o sludge.) A combinação de aversão à perda e decisões negligentes é um dos motivos que explica por que, se uma opção é definida como "padrão", geralmente (mas não sempre!) atrai grande parcela do mercado. As opções-padrão, portanto, agem como incentivos poderosos. Por essa e outras razões, estabelecer a melhor opção-padrão possível será um tema que abordaremos com frequência ao longo deste livro.

* Para os leitores mais jovens: as revistas eram documentos semanais impressos que chegavam pelo correio trazendo notícias velhas e belas fotografias.

ENQUADRAMENTO

Vamos supor que você sofra de uma doença cardíaca grave e que seu médico tenha proposto uma operação arriscada. É normal que você queira saber quais são suas chances de sobreviver à provação. O médico diz: "De cada cem pacientes que fazem essa operação, noventa estão vivos após cinco anos". O que você faria? A resposta do cirurgião parece tranquilizadora, e você se sente confiante para realizar a operação.

Mas vamos supor que o médico responda de uma forma um pouco diferente: "De cada cem pacientes que fazem essa operação, dez estão mortos após cinco anos". Se você é como a maioria das pessoas, vai considerar a frase alarmante e talvez não se submeta à cirurgia. Instintivamente, talvez você pense: "Um número considerável de pessoas morre, e posso ser uma delas!". Em diversos experimentos, as pessoas reagem de forma muito diferente ao saber que "noventa em cada cem estão vivas" em comparação com "dez em cada cem estão mortas" — embora o conteúdo das duas frases seja exatamente o mesmo. Até especialistas estão sujeitos aos efeitos do enquadramento. Quando médicos recebem a informação de que "noventa em cada cem estão vivas", é mais provável que recomendem a operação do que quando são informados de que "dez em cada cem estão mortas".[16]

O conceito de enquadramento é importante em diversas áreas. Quando os cartões de crédito começaram a se popularizar como formas de pagamento nos Estados Unidos nos anos 1970, alguns comerciantes queriam cobrar preços diferentes para pagamentos em dinheiro e em cartão. A fim de evitar isso, as operadoras adotaram regras proibindo que os lojistas utilizassem esse expediente. Quando o Congresso americano apresentou uma proposta de lei para proibir a regra imposta aos comerciantes, e ela parecia prestes a ser aprovada, o lobby das empresas de cartão de crédito dirigiu sua atenção para a linguagem. Elas propuseram que, no caso de cobrança de preços diferentes, o preço no cartão fosse considerado o "normal" (padrão), e o preço em dinheiro, o desconto — e não que o preço em dinheiro fosse o normal e que no cartão houvesse um acréscimo.

As operadoras de cartão de crédito tinham uma boa compreensão intuitiva do que os psicólogos denominariam "enquadramento". A ideia é que as decisões dependem, em parte, da forma como os problemas são apresentados. Isso tem consequências importantes para as políticas públicas. Vejamos o seguinte exemplo: sabendo que a economia de energia vem se tornando, com muita justiça, um tema atual, qual das frases a seguir caberia melhor numa campanha informativa? (a) Utilizando métodos de economia de energia, você poupa 350 dólares por ano; ou (b) Não utilizando métodos de economia de energia, você desperdiça 350 dólares por ano. Há evidências de que uma campanha de conscientização (b), enquadrada em termos que destaquem a perda, pode ser muito mais eficaz do que a campanha informativa (a). Se o governo pretende encorajar a economia de energia, a opção (b) parece um nudge mais efetivo.

Assim como o viés do statu quo, o enquadramento é exacerbado pela tendência humana a tomar decisões de maneira desatenta e passiva. Poucos de nós se dão o trabalho de checar se as respostas seriam diferentes caso as perguntas fossem reformuladas. Um dos motivos por que não fazemos isso é que não saberíamos como interpretar uma contradição. Na prática, isso significa que o enquadramento pode ser um nudge poderoso e deve ser utilizado com muito cuidado.

COMO PENSAMOS: DOIS SISTEMAS

Nem preciso dizer que os preconceitos que descrevemos neste capítulo não se aplicam a todos da mesma maneira. Sim, a maioria das pessoas é excessivamente confiante e otimista — mas nem todas. Na verdade, temos um bom amigo que tem características opostas — nunca se mostra confiante e vive preocupado com alguma coisa, ou muitas coisas. Esse amigo é Daniel Kahneman, com quem ambos tivemos o privilégio de escrever livros. Um rascunho de artigo ou capítulo de livro que parecia bom semana passada de repente pode parecer horrível para ele esta semana. Kahneman está sempre repensando tudo. E isso vale especialmente para seu próprio trabalho.

Essa característica o levou a dar um passo incomum ao ganhar o Prêmio Nobel de Economia em 2002. Os laureados são convidados a proferir um discurso durante a semana que passam em Estocolmo. A maioria opta por falar sobre o trabalho que ganhou o prêmio de forma acessível ao público leigo. Kahneman fez isso, mas à sua maneira: apresentou uma forma inteiramente nova de enxergar seu trabalho em conjunto com Amos Tversky (que teria dividido o prêmio com ele se estivesse vivo), usando um conceito da psicologia cognitiva que não desempenhou nenhum papel na criação da pesquisa. Só Kahneman passaria os já frenéticos dois meses entre o anúncio do prêmio e a cerimônia repensando completamente o trabalho de sua vida. Mais tarde, esse repensar foi refinado e expandido, e se transformou em seu best-seller *Rápido e devagar: Duas formas de pensar*.

O título do livro informa habilmente a ideia principal, à qual dedicamos o resto deste capítulo. É útil imaginar que as engrenagens do cérebro consistem em dois componentes ou sistemas. Um é rápido e intuitivo; o outro é lento e reflexivo. Kahneman adota a terminologia da literatura psicológica na qual se baseia e chama esses dois componentes de Sistema 1 e Sistema 2. Enquanto escrevíamos este livro, um de nós teve dificuldade para lembrar qual é o mais rápido (é o 1), então preferimos usar nomes mais fáceis para o leitor: Sistema Automático e Sistema Reflexivo.

Essa estrutura pode nos ajudar a entender um enigma sobre o pensamento humano: como podemos ser tão bons em algumas tarefas e tão ruins em outras? Beethoven escreveu sua incrível *Nona sinfonia* após ter ficado surdo, o que é um feito incrível, mas ninguém ficaria surpreso ao saber que ele perdia as chaves de casa com uma frequência assustadora. Ele era um gênio ou um imbecil? A resposta: um pouco dos dois.

O trabalho de psicólogos e neurocientistas no qual a obra de Kahneman se baseou convergiu para uma descrição do funcionamento do cérebro que nos ajuda a compreender essas aparentes contradições. A abordagem envolve uma distinção entre dois tipos de pensamento.[17]

Tabela 1.1
Dois sistemas cognitivos

SISTEMA AUTOMÁTICO	SISTEMA REFLEXIVO
Descontrolado	Controlado
Fácil	Complicado
Associativo	Dedutivo
Rápido	Lento
Inconsciente	Autoconsciente
Prático	Obedece a regras

Eis uma história que ilustra como os dois sistemas funcionam. Sunstein tem um filho chamado Declan que, quando tinha nove anos, não resistia a lojas de brinquedos. Sempre que os dois passavam por uma loja, Declan implorava para entrar e comprar alguma coisa, mesmo sabendo que dali a um ou dois dias já estaria entediado com o novo brinquedo. Sunstein, claro, lidou com esse dilema dando a Declan uma breve explicação sobre os dois sistemas. O Sistema 1 de Declan estava louco para entrar na loja, mas o Sistema 2 sabia que ele tinha brinquedos suficientes. Por algumas semanas, a explicação pareceu funcionar, e durante esse tempo Declan passou pelas lojas de brinquedos sem dizer uma palavra. Mas um dia ele olhou sério para o pai e perguntou: "Papai, será que eu tenho um Sistema 2?".

Como Declan agora sabe, o Sistema Automático é rápido e instintivo, e age sem depender do que costumamos associar à palavra *pensar*. Quando você se abaixa porque de repente uma bola foi lançada na sua direção, ou fica nervoso quando o avião entra numa zona de turbulência, ou sorri quando vê um cachorrinho fofo, esse é o seu Sistema Automático em funcionamento. Embora a neurociência seja complicada nesse aspecto, os neurocientistas podem afirmar que as atividades do Sistema Automático estão associadas às partes mais antigas do cérebro, aquelas que compartilhamos com os lagartos (e também com os cachorrinhos).[18]

O Sistema Reflexivo é mais deliberado e autoconsciente. Usamos esse sistema quando nos perguntam: "Quanto é 411 vezes 317?". A maioria das pessoas também costuma usar o Sistema Reflexivo ao decidir que caminho seguir rumo a um lugar desconhecido, ou se vai para a faculdade de direito ou de administração. Enquanto escrevemos este livro, estamos usando (principalmente) o Sistema Reflexivo, mas às vezes temos ideias quando estamos no chuveiro ou caminhando sem pensar nele, e provavelmente elas vêm do nosso Sistema Automático. (A propósito, muitos eleitores parecem confiar fortemente no Sistema Automático.[19] Um candidato que cause uma má primeira impressão ou que tente ganhar votos com argumentos complexos e estatísticas pode ter muitos problemas para se eleger.)[20]*

* É possível prever o resultado das eleições para o Congresso com uma precisão assustadora simplesmente pedindo às pessoas para olhar rapidamente as fotos dos candidatos e dizer qual deles parece mais competente. Esses julgamentos, feitos por alunos que não conhecem os candidatos, preveem o vencedor da eleição em dois terços das vezes!

A maioria das pessoas no mundo tem uma reação do Sistema Automático a uma temperatura dada em Celsius, mas precisa usar o Sistema Reflexivo para processar uma temperatura dada em Fahrenheit; para os norte-americanos, o oposto é verdadeiro. As pessoas falam a língua nativa usando o Sistema Automático e tendem a ter dificuldade em falar outra língua usando o Sistema Reflexivo. Ser verdadeiramente bilíngue significa falar duas línguas usando o Sistema Automático. Os grandes enxadristas têm uma intuição bem desenvolvida; o Sistema Automático deles permite avaliar situações complexas rapidamente, respondendo a elas com uma precisão incrível e uma velocidade excepcional.

Uma forma de pensar sobre tudo isso é que o Sistema Automático é a reação instintiva e o Sistema Reflexivo é o pensamento consciente. As reações instintivas podem ser bastante precisas, mas frequentemente cometemos erros porque confiamos demais no Sistema Automático. O Sistema Automático diz: "O avião está balançando, eu vou morrer", enquanto o Sistema Reflexivo responde: "Acidentes de avião são extremamente raros!". O Sistema Automático diz: "Esse cachorro vai me morder", e o Sistema Reflexivo responde: "A maioria dos cachorros não morde". O Sistema Automático começa sem nenhuma ideia de como chutar uma bola com precisão ou arremessar uma bola de basquete dentro de um aro distante. Mas inúmeras horas de treino permitem que atletas talentosos evitem a reflexão e confiem no Sistema Automático — tanto que conhecem os perigos de pensar demais e simplesmente "confiam no instinto", ou "apenas fazem o que precisam fazer".

O Sistema Automático pode ser treinado com a repetição, mas esse treinamento exige tempo e esforço. Um dos motivos pelos quais os adolescentes são motoristas tão perigosos é o fato de que o Sistema Automático deles não tem muita prática, e o uso do Sistema Reflexivo é muito mais lento. Sunstein está torcendo para que Declan desenvolva um Sistema Reflexivo totalmente funcional antes de ter idade para tirar a carteira de motorista.

Para ver como funciona o pensamento intuitivo, faça o teste a seguir. Para cada uma das três perguntas, comece anotando a primeira resposta que vier à sua mente. Em seguida, faça uma pausa para refletir.

1. Um taco e uma bola custam 1,10 dólar no total. O taco custa um dólar a mais que a bola. Quanto custa a bola?

2. Você é um dos três participantes em uma corrida. Perto do fim, você ultrapassa o corredor que estava em segundo lugar. Em que lugar você terminou?
3. A mãe de Maria teve quatro filhas. As três mais novas se chamam Primavera, Verão e Outono. Qual é o nome da filha mais velha?

Quais foram suas respostas iniciais? A maioria das pessoas diz dez centavos, primeiro lugar e inverno. Mas todas essas respostas estão erradas. Se você parar para pensar por um minuto, vai entender por quê. Se uma bola custasse dez centavos e o taco um dólar a mais que a bola (ou seja, 1,10), juntos eles custariam 1,20 dólar, não 1,10 dólar. Qualquer um que refletisse por um segundo perceberia isso, mas, segundo uma pesquisa de Shane Frederick (que chama essa série de perguntas de "teste de reflexão cognitiva"), essas são as respostas mais comuns mesmo entre os melhores estudantes universitários.[21]

As respostas corretas são cinco centavos, segundo lugar e Maria, mas você já sabia disso, ou pelo menos seu Sistema Reflexivo sabia — isso se você tivesse se dado o trabalho de consultá-lo. Os econos nunca tomam uma decisão importante sem consultar o Sistema Reflexivo (se tiverem tempo para isso, claro). Os humanos, por outro lado, às vezes não param para pensar e dão a primeira resposta que lhes vem à cabeça. Se você gosta de Star Trek, então lembra que Spock era um personagem conhecido por estar sempre com o Sistema Reflexivo no comando. (Capitão Kirk: "Você daria um ótimo computador, Spock". Spock: "Muito gentil de sua parte dizer isso, capitão!".) Já Homer Simpson parece ter esquecido onde deixou seu Sistema Reflexivo. (Certa vez, Homer foi comprar uma arma numa loja e o vendedor disse que, de acordo com a lei, ele precisava esperar cinco dias para concluir a compra. Homer, então, retrucou: "Cinco dias? Mas eu estou com raiva agora!".)

Um dos nossos principais objetivos neste livro é ver como o mundo poderia ser mais fácil, ou mais seguro, para os Homers que vivem entre nós (e para o Homer que vive dentro de nós). Se as pessoas puderem confiar no Sistema Automático sem se meter em grandes problemas, terão uma vida mais fácil, melhor e mais longa. Em outras palavras, vamos conceber políticas para o *Homer economicus*.

E DAÍ?

Nosso objetivo neste capítulo foi oferecer um breve panorama da falibilidade humana. O quadro geral mostra pessoas atarefadas tentando ser bem-sucedidas em um mundo no qual não podem se dar ao luxo de refletir sobre cada escolha que fazem. As pessoas adotam regras básicas que às vezes funcionam bem, mas às vezes as deixam desorientadas, sobretudo em situações desafiadoras ou novas. Sendo ocupadas e dispersas, elas tendem a aceitar passivamente as perguntas feitas em vez de tentar determinar se suas respostas seriam diferentes caso as questões fossem formuladas de outra maneira. Em suma, segundo nosso ponto de vista, as pessoas são influenciadas por nudges. Suas escolhas, mesmo as mais importantes, são influenciadas de formas imprevisíveis em um arcabouço econômico tradicional. Eis aqui um último exemplo para ilustrar essa situação.

Uma das vias urbanas mais belas do mundo é a Lake Shore Drive de Chicago, que percorre a orla do lago Michigan, o limite oriental da cidade. Ela oferece vistas fantásticas do horizonte deslumbrante de Chicago. Um trecho da pista tem uma perigosa sequência de curvas em S. Durante muito tempo, grande parte dos motoristas não levou a sério o limite de velocidade (quarenta quilômetros por hora) e causou graves acidentes. Para resolver o problema, recentemente a cidade adotou um novo método para estimular os motoristas a reduzirem a velocidade.

No começo da curva perigosa, os motoristas encontram, pintadas na pista, uma sinalização advertindo sobre o limite de velocidade e depois uma série de listras brancas. As listras não oferecem qualquer informação tangível (não são quebra-molas), apenas enviam um sinal visual aos motoristas. As primeiras listras são bem espaçadas entre si, mas, quando os motoristas chegam à parte mais perigosa da curva, ficam mais próximas, dando a sensação de que a velocidade está aumentando (figura 1.3). O instinto natural é diminuir a velocidade. Ao dirigir nesse trecho específico, a impressão é de que as linhas estão conversando conosco, pedindo delicadamente que desaceleremos antes de chegar ao ápice da curva. Recebemos um nudge.

Figura 1.3. Lake Shore Drive, Chicago (cortesia da prefeitura de Chicago).

2. Resistir à tentação

A TENTAÇÃO

Muitos anos atrás, quando fazia pós-graduação, Thaler ofereceu um jantar para alguns convidados (outros jovens economistas) e serviu uma tigela de castanhas-de-caju como petisco para acompanhar as bebidas. Em poucos minutos ficou claro que as castanhas seriam devoradas e que os convidados talvez ficassem sem fome para os outros pratos que haviam sido preparados. Thaler decidiu agir. Pegou a tigela (aproveitando para comer algumas castanhas) e a escondeu na cozinha.

Quando voltou, os convidados lhe agradeceram. A conversa logo passou a uma discussão teórica sobre como era possível que estivessem felizes por não haver mais uma tigela de castanhas ali. (Agora você entendeu a regra geral mencionada no capítulo 1 sobre a proporção máxima de economistas que podem ser convidados para um jantar.) Um princípio básico da economia (e do dia a dia) é o de que, quanto mais opções, melhor, porque na pior das hipóteses é sempre possível recusá-las. Antes de Thaler esconder as castanhas, o grupo tinha as opções de comê-las ou não; depois, não tinha mais escolha. Na terra dos econos, ficar feliz com isso é um crime.

Para compreender melhor esse exemplo, vejamos como as preferências do grupo pareceram evoluir com o passar das horas. Às 19h15, pouco antes de Thaler sumir com as castanhas, os convidados tinham três opções: A) comer algumas castanhas, B) comer todas as castanhas ou C) não comer mais castanhas. A primeira alternativa seria comer apenas algumas e depois parar. A pior alternativa seria comer a tigela inteira, o que estragaria o jantar de vez. Isso significa que a ordem de preferência deles era A > C > B. Mas, às 19h30, se as castanhas tivessem permanecido na mesa, o grupo teria acabado com a tigela inteira, escolhendo a opção B, que estava em último lugar na ordem de preferência. Por que o grupo mudaria de ideia no intervalo de apenas quinze minutos? Podemos realmente dizer que o grupo mudou de ideia?

Na terminologia da ciência econômica, dizemos que o comportamento do grupo foi *dinamicamente inconsistente*. De início, as pessoas preferem a opção A, mas com o passar do tempo escolhem a B. É possível ver a inconsistência dinâmica em muitos lugares. Nas manhãs de sábado, as pessoas podem dizer que preferem se exercitar mais tarde, mas então, quando esse momento chega, se sentam no sofá para assistir a um jogo de futebol na TV ou maratonar uma série.

Como entender esse comportamento? Dois fatores são importantes: tentação e desatenção. Os seres humanos conhecem a ideia de tentação pelo menos desde os tempos de Adão e Eva, mas para compreender o valor dos nudges é preciso elaborar melhor o conceito. O que significa ser "tentador"?

O finado juiz Potter Stewart, que fez parte da Suprema Corte dos Estados Unidos, disse certa vez que, embora não fosse capaz de definir o que é pornografia, "reconheço quando a vejo". Da mesma forma, a tentação é mais fácil de reconhecer do que de definir. E as tentações são algo muito pessoal. Thaler adora uma boa garrafa de vinho e tem dificuldade de resistir a uma tacinha de uma safra especial. Sunstein odeia vinho, mas adora Coca Zero. Para nós, o fato fundamental a respeito da tentação é que o estado de empolgação varia ao longo do tempo.

Simplificando, vamos considerar os dois extremos: quente e frio. Quando Sally está com muita fome e sente um cheirinho de dar água na boca vindo da cozinha, podemos dizer que seu estado é quente. Quando está pensando de forma distraída, em uma terça-feira, sobre o quanto vai comer no jantar de sábado, seu estado é frio. Na noite de sábado, a salada que ela havia planejado comer de repente parece pouco, e talvez precise ser acompanhada de uma pizza. Chamamos algo de "tentador" quando o consumimos em maior quantidade quando estamos quentes. Isso não significa que as decisões tomadas no estado frio sejam sempre melhores. Às vezes, por exemplo, precisamos estar no modo quente para superar nosso medo de testar coisas novas. Às vezes, a sobremesa está de fato uma delícia, e o melhor é saboreá-la e depois queimar as calorias na academia. Às vezes, é melhor se apaixonar. Mas está claro que as decisões tomadas no calor do momento com frequência nos causam muitos problemas.

A maioria das pessoas sabe que a tentação existe e toma medidas para superá-la. Um exemplo clássico é o do personagem Ulisses, que, na *Odisseia*, enfrenta o perigo das sereias e suas canções irresistíveis. Quando frio, Ulisses ordena que a tripulação tape os ouvidos com cera, para que não se sinta tentada pela música. Também pede que o amarrem ao mastro; desta forma, até pode escutar o canto das sereias, mas, no calor do momento, é impedido de cair em tentação e conduzir a embarcação até elas.

Thaler e Ulisses resolveram seus problemas, respectivamente, escondendo as castanhas e amarrando-se ao mastro. Esses são exemplos de estratégias de compromisso. (Só um comentário: chamar esta edição do livro de "final" é uma estratégia de compromisso.) Essas estratégias funcionam bem quando é possível prever o risco de ceder à tentação e simplesmente eliminá-lo. Mas em muitas situações não é possível prever um problema de autocontrole, pois subestimamos o poder da excitação — algo que o economista comportamental George Loewenstein chama de "lacuna de empatia quente-frio", um conceito que tem exercido grande influência na nossa forma de pensar sobre o tema. A ideia fundamental de Loewenstein é que, mesmo percebendo que se comportam de maneira diferente quando estão excitadas, as pessoas subestimam o poder desse efeito. Quando nos encontramos no estado frio, não nos damos conta de como nosso comportamento é alterado "sob a influência" da excitação. Em consequência, nosso comportamento reflete certa ingenuidade a respeito dos efeitos que o contexto pode exercer sobre a decisão.

Vejamos o caso de Luke, que está de dieta, mas concorda em ir a um jantar de negócios pensando que vai ser fácil tomar apenas uma taça de vinho e recusar a sobremesa. Mas então o anfitrião pede uma garrafa de vinho e o garçom aparece com o menu de sobremesas, e o plano todo vai por água abaixo. Ou o caso de Janet, que pretende entrar em uma loja de departamentos em liquidação e comprar apenas um produto de que esteja realmente precisando. Ela acaba saindo da loja com um par de sapatos sem grande utilidade, e que ainda por cima machucam (mas estavam com 70% de desconto). Problemas semelhantes afetam tabagistas, alcoolistas, pessoas que têm compulsão por exercícios físicos e que fazem compras como uma forma de "terapia".

Os problemas causados pela falta de autocontrole podem ser ilustrados pela imagem de um indivíduo com dois "eus" semiautônomos: o "Planejador", que pensa a longo prazo, e o "Impulsivo", que é míope. O Planejador é como uma voz do Sistema Reflexivo, o Spock que vive dentro de você; enquanto o Impulsivo é profundamente influenciado pelo Sistema Automático, o Homer Simpson que existe dentro de cada um de nós. O Planejador tenta promover nosso bem-estar a longo prazo, mas precisa lidar com os sentimentos, os truques e a teimosia do Impulsivo, que é exposto às tentações que surgem com a excitação. Pesquisas no campo da neuroeconomia (sim, essa área existe) encontraram evidências que reforçam essa concepção de autocontrole dividido em dois sistemas. Algumas partes do cérebro estão sujeitas à tentação enquanto outras nos permitem opor resistência, avaliando de que forma reagir.[1] Às vezes, essas partes podem entrar em um sério conflito — e certamente haverá um lado perdedor. (Não estamos tentando fazer afirmações controversas sobre a neurociência; a verdade é que o cérebro é bem complicado.)

ESTRATÉGIAS DE AUTOCONTROLE

Como somos pelo menos ligeiramente conscientes de nossas fraquezas, às vezes procuramos ajuda externa. Fazemos listas para nos lembrar do que precisamos comprar (ou do que não comprar) no mercado. Usamos um despertador para acordar de manhã. Pedimos aos amigos que nos proíbam de comer a sobremesa ou que nos apoiem quando estamos parando de fumar. Compramos carros que nos oferecem várias advertências quando estamos numa situação perigosa. Nesses casos, o Planejador que existe dentro de nós toma medidas para controlar as ações do Impulsivo, muitas vezes tentando mudar os incentivos deste último.

Infelizmente, é difícil conter o Impulsivo (é como tentar controlar Homer Simpson), o que pode minar os esforços do Planejador. Os despertadores (até mesmo os do celular) são exemplos esclarecedores. O Planejador, otimista como é, põe o alarme para despertar às 6h15, esperando ter um dia produtivo, mas o Impulsivo é preguiçoso, então desliga o alarme e volta a dormir até as nove da manhã. Isso pode causar brigas feias entre o Planejador e o Impulsivo. Alguns Planejadores colocam o despertador do outro lado do quarto, para que o Impulsivo tenha que se levantar para desligá-lo, mas se o Impulsivo voltar para a cama depois disso o esforço terá sido em vão. Felizmente, existem empresas que podem ajudar o Planejador.

Vejamos o alarme Clocky, da figura 2.1. O Clocky é um "alarme que corre e foge se você não se levantar da cama". Com ele, o Planejador define os minutos que o Impulsivo pode ter a mais na opção "soneca". Ao fim desse tempo, o relógio pula da mesa de cabeceira e começa a correr pelo quarto emitindo sons irritantes. A única forma de desligá-lo é levantar-se da cama e encontrá-lo. Quando isso acontece, até o Impulsivo mais sonolento já despertou.*

Figura 2.1. Anúncio do Clocky (utilizado com permissão da Nanda Home).

* Descobrimos o Clocky quando estávamos escrevendo a primeira edição deste livro. Na época, Ellyn, filha de Sunstein, estava no ensino médio e às vezes tinha dificuldade para acordar de manhã e ir para a escola. Sunstein achou que o Clocky seria uma ótima solução, mas, quando ela descobriu como o produto funcionava, o atirou contra o próprio pai.

Os Planejadores dispõem de uma série de estratégias, como o Clocky, para controlar os Impulsivos mais rebeldes, e às vezes podem contar com a ajuda de elementos externos. Veremos como instituições públicas e privadas podem fornecer essa ajuda. Uma boa estratégia para o cotidiano é a das apostas informais. Muitos anos atrás, Thaler a utilizou para ajudar um jovem colega. O colega (vamos chamá-lo de David) havia sido contratado como professor. A faculdade imaginava que ele terminaria o doutorado antes de ser efetivado, ou, no pior dos casos, durante o primeiro ano de docência. David tinha muitos incentivos para concluir sua tese, inclusive de ordem financeira: antes de obter o diploma, a universidade o trataria como "instrutor", e não como professor assistente, e não faria as contribuições regulares para seu plano de previdência complementar, que totalizavam 10% de seu salário. O Planejador dentro de David sabia que ele deveria parar de procrastinar e concluir a tese, mas o Impulsivo estava envolvido em muitos outros projetos empolgantes e sempre adiava a entediante tarefa. (Pensar sobre novas ideias costuma ser mais divertido que elaborar as antigas.)

Foi quando Thaler interveio e fez uma proposta: David faria vários cheques de cem dólares para Thaler, que poderiam ser descontados no primeiro dia dos meses seguintes. Caso David não lhe entregasse um novo capítulo da tese até a meia-noite do último dia do mês, Thaler descontaria o respectivo cheque. Para piorar, ele prometeu que usaria o dinheiro para dar uma festa para a qual David não seria convidado. David completou a tese a tempo, quatro meses depois, e não perdeu o prazo nenhuma vez (embora tenha concluído a maioria dos capítulos minutos antes do fim do prazo). É esclarecedor perceber como esse esquema de incentivo funcionou, sobretudo considerando que o incentivo monetário da universidade era bem maior do que cem dólares por mês.

O esquema funcionou porque a frustração de David em saber que Thaler descontaria os cheques e daria uma festa à sua custa era maior do que a perda abstrata e desinteressante da contribuição que a universidade faria para seu plano de previdência complementar. Quando ouviram a história, alguns amigos de Thaler chegaram a dizer que montariam um negócio para concorrer com seu plano de incentivo, mas Thaler afirma que para isso dar certo é preciso ser conhecido pública e notoriamente como alguém cretino o bastante para descontar os cheques.

Às vezes os amigos podem adotar estratégias em conjunto. Os economistas John Romalis e Dean Karlan fizeram um criativo acordo para perder peso. Quando estavam na faculdade, eles perceberam que estavam engordando, e temiam que a coisa só piorasse quando entrassem no mercado de trabalho, pois tinham a expectativa de serem levados para comer e beber com possíveis empregadores. Assim, fizeram um pacto: concordaram em perder, cada um, treze quilos em um período de nove meses. Se um não conseguisse, teria de pagar 10 mil dólares ao outro, o que era um valor alto para os dois. A aposta foi um grande sucesso: ambos atingiram a meta.

Em seguida eles tiveram que lidar com um problema mais difícil: manter o peso. Adotaram, então, uma regra: com um dia de antecedência, qualquer um deles poderia pedir que o outro se pesasse. Se qualquer um estivesse acima do peso alcançado com a aposta anterior, teria de pagar determinada quantia para o outro. Em quatro anos houve diversas pesagens, e só uma vez um deles foi pego acima do peso (a multa foi paga de imediato). Assim como no caso da aposta da tese de David, Dean e John estavam admitindo que, sem uma aposta para incentivá-los, teriam comido demais, mesmo querendo emagrecer. Em determinado momento eles decidiram cancelar a aposta, mas Karlan acabou abrindo a Stickk.com, uma empresa que facilita a adoção de compromissos desse tipo. Atualmente, o site tem mais de 50 milhões de dólares em apostas e já criou mais de meio milhão de compromissos.

Em determinadas situações, as pessoas podem querer que o governo as ajude a lidar com seus problemas de autocontrole. Certas coisas, como, por exemplo, a heroína, são terminantemente proibidas; uma explicação possível é que as pessoas são incapazes de resistir à tentação das drogas. Existem leis para que elas usem cinto de segurança, guardem dinheiro para a aposentadoria e evitem usar o celular enquanto dirigem. Exigências e proibições desse tipo podem ser consideradas paternalismo puro, e não libertário, embora nesses casos o interesse de terceiros também esteja em jogo. Mas, quando não há interesses de terceiros envolvidos, preferimos que o governo não intervenha tanto. Por exemplo, fumantes podem se beneficiar dos impostos sobre o cigarro, que desencorajam o tabagismo sem proibi-lo. O interesse em impostos sobre produtos com base no teor de açúcar pode ser explicado em termos semelhantes; eles podem combater "internalidades" — entendidas como os danos que infligimos ao nosso eu futuro. Alguns governos tentaram ajudar os viciados em apostas criando um mecanismo no qual eles próprios podem se inscrever numa lista de pessoas banidas dos cassinos. Como ninguém é obrigado a aderir, e como a recusa a colocar o próprio nome na lista tem custo praticamente zero, essa abordagem pode de fato ser considerada libertária, tal como entendemos o termo.

Um exemplo interessante de estratégia de autocontrole imposta pelo governo é o horário de verão. Pesquisas revelam que muitas pessoas (mas nem de longe todas) acreditam que se trata de uma ótima ideia, sobretudo porque gostam da hora "extra" de sol ao fim da tarde. Claro que as horas de luz em um dia qualquer são fixas, e adiantar o relógio em uma hora não aumenta o tempo de sol. A simples mudança de nome nas horas do dia — chamar "seis horas" de "sete horas", por exemplo — nos incentiva a acordar uma hora mais cedo. Além de ter uma hora a mais para aproveitar aquele passeio de fim de tarde, economizamos energia.

Em diversos casos, os mercados oferecem serviços de autocontrole, portanto, não é preciso que o governo atue. Empresas como a Stickk.com podem fazer dinheiro ajudando os Planejadores na luta contra os Impulsivos. Um exemplo interessante é uma notável instituição de serviços financeiros que já foi muito popular e continua a ter seus defensores: o Clube de Poupança de Natal, ou Clube de Natal. Funciona assim: em novembro (perto do Dia de Ação de Graças nos Estados Unidos), um cliente abre uma conta em um banco local e se compromete a depositar determinada quantia (digamos, dez dólares) todas as semanas durante um ano. A quantia total só pode ser sacada no ano seguinte, bem a tempo da época de compras do Natal, e o rendimento sobre o dinheiro investido era de quase 0%.

Mas agora pense no Clube de Poupança de Natal em termos econômicos. Trata-se de uma conta sem liquidez (você não pode sacar o dinheiro até o fim do ano seguinte), com custo de transação alto (é preciso fazer depósitos semanais) e rentabilidade próxima a zero. Numa aula de economia, seria fácil provar que uma instituição financeira como essa não pode existir. Ainda assim, esses clubes foram populares durante muitos anos; receberam bilhões de dólares em investimentos e continuam populares em bancos menores e locais, e em cooperativas de crédito comunitário.[2]

Como isso é possível? Se pensarmos que estamos lidando com humanos, e não com econos, não é difícil explicar o apelo desses clubes. As famílias que não tinham dinheiro para comprar presentes de Natal se comprometiam a resolver o problema entrando num desses clubes. A inconveniência de ter que fazer os depósitos e a baixa rentabilidade do dinheiro investido são apenas um pequeno preço a pagar em troca da certeza de ter dinheiro suficiente para comprar os presentes um ano depois. E, assim como na história de Ulisses, que se amarrou ao mastro, o fato de não ser possível sacar o dinheiro antes do tempo é um ponto positivo, não uma desvantagem. Em muitos aspectos, os Clubes de Poupança de Natal são a versão adulta do cofrinho, projetado para facilitar a entrada do dinheiro, não a saída. A dificuldade de sacar o dinheiro é a maior vantagem desse método.

Hoje em dia é difícil encontrar Clubes de Poupança de Natal, porque a invenção do cartão de crédito os tornou obsoletos na maioria dos lares.* Como agora é possível financiar as compras de Natal, as famílias não precisam mais poupar com antecedência. Claro que isso não significa que o novo modelo seja melhor em todos os aspectos. Fazer uma poupança com taxa de juros de praticamente 0% e sem a possibilidade de sacar o dinheiro antes de um ano pode parecer estúpido, e é sem dúvida pior do que simplesmente depositar o dinheiro em uma conta que renda alguma coisa, mas não ter lucro algum é melhor do que pagar pelo menos 18% de juros decorrentes de dívidas com o cartão de crédito.

A batalha entre cartões de crédito e Clubes de Natal é um bom exemplo de um argumento mais geral, ao qual voltaremos mais tarde. Os mercados oferecem fortes incentivos a empresas que desejam satisfazer as demandas dos consumidores, e essas empresas competem para atingir as demandas, quer elas representem ou não as melhores decisões. Uma empresa pode criar um mecanismo de autocontrole inteligente, como é o caso do Clube de Natal, mas

* Embora os Clubes de Poupança de Natal tenham perdido a popularidade, grande parte dos norte-americanos continua utilizando um mecanismo de poupança sem rendimento, que poderia ser chamado de Conta de Páscoa. Três quartos dos norte-americanos recebem devoluções do imposto de renda, e o valor médio é superior a 3 mil dólares. Se essas devoluções fossem descritas como empréstimos sem juros ao governo, provavelmente não seriam tão populares. Embora os contribuintes possam ajustar o valor retido na fonte para que a soma a ser devolvida diminua — e em princípio esses fundos poderiam render juros ao longo do ano —, muitos preferem considerar a devolução uma espécie de poupança. Quando ela chega, parece dinheiro caído do céu.

não pode evitar que outra companhia ofereça empréstimos em antecipação ao recebimento desses fundos. Os cartões de crédito e os Clubes de Natal são produtos concorrentes, mas na verdade oferecidos pelas mesmas instituições: os bancos. Embora a competição geralmente faça os preços baixarem, nem sempre conduz ao melhor resultado para os consumidores. Ainda assim, existe uma série de aplicativos de celular projetados especificamente para ajudar as pessoas a resistir à tentação.

Mas mesmo quando queremos tomar boas decisões, os mercados competitivos encontram formas de nos estimular a fazer o contrário. No aeroporto O'Hare, em Chicago, dois estabelecimentos travam uma competição ferrenha frente a frente, no mesmo corredor. Um vende frutas, iogurtes e outros alimentos saudáveis. O outro vende Cinnabons, um tentador pão doce com canela que contém impressionantes 880 calorias e 37 gramas de gordura. Seu Planejador traçou a rota para a loja de produtos saudáveis, mas o aroma que vem do forno cheio de Cinnabons chega intencionalmente ao corredor em frente à loja. Adivinhe qual estabelecimento tem a fila mais longa...

CONTABILIDADE MENTAL

Despertadores e Clubes de Natal são dispositivos externos que as pessoas usam para resolver seus problemas de autocontrole. Outra forma de abordar esses problemas, porém, é adotar sistemas de controle interno, também conhecidos como *contabilidade mental*. A contabilidade mental é o sistema (às vezes implícito) usado para avaliar, regular e processar o orçamento doméstico. Quase todos usamos a contabilidade mental, mesmo quando não temos consciência disso.

O conceito é perfeitamente ilustrado por um diálogo entre Gene Hackman e Dustin Hoffman que você pode encontrar na internet.[3] Hackman e Hoffman eram amigos desde o difícil começo de carreira, e na gravação Hackman conta que, certa vez, fez uma visita a Hoffman, que lhe pediu dinheiro emprestado. Hackman concordou em fazer o empréstimo, mas, ao entrar na cozinha de Hoffman, viu vários potes de vidro alinhados, alguns cheios de dinheiro. Em um havia uma etiqueta escrita "aluguel", em outro, "entretenimento", e por aí vai. Vendo tanto dinheiro nos potes, Hackman perguntou a Hoffman por que ele precisava de um empréstimo. Hoffman então apontou para o pote da comida, que estava vazio.

De acordo com a teoria econômica (e com a lógica elementar), o dinheiro é "fungível", ou seja, não vem com etiqueta. Vinte dólares no pote do aluguel podem comprar tanto alimento quanto vinte dólares no pote da comida. A questão é que as pessoas adotam sistemas de contabilidade mental que violam a fungibilidade pelo mesmo motivo que impele as organizações: o controle de gastos. A maioria das organizações tem orçamentos definidos para as mais diversas atividades, e qualquer um que já tenha trabalhado numa empresa já viveu a frustração de não poder fazer uma compra importante porque a conta que precisava usar não tinha fundos suficientes. O fato de haver fundos em outra conta é tão irrelevante quanto o dinheiro no pote que Hoffman usava para guardar o dinheiro do aluguel.

Nos lares, há violações à fungibilidade por todos os lados. Um dos exemplos mais engenhosos de contabilidade mental foi criado por um professor de finanças que conhecemos. No começo de cada ano, ele determina certo valor a ser doado a uma instituição de caridade chamada United Way. Mas, se algo ruim lhe acontecer ao longo do ano – por exemplo, uma multa por excesso de velocidade –, ele deduz mentalmente o valor da contribuição a fazer à United Way. Isso lhe proporciona uma espécie de "seguro mental" para pequenos contratempos financeiros.*

Também é possível ver a contabilidade mental em prática nos cassinos. Observe um jogador que tem a sorte de ganhar um bom dinheiro no começo da noite. Talvez você o veja colocar o dinheiro que ganhou em um bolso e o dinheiro que levou para apostar (outra conta mental) em outro. Os apostadores têm até um termo para isso. O dinheiro que ganharam no cassino é o "dinheiro da casa", porque o cassino é conhecido como casa entre os jogadores. Apostar com o dinheiro que se acabou de ganhar é "apostar com o dinheiro da casa" – como se, de alguma forma, esse dinheiro fosse diferente do outro. Experimentos revelam que as pessoas estão mais dispostas a apostar com o dinheiro da casa.[4]

* Seria natural pensar aqui que o dinheiro não chegaria à United Way, mas não é o caso. O professor precisa se assegurar de que a doação que fará é grande o suficiente para cobrir qualquer contratempo.

Essa mesma forma de pensar afeta aqueles que nunca apostam. Quando os investimentos (como o mercado de ações) dão lucro, as pessoas parecem mais dispostas a fazer grandes apostas com o que ganharam além do investimento inicial. A contabilidade mental contribuiu, por exemplo, para o grande aumento no valor das ações durante a década de 1990, quando muitas pessoas decidiram correr cada vez mais riscos sob a justificativa de que estavam mexendo apenas no dinheiro ganho nos últimos anos. O mesmo aconteceu anos depois com investidores do mercado imobiliário. É muito mais provável que as pessoas saiam gastando impulsivamente em artigos de luxo quando recebem um dinheiro inesperado do que com uma poupança que juntaram por anos, mesmo que suas economias estejam disponíveis a qualquer momento.

A contabilidade mental é importante porque as contas são tratadas como não fungíveis. É claro que os potes de vidro usados por Dustin Hoffman (e pela geração dos pais dele) praticamente desapareceram nas economias modernas (embora ainda existam em alguns países em desenvolvimento), mas mesmo hoje muitas famílias continuam criando contas para diversas finalidades: educação dos filhos, férias, emergências, aposentadoria e por aí vai. Em diversos casos são literalmente contas diferentes, em vez de simples entradas distintas em um livro contábil mental. Essas contas são tão intocáveis que podem provocar comportamentos aparentemente bizarros, como emprestar e fazer empréstimos simultâneos a juros muito diferentes. Falaremos mais sobre o tema no capítulo 11.

Claro que muitas pessoas são capazes de poupar. Algumas, na verdade, têm problemas para gastar! Existem casos extremos de sovinas, mas mesmo pessoas normais às vezes descobrem que não se permitem tantos agrados quanto merecem. Temos um amigo chamado Dennis que adotou uma estratégia de contabilidade mental inteligente para lidar com o problema. Em certo momento, Dennis começou a receber a aposentadoria, embora ele e a esposa continuassem trabalhando em tempo integral. Como sempre foi muito econômico (em parte porque seu empregador tinha um generoso plano de previdência obrigatório), Dennis queria garantir que poderia desfrutar das coisas de que gosta (sobretudo viagens a Paris) enquanto ainda estivesse saudável, sem se preocupar com os gastos. Por isso, ele abriu uma conta poupança especial (que chamou de "conta da diversão") e passou a depositar ali o valor da aposentadoria. A última vez que ele usou essa conta foi para comprar uma bicicleta elétrica de última geração.

Utilizar contas mentais pode ser extremamente vantajoso: torna a vida mais divertida e segura. Muitos poderiam se beneficiar de uma conta quase intocável para "imprevistos e emergências" *e outra* para "entretenimento e diversão". Compreender as contas mentais também pode melhorar as políticas públicas. Entender o conceito de contabilidade mental pode ser vantajoso para os governos. Como veremos mais adiante, para encorajar as pessoas a pouparem, é importante direcionar o aumento do valor poupado para uma conta mental (ou real) em que a tentação de gastar não seja grande demais.

3. Comportamento de manada

Os econos (e alguns economistas que conhecemos) são criaturas bastante antissociais. Só se comunicam com outras pessoas quando veem a possibilidade de ganhar algo em troca, se preocupam com a própria reputação (porque uma boa reputação é valiosa) e aprendem com os que têm algo a ensinar, mas não se guiam por tendências. Só mudam a altura da bainha da roupa por motivos práticos, e não usam gravatas, mas se usassem não escolheriam modelos mais largos ou estreitos apenas por questão de estilo. (Aliás, as gravatas eram usadas originalmente como guardanapos; tinham uma função.) Já os humanos são com frequência influenciados por outros humanos, mesmo quando não deveriam. Às vezes, enormes transformações sociais no mercado e na política começam com um simples nudge.

Grandes mudanças sociais, tanto no mercado quanto na política, começam com um nudge social pequeno e fortuito. Uma pessoa de destaque talvez dê uma opinião ou participe de uma ação, e isso funciona como um sinal verde, uma permissão para que outras façam o mesmo. Ou pode ser que a opinião ou ação parta de alguém que não é tão proeminente, mas tenha comprometimento e consiga atrair a atenção do público, e com isso acabe causando uma grande mudança num negócio ou até numa cultura. Essa opinião pode envolver um produto, um livro, uma ideia, um candidato político ou uma causa. E às vezes uma gota vira um tsunami, sobretudo quando há redes sociais envolvidas.

Neste capítulo, tentamos entender como e por que as influências sociais funcionam. Para os arquitetos de escolhas, compreender essas influências é importante por dois motivos. Primeiro, porque a maioria das pessoas aprende com as outras. Claro que, no geral, isso é bom. Aprendendo com os outros é como os indivíduos e as sociedades se desenvolvem. Mas muitas das nossas ideias mais equivocadas também são transmitidas por outros. O problema é que aquilo que aprendemos com essas interações pode não ser verdade. Quando as influências sociais fazem as pessoas adotarem crenças falsas ou tendenciosas, um nudge pode ajudá-las. Um segundo motivo pelo qual esse tema é importante para nossos propósitos é que uma das formas mais eficazes de dar um nudge (para o bem ou para o mal) é através da influência social.

Nos lugares onde moramos durante o primeiro semestre de 2020, a maioria das pessoas decidiu usar máscaras em locais públicos em resposta à pandemia de covid-19, mas, em outras partes dos Estados Unidos, muitos (inclusive destacados líderes políticos) fizeram questão de *não* usar máscara. Assim, as influências sociais tanto promoveram quanto desencorajaram o uso. Um ponto que vale a pena lembrar: dizer às pessoas que *uma nova norma está surgindo* – por exemplo, a valorização da sustentabilidade – pode criar uma profecia autorrealizável.[1] Muitos não querem estar do lado errado da história e, ao descobrirem que as pessoas estão cada vez mais fazendo alguma coisa, podem pensar que o que parecia difícil ou mesmo impossível é não só alcançável, mas talvez até mesmo inevitável.

As influências sociais se agrupam em duas categorias básicas. A primeira envolve informações. Se muitas pessoas fazem ou pensam algo, suas ações e pensamentos transmitem informações sobre o que é mais conveniente fazer ou pensar. Se as pessoas estão limpando a sujeira que o cachorro faz na rua, usando cinto de segurança, dirigindo abaixo do limite de velocidade, poupando para a aposentadoria, tratando os outros com igualdade ou usando máscaras, é possível que você pense que essas são as atitudes corretas. A segunda envolve pressão social. Se você se importa com o que outros pensam a seu respeito (talvez por acreditar, equivocadamente, que estejam prestando atenção ao que você faz), talvez acabe seguindo a multidão para evitar a ira dela ou cair em suas graças. Durante a pandemia de covid-19, se você não usasse máscara em certos locais públicos, alguns poderiam olhá-lo de cara feia, ou até mesmo fazer algo pior – enquanto em outros locais o uso da máscara é que provocaria tal reação.

Para ter uma breve ideia do poder dos estímulos sociais, considere os resultados de algumas pesquisas:

1. As adolescentes que veem outras adolescentes se tornando mães têm mais probabilidade de engravidar.[2*]
2. Os funcionários de uma empresa são muito mais propensos a processá-la se outros em seu grupo de trabalho já fizeram o mesmo.[3]
3. Redes de TV imitam umas às outras, produzindo tendências inexplicáveis na programação.[4] (Veja o caso dos reality shows, dos game shows e dos concursos de música e dança que vivem entrando e saindo de moda, e da ascensão, queda e reascensão da ficção científica etc.)
4. O esforço acadêmico dos estudantes é influenciado pelos colegas, tanto que o sorteio de parceiros de dormitório que acontece no primeiro ano da universidade, algo muito comum nos Estados Unidos, pode ter grande impacto em suas notas e perspectivas futuras.[5] (Talvez os pais devessem se preocupar menos com a faculdade onde os filhos estudarão e mais com quem será seu colega de quarto.)
5. No sistema judiciário americano, os juízes federais que fazem parte de júris com três membros são influenciados pelo voto dos colegas. Um típico republicano apresenta padrões de voto bastante liberais quando está com dois juízes democratas, e vice-versa. Ambos os grupos votam de maneira muito mais moderada quando estão com pelo menos um juiz nomeado por um presidente do partido político adversário.[6]

O que podemos concluir disso é que humanos são facilmente influenciados por outros humanos. E por quê? Um motivo é nossa busca pela conformidade.

* Em todos os exemplos, omitimos o trecho "se os demais fatores se mantiverem constantes". O que queremos dizer aqui é que, levando-se em conta os demais fatores de risco que prenunciam a gravidez na adolescência, é mais provável que as meninas engravidem se virem outras adolescentes engravidando.

Imagine que você esteja em um grupo de seis pessoas que estão participando de um teste de percepção visual. A tarefa é ridiculamente simples: você deve comparar uma linha desenhada num grande cartão branco com outras três linhas e apontar qual das três tem o mesmo tamanho da linha no cartão.

Nas primeiras três rodadas do teste, tudo corre bem. Cada um dá sua resposta em voz alta, na sequência, e todas batem. A tarefa não é difícil. Mas, na quarta rodada, algo estranho acontece. As outras cinco pessoas do grupo respondem antes de você — e todas claramente escolheram a linha errada! Agora é sua vez de responder. O que você faz?

Se você é como a maioria das pessoas, acha que seria fácil supor como agiria nessa situação: diria exatamente o que pensa. Apontaria a linha correta. Você é independente, por isso diria a verdade. Mas se você for humano e participar desse experimento, talvez acabe dando a mesma resposta que os outros, desafiando a evidência indicada por seus próprios sentidos.

Nos anos 1950, Solomon Asch, um brilhante psicólogo social, conduziu uma série de experimentos nesse sentido.[7] Quando tinham que responder sozinhas, sem saber a resposta dos outros, as pessoas quase nunca erravam, pois o teste era fácil. Mas, quando sabiam que os outros tinham dado uma resposta errada, erravam em mais de um terço das vezes. Aliás, em uma série de doze perguntas, quase 75% das pessoas deram a mesma resposta errada do grupo pelo menos uma vez, desafiando os próprios sentidos. Observe que, no experimento de Asch, os voluntários reagiam a decisões tomadas por estranhos, os quais provavelmente nunca mais veriam na vida — isto é, não tinham nenhum motivo específico para desejar a aprovação dessas pessoas.

As conclusões de Asch parecem mostrar uma característica universal da humanidade. Experimentos com foco na conformidade foram replicados ou aprofundados em mais de 130 estudos realizados em dezessete países, entre os quais Zaire, Alemanha, França, Japão, Líbano e Kuwait.[8] O padrão geral de erros — com os voluntários buscando a conformidade entre 20% e 40% das vezes em situações nas quais a conformidade é claramente um erro — não apresenta uma diferença intrigante entre os países, mas em todos eles o nível de conformidade é bem alto. E, embora a faixa de 20% a 40% pareça pouca coisa, lembre-se de que a resposta correta aos problemas apresentados era bastante óbvia. É quase como se as pessoas pudessem ser influenciadas a dizer que um cachorro é um gato contanto que alguém tenha dito a mesma coisa antes.

Por que às vezes ignoramos as evidências captadas por nossos próprios sentidos? Já esboçamos duas respostas. A primeira envolve a informação transmitida pelas respostas dos outros; a segunda tem a ver com a pressão social e o desejo de evitar a desaprovação do grupo. Nos estudos de Asch, muitos dos conformistas disseram, em conversas particulares, que suas percepções iniciais provavelmente estavam erradas. Se todos na sala consideram determinada proposição verdadeira, ou veem as coisas de certa forma, acabamos por concluir que provavelmente eles estão certos. O mais interessante é que as imagens cerebrais sugerem que, ao buscar a conformidade em situações semelhantes às que Asch propõe em seus estudos, as pessoas de fato veem a situação do mesmo jeito que todas as outras.[9]

Por outro lado, nas mesmas circunstâncias básicas dos experimentos de Asch, os cientistas sociais encontraram menos conformidade quando pediram que as respostas fossem dadas de forma anônima. O mais provável é que as pessoas tendam à conformidade quando sabem que os outros vão descobrir o que elas disseram. Assim, elas por vezes concordam com a opinião do grupo mesmo quando pensam ou sabem que essa opinião está errada. Os grupos unânimes são os que proporcionam os nudges mais fortes – mesmo quando a pergunta é fácil e todos deveriam saber que os outros estão equivocados.[10]

Os experimentos de Asch envolviam avaliações que levavam a respostas bem óbvias. Quase sempre é fácil comparar o comprimento de linhas. Mas e se a tarefa for um pouco mais complexa? Essa pergunta é fundamental para os nossos propósitos, pois estamos especialmente interessados em descobrir como as pessoas são ou podem ser influenciadas ao lidar com problemas ao mesmo tempo complicados e incomuns. Na década de 1930, o psicólogo Muzafer Sherif realizou alguns estudos cruciais nesse sentido.[11] Em um deles, os voluntários eram colocados em um cômodo escuro, e um pequeno ponto de luz era posicionado diante deles, a certa distância. O ponto de luz ficava parado, mas, devido a uma ilusão de ótica conhecida como efeito autocinético, parecia se mexer. Em cada um dos diversos testes, Sherif pedia aos voluntários que estimassem a distância que a luz havia andado. Quando as respostas eram individuais, os voluntários estimavam valores diferentes, e as respostas variavam de maneira significativa. Isso não surpreende; como a luz não se mexia, qualquer estimativa era como um tiro no escuro.

Mas Sherif encontrou efeitos nítidos de conformidade quando pediu aos voluntários que trabalhassem em pequenos grupos e fizessem suas estimativas em público. Nesse caso, as estimativas individuais convergiram e rapidamente surgiu uma norma de grupo que estabeleceu uma distância por consenso. Com o passar do tempo, a norma permaneceu estável dentro dos grupos, provocando uma situação em que os diferentes grupos faziam estimativas bastante distintas e se comprometiam com esses valores. Isso nos dá uma dica importante sobre como grupos, cidades e até países aparentemente semelhantes podem convergir em crenças e atos muito diferentes só por causa de variações mínimas e muitas vezes arbitrárias nos pontos de partida.

Sherif também testou um nudge. Em alguns experimentos, introduziu uma pessoa — um aliado — sem que os voluntários soubessem. Quando fez isso, algo diferente aconteceu. Quando o aliado falava com confiança e firmeza, seu julgamento exercia forte influência na avaliação do grupo. Se a estimativa dele era muito maior que a inicialmente feita pelos outros, a opinião do grupo como um todo aumentava, e vice-versa. Um leve nudge, se transmitido com confiança, pode ter fortes consequências para a conclusão do grupo. Décadas após o trabalho de Sherif, os cientistas sociais descobriram a heurística da confiança: as pessoas tendem a pensar que quem fala com confiança deve estar correto. A lição clara a ser tirada disso é que, tanto no setor público quanto no privado, pessoas coerentes e firmes podem influenciar grupos inteiros e mudar suas práticas de acordo com o que elas próprias preferirem. Uma implicação importante é que se membros mais antigos de um grupo quiserem conhecer a verdadeira opinião de seus colegas mais novos, é preciso que perguntem sobre essa opinião de forma individual (para que os colegas não influenciem uns aos outros). E o mais importante: devem fazer isso antes de dar a própria opinião.

Mais extraordinário ainda, porém, é que os voluntários internalizaram completamente a decisão do grupo, aderindo a ela mesmo quando emitiam seus juízos de valor de maneira individual — inclusive, mesmo um ano depois, e até participando de novos grupos cujos membros tinham valores distintos. Vale ressaltar que os juízos de valor iniciais também repercutiram ao longo do equivalente laboratorial de "gerações". Mesmo quando novos voluntários entravam e outros saíam do grupo, de modo que todos os participantes fossem "novos" no estudo, a decisão do grupo original tendia a ser mantida, embora o responsável por ela já tivesse saído muito tempo antes.[12] Em uma série de experimentos, cientistas que usaram o método básico de Sherif mostraram que uma "tradição" arbitrária — na forma de algum juízo emitido sobre a distância — pode ganhar força com o tempo, o que significa que muitos a seguem apesar de ela ter nascido originalmente de uma arbitrariedade.[13]

Aqui vemos por que muitas tradições se mantêm fortes ao longo de décadas ou séculos, mesmo sendo totalmente arbitrárias, sem sentido ou inúteis. Também vemos por que muitos grupos se deixam influenciar pelo que é conhecido como "conservadorismo coletivo": a tendência de se manter fiel a padrões estabelecidos mesmo quando é necessário adotar novos. Quando uma prática (como usar gravata) se estabelece, pode ser perpetuada, ainda que não haja razão para isso. É claro que muitas tradições persistem porque são úteis àqueles que as seguem, mas às vezes a tradição pode durar muito e receber o apoio — ou pelo menos o consentimento — de um grande número de pessoas, mesmo sendo originalmente produto de um leve nudge dado por alguns indivíduos, ou às vezes apenas um. Claro que um grupo pode abandonar uma prática caso perceba que está causando problemas graves, mas, se isso não for uma certeza, é muito provável que siga fazendo o que tem feito desde sempre. "É uma tradição!"

Vários experimentos fundamentados no método básico de Asch encontraram fortes efeitos da conformidade nos mais diversos tipos de julgamento.[14] Vejamos o seguinte caso. Perguntou-se aos voluntários de um experimento: "Qual das cinco alternativas você considera o mais grave problema em seu país atualmente: recessão econômica, educação, atividades subversivas, saúde mental ou crime e corrupção?". Quando perguntados individualmente, apenas 12% escolheram atividades subversivas, mas, quando expostos a um grupo que havia escolhido essa opção de forma unânime, 48% das pessoas tomaram a mesma decisão![15]

Da mesma forma, voluntários ouviram a seguinte frase: "A liberdade de expressão é um privilégio, não um direito, e pode ser suspensa caso a sociedade se sinta ameaçada". Quando perguntadas individualmente, apenas 19% das pessoas no grupo controle concordaram com a afirmativa, mas, ao serem informadas de que quatro outras pessoas do grupo concordavam com essa avaliação, o número pulou para 58%. Esses resultados estão fortemente relacionados com um dos interesses fundamentais de Asch: entender como o nazismo foi possível. Asch acreditava que a conformidade pode produzir um nudge poderoso, capaz de gerar um comportamento aparentemente impensável, como o que levou ao Holocausto.

Quer o trabalho de Asch forneça ou não uma explicação adequada para a ascensão do fascismo, não resta dúvida de que as pressões sociais influenciam as pessoas a aceitarem conclusões bem estranhas — e essas conclusões podem afetar seu comportamento. Uma questão óbvia é se os arquitetos de escolhas podem usar essa informação para instigar os indivíduos a tomarem decisões melhores. Vamos tratar dessa questão agora.

MUDANÇA CULTURAL, MUDANÇA POLÍTICA E IMPREVISIBILIDADE

Você já se perguntou por que um artista, uma dança ou até mesmo uma frase se torna popular de uma hora para outra? Às vezes se trata de uma poderosa combinação de aleatoriedade e influências sociais. Isso é ilustrado por um experimento brilhante relacionado ao download de músicas feito por Matthew Salganik, Peter Dodds e Duncan Watts. Eles criaram um mercado artificial de música com milhares de participantes que visitavam um site popular entre os jovens.[16] Os participantes recebiam uma longa lista de músicas que nunca tinham escutado de bandas que não conheciam. Em seguida, eram instruídos a ouvir as músicas que os interessassem e decidir quais baixariam (se é que baixariam alguma). Cerca de metade dos participantes deveria agir de maneira independente, com base no nome das bandas e das músicas e em sua própria capacidade de julgamento sobre a qualidade delas. A outra metade podia ver quantas vezes cada música tinha sido baixada pelos demais participantes. O importante era descobrir se essa informação afetaria a decisão de baixar ou não as músicas.

Cada participante do segundo grupo também era designado a um de oito "mundos" possíveis, que evoluíam por conta própria; os que caíam em determinado mundo só podiam ver o número de downloads do próprio mundo. Talvez você imagine que, no fim das contas, as influências sociais não tenham importância e que a qualidade das músicas (conforme medição das escolhas dos participantes no grupo de controle) seja o principal fator de escolha.

Salganik e seus colegas fizeram as seguintes perguntas: as pessoas seriam afetadas pelas escolhas das outras? Músicas diferentes seriam populares em mundos diferentes? Será que as pessoas eram influenciadas umas pelas outras?

Não resta dúvida de que sim. Em todos os oito mundos, era muito mais provável que os participantes baixassem as músicas que já tinham sido baixadas muitas vezes e muito menos provável que baixassem aquelas menos populares. Assim, a popularidade inicial se mostrou um fator fundamental, fazendo a diferença entre o sucesso e o fracasso. Embora as músicas menos populares no grupo de controle nunca alcançassem o topo (e vice-versa), de resto *praticamente tudo era possível*. As músicas que se saíram bem ou mal no grupo de controle, no qual as pessoas não viam os julgamentos das outras, poderiam ter um desempenho muito diferente nos "mundos com influência social". Neles, o sucesso ou fracasso final das canções dependia fortemente de sua popularidade no início. A mesma música podia ser um sucesso ou um fracasso simplesmente por causa dos julgamentos das pessoas que a ouviram primeiro. Por isso, o sucesso das canções era imprevisível e variava consideravelmente entre os mundos.

O que Salganik e seus coautores descobriram foi uma "cascata de informações", que ocorre quando as pessoas recebem informações sobre as escolhas dos outros. Imagine um grupo de oito pessoas decidindo quem contratar para um novo cargo numa pequena empresa. Os três candidatos são Adam, Barbara e Charles. Se a primeira pessoa a decidir disser que Adam é claramente o melhor, a segunda pode concordar não porque prefere Adam, mas porque confia no primeiro avaliador e porque não está claro que ele esteja errado. Ao votarem em Adam, os dois primeiros deram um nudge a favor dele, e o terceiro indivíduo a votar pode simplesmente mostrar-se de acordo. Todos os demais podem seguir o exemplo, se não discordarem veementemente da decisão. Eles estão no meio de um efeito cascata. A popularidade de uma música (e de filmes e livros) costuma resultar desse tipo de efeito. É claro que as cascatas de informação podem ser acompanhadas por "cascatas de reputação", nas quais as pessoas concordam com as outras não porque aprenderam com elas, mas porque não querem sua reprovação nem irritá-las.

O experimento de downloads de música tem implicações para mudanças imprevisíveis em muitas outras áreas, como negócios e política. Com base nesse experimento, o sociólogo Michael Macy, da Universidade Cornell, e seus colegas perguntaram se os pontos de vista visíveis de outras pessoas poderiam, repentinamente, tornar determinadas posições políticas populares entre os democratas e impopulares entre os republicanos — ou vice-versa.[17]

Veja como o experimento funcionou. No início, os participantes (milhares de pessoas) foram questionados se eram republicanos ou democratas. Em seguida, foram divididos em dez grupos: dois grupos de "independência" e oito grupos de "influência". Nos grupos de independência, os participantes foram questionados sobre o que pensavam a respeito de vinte questões distintas — sem terem qualquer informação sobre como os membros de qualquer partido político se posicionavam nessas questões. Nos oito grupos de influência, os participantes puderam ver se os republicanos ou democratas estavam mais propensos a concordar com alguma reivindicação política. Os autores selecionaram cuidadosamente questões sobre as quais a posição dos partidos não é óbvia. Exemplo: "As empresas devem ser tributadas nos países onde estão sediadas ou nos países onde suas receitas são geradas?".

Os autores levantaram a hipótese de que, nos grupos de influência, seria especialmente difícil prever que posição republicanos e democratas adotariam. Se os primeiros republicanos num grupo de influência endossassem certa posição, outros republicanos teriam maior probabilidade de endossá-la também — e os democratas teriam maior probabilidade de rejeitá-la. Mas se os primeiros republicanos rejeitassem certa posição, outros republicanos também a rejeitariam, e os democratas a endossariam. E foi exatamente isso que aconteceu! Ao longo dos grupos, democratas e republicanos mudaram de posição, a depender do que os primeiros eleitores haviam respondido. Como disseram os pesquisadores, "a variação determinada por alguns poucos que se manifestam primeiro" pode exercer um forte efeito e influenciar grandes populações — fazendo com que tanto republicanos quanto democratas adotem pontos de vista que não têm nada a ver um com o outro. Essas descobertas ajudam a explicar como membros de ambos os partidos mudam de opinião de uma hora para outra e também como de repente certas questões se polarizam na política.

Em diversos âmbitos, é comum que as pessoas se sintam tentadas a pensar, a posteriori, que o sucesso de um músico, ator, escritor ou político era inevitável, considerando seu talento e suas características. É preciso ter cuidado com essa tentação. Em um momento-chave, pequenas intervenções ou até mesmo coincidências podem produzir grandes variações no resultado. O cantor de sucesso de hoje provavelmente é igual a dezenas ou até centenas de outros artistas, inclusive em talento, dos quais você nunca ouviu falar. E podemos ir mais longe: é difícil distinguir a maioria dos líderes políticos de hoje de dezenas ou centenas de outros cujas candidaturas foram um completo fracasso. O mesmo se pode dizer de professores, empresas e produtos de todos os tipos. As influências sociais são importantes, e a sorte também.

Os efeitos das influências sociais podem ou não ser fruto de um planejamento cuidadoso. Para citar um exemplo claro e um tanto cômico de como essas influências podem afetar a crença das pessoas mesmo que sem querer, vejamos o caso da "epidemia de buracos nos para-brisas" de Seattle.[18] No final de março de 1954, um grupo de moradores de Bellingham, no estado de Washington, notou buraquinhos nos para-brisas de seus automóveis. A polícia local especulou que poderia se tratar de obra de vândalos com armas de chumbinho. Pouco tempo depois, moradores de cidades ao sul de Bellingham relataram um problema semelhante. Em questão de duas semanas, o suposto vandalismo havia chegado ainda mais ao sul, tendo sido registradas 2 mil queixas de para-brisas danificados — o que evidentemente provava não se tratar de uma questão de vandalismo. A ameaça parecia se aproximar de Seattle. Os jornais da cidade alertaram sobre o risco em meados de abril, e pouco tempo depois a polícia começou a receber várias denúncias de buracos nos para-brisas.

Logo as denúncias alcançaram proporções épicas, o que provocou fortes especulações sobre o que, afinal, poderia estar causando aquilo. Testes com detectores Geiger descartaram a presença de radioatividade. Alguns sugeriram que um estranho fenômeno atmosférico poderia ser o responsável pelos buracos; outros culparam as ondas sonoras e uma possível mudança no campo magnético da Terra; e ainda houve quem acusasse os raios solares. Em 16 de abril havia relatos de nada menos que 3 mil para-brisas com buracos na região de Seattle, o que levou o prefeito da cidade a escrever uma carta ao governador de Washington e também ao presidente Dwight Eisenhower: "O que parecia ser uma ocorrência isolada de vandalismo contra para-brisas e janelas de carros no norte do estado de Washington se alastrou pela região da enseada de Puget. [...] É urgente que as agências federais (e estaduais) recebam instruções para cooperar com as autoridades locais em caráter emergencial". Em resposta, o governador criou um comitê de cientistas para investigar o sinistro e assustador fenômeno.

A conclusão: os danos provavelmente eram "resultado das condições normais de direção, quando pequenos objetos colidem contra o para-brisa dos automóveis". Mais tarde, uma investigação que confirmava a conclusão dos cientistas provou que os carros novos não tinham buracos. O parecer final foi que os buracos "já existiam, mas ninguém havia percebido até então". (Dê uma olhada no para-brisa do seu carro agora mesmo; se ele é um pouco mais antigo, provavelmente você encontrará um, dois ou até mais buraquinhos. Isso não é obra de alienígenas vindos do espaço.)

Eis um exemplo menos datado das influências sociais. Em 2012, as autoridades da Colômbia apresentaram um programa de imunização contra o HPV em escolas, com o objetivo de atingir cerca de 90% da população-alvo no primeiro ano. Até aí tudo bem. Em 2014, porém, várias meninas de uma escola aparentemente tiveram reações adversas à vacina e foram internadas num hospital local. Pouco tempo depois, vídeos de garotas com todo tipo de sintomas — como espasmos e desmaios — começaram a surgir nas redes sociais e jornais colombianos. Cerca de seiscentos casos foram relatados. As autoridades de saúde descobriram que a vacina contra o HPV não era a responsável, e que o que acontecera foi uma reação psicogênica em massa. Mas a descoberta não reduziu a preocupação da população. O medo se espalhou rapidamente, e em 2016 a cobertura vacinal contra o HPV entre as meninas caiu para 14% para a primeira dose e 5% para o esquema vacinal completo, ao passo que em 2012 os números foram 98% e 88%, respectivamente.[19]

A "epidemia de buracos nos para-brisas" de Seattle e a reação psicogênica na Colômbia são exemplos extremos de nudge social não intencional, mas o fato é que todos os dias somos influenciados por pessoas que não estão tentando nos influenciar. A maioria das pessoas é afetada pelos hábitos alimentares dos companheiros de refeição, sejam lá quais forem as intenções deles. Se você é incentivado pelos hábitos alimentares dos amigos, provavelmente não é porque eles decidiram influenciá-lo. É mais provável que você simplesmente tenha pensado: "Ah, aquilo ali parece gostoso". Apesar disso, as influências sociais costumam ser usadas de forma estratégica. Os anunciantes em particular têm plena consciência do seu poder. Sempre que podem, enfatizam que seu produto é o "preferido pela maioria das pessoas" ou que "cada vez mais pessoas" estão parando de usar outras marcas (que representam o passado) e passando a usar o produto deles (o futuro). Com isso, tentam influenciar os consumidores, dizendo o que a maioria da população está fazendo ou o que as pessoas estão fazendo cada vez mais.

Em muitos países, os políticos ou partidos fazem o mesmo: enfatizam que "a maioria das pessoas vai votar" neles, torcendo para que a frase se transforme numa profecia autorrealizável. Nada é melhor do que a percepção de que os eleitores estão escolhendo em massa determinado candidato. Nos Estados Unidos, inclusive, essa percepção ajudou a explicar a vitória de Barack Obama em 2008, a de Donald Trump em 2016, e a derrota de Trump para Joe Biden em 2020. Ao mudar de candidato, os eleitores tomam uma decisão que acreditam ser independente. Talvez isso seja verdade, mas talvez não; sua capacidade de julgamento pode estar sendo fortemente influenciada pela percepção generalizada de que outros estão mudando o voto para tal candidato.

IDENTIDADE: O QUE FAZEM AS PESSOAS COMO VOCÊ

É importante reconhecer que a identidade das pessoas, ou a forma como elas próprias se enxergam, pode ser fundamental. Se pessoas numa parte do mundo ouvem que pessoas em outra parte do mundo estão reciclando, se tornando vegetarianas ou usando máscaras, podem pensar: "Eu devia fazer isso também!". Mas também é possível que reajam da seguinte maneira: "Graças a Deus não sou como essas pessoas!". Para arquitetos de escolhas que pretendem se valer das influências sociais, um grande desafio é trabalhar usando o senso de identidade das pessoas a seu favor. Esse senso pode ter a ver com nacionalidade, cultura, localização, etnia, religião, política ou o time para que torcem. Podemos até dar um nome a esse senso: cognição baseada na identidade.

Basta observar um caso hoje considerado clássico: o exemplo do esforço criativo e incrivelmente eficaz do Texas para reduzir o lixo jogado nas ruas. As autoridades do estado estavam muito frustradas com o fracasso das intensas e onerosas campanhas publicitárias que tentavam convencer as pessoas de que elas tinham o dever cívico de não jogar lixo no chão. Grande parte dos que faziam isso eram homens com idade entre dezoito e 24 anos que não se deixaram comover pela ideia de que uma elite burocrática queria que eles mudassem de comportamento. Os agentes públicos concluíram, então, que precisavam de "um slogan com uma linguagem mais firme, e que ao mesmo tempo apelasse para o característico espírito de orgulho texano". Com o objetivo explícito de se comunicar com uma audiência indiferente, o estado pediu a jogadores famosos do Dallas Cowboys, o time de futebol americano mais popular do Texas, que participassem de uma campanha publicitária na TV. No comercial, os jogadores recolhiam lixo, amassavam latas de cerveja com as mãos e grunhiam: "Don't mess with Texas" – "Não se meta com o Texas!". Em outros anúncios apareciam cantores famosos, entre os quais Willie Nelson.

Atualmente, uma série de produtos é comercializada com esse slogan, de adesivos a camisetas e canecas. Um dos adesivos mais populares exibe as cores patrióticas da bandeira dos Estados Unidos e – talvez até mais importante para os texanos – do estado do Texas (figura 3.1).

Hoje em dia, a grande maioria dos texanos conhece o slogan. Em certo momento, ele foi eleito de lavada o preferido do país, a ponto de haver um desfile na avenida Madison, em Nova York, em homenagem a ele. (Não estamos inventando. Esse tipo de coisa só acontece nos Estados Unidos, claro.) Mas voltando ao assunto: no primeiro ano de campanha, houve uma expressiva queda de 29% na quantidade de lixo nas ruas. Nos seis primeiros anos, a quantidade de lixo na beira das estradas caiu 72%.[20] Tudo isso aconteceu não com ordens, ameaças ou coação, mas com um nudge criativo.

Figura 3.1. A logo "Don't mess with Texas!" (utilizada mediante autorização do Departamento de Transportes do Texas).

De uma forma ou de outra, muitos governos se valeram da cognição baseada na identidade e, portanto, usaram uma abordagem bastante semelhante. Uma iniciativa pública de saúde na Índia concebida para aumentar o uso de banheiros enfatizou o envolvimento de Mahatma Gandhi em defesa da limpeza e apelou diretamente ao orgulho nacional. Para encorajar os cidadãos de Montana a usarem máscaras, o governador Steve Bullock lançou uma campanha com fotos de habitantes da região pescando, esquiando e caçando com arco e flecha, com a legenda "Os habitantes de Montana usam máscaras o tempo todo". É claro que precisamos de evidências para saber quando e até que ponto esses recursos funcionam. Mas se os nudges se valerem de influências e normas sociais, é mais provável que sejam promissores se as pessoas forem solicitadas a aprender a agir como pessoas que são como elas e em quem confiam.

IGNORÂNCIA PLURALÍSTICA

Para aqueles que desejam utilizar as influências sociais, um problema importante é o da "ignorância pluralística" — o desconhecimento de todos, ou de grande parte do grupo, sobre o que os outros pensam. Somos capazes de adotar uma prática ou seguir uma tradição não porque gostamos, ou mesmo porque a consideramos defensável, mas basicamente porque achamos que a maioria das pessoas a aprova. É por isso que muitas práticas sociais continuam existindo; só que um leve choque, ou nudge, pode fazê-las cair por terra.[21] Um exemplo dramático é o do comunismo no antigo bloco soviético, que se mantinha em parte porque o povo não sabia quantos na verdade detestavam o regime. Conforme as pessoas foram descobrindo o que as outras de fato pensavam, se sentiram encorajadas a expressar suas crenças e agir de acordo com elas.

Aqui existe uma pista para entender como ocorrem as mudanças em larga escala nas redes sociais, onde, com frequência, as pessoas são autorizadas ou estimuladas a falar e agir de acordo com suas visões reais. Vejamos o exemplo da maravilhosa história de Hans Christian Andersen, *A roupa nova do imperador*. O nudge é social; muitas vezes acaba sendo uma espécie de permissão. Se uma criança diz em voz alta que o imperador está nu, as pessoas na multidão podem repentinamente se sentir autorizadas a dizer o mesmo. Mudanças dramáticas, em rejeição a práticas antigas, muitas vezes nascem de um nudge que dá início a uma espécie de efeito cascata, porque oferece às pessoas uma noção do que as outras realmente pensam e, assim, as autoriza a dizer o que elas próprias pensam de verdade. Vejamos, por exemplo, o crescimento do casamento entre pessoas do mesmo sexo e os movimentos #MeToo e #BlackLivesMatter. Todos eles foram alimentados por ações visíveis, entre as quais fortes campanhas nas redes sociais, que permitiram ou encorajaram as pessoas a revelar sentimentos de raiva e indignação há muito silenciados. Pessoas que se calaram, sofreram ou se enfureceram em silêncio de repente viram uma espécie de sinal verde.

Um exemplo vívido vem de uma experiência na Arábia Saudita, país em que há muito tempo existe o costume da "tutela", segundo o qual os maridos têm a palavra final sobre se as esposas podem trabalhar fora ou não. Ao perguntar de forma individual a um grande grupo de jovens homens casados se eles eram a favor da participação feminina na força de trabalho, o economista Leonardo Bursztyn e seus colegas descobriram que a esmagadora maioria respondeu que sim.[22] Ao mesmo tempo, eles descobriram que esses homens estão extremamente equivocados no que diz respeito à norma social — eles pensam que homens parecidos com eles, inclusive os que vivem na mesma comunidade local, não desejam que as esposas trabalhem fora.

Os pesquisadores escolheram de forma aleatória metade dos jovens do estudo e corrigiram suas crenças a respeito do ponto de vista dos demais jovens. Como resultado, eles se tornaram muito mais propensos a autorizar as esposas a trabalhar (lembre-se do costume da tutela), e houve um impacto significativo sobre o que as mulheres realmente podiam fazer. Quatro meses após a intervenção, as esposas dos homens do experimento que receberam as informações sobre as crenças dos outros tinham mais chances de ter se candidatado a vagas de emprego e de ter feito entrevistas. A lição geral aqui é: se as pessoas pensam equivocadamente que a maioria defende uma norma social antiga, um pequeno nudge pode corrigir essa percepção equivocada e dar início a uma mudança em larga escala.

NUDGES SOCIAIS E ARQUITETURA DE ESCOLHAS

A ideia geral dessa linha de pesquisa é clara. Se os arquitetos de escolhas querem mudar comportamentos com nudges, podem alcançar esse objetivo apenas informando às pessoas o que as outras estão pensando e fazendo. Às vezes, os pensamentos e as práticas alheias são surpreendentes e, por isso, afetam profundamente os outros. Um volumoso corpo de pesquisas descobriu que informar as pessoas sobre as normas sociais pode ser extremamente eficaz. Não há substituto para o teste real de hipóteses. As populações não são todas iguais. (Algumas equipes que trabalham com nudges sociais têm um bom slogan: "Teste, teste, teste".) Vejamos alguns exemplos a seguir.

No contexto do cumprimento das obrigações fiscais, um experimento conduzido pelo governo de Minnesota produziu grandes mudanças de comportamento.[23] Grupos diferentes de contribuintes receberam quatro tipos de informação. Um deles foi informado de que seus impostos eram destinados a boas causas, como educação, policiamento e auxílio ao corpo de bombeiros. Outros foram ameaçados com informações sobre os riscos de punição caso fraudassem o fisco. O terceiro grupo foi instruído sobre como obter ajuda em caso de dúvidas ou dificuldades para preencher os formulários. E, por fim, o último grupo foi informado de que mais de 90% dos moradores de Minnesota pagavam os impostos e estavam em dia com o fisco.

Só uma dessas intervenções exerceu um efeito significativo: a última. Ao que parece, alguns contribuintes eram mais propensos a descumprir a lei devido a uma percepção equivocada – plausivelmente baseada no grande número de relatos de sonegação fiscal veiculados pelos meios de comunicação ou por outros modos – de que o percentual de cidadãos que cumprem a lei é bastante baixo. Ao serem informados de que o nível de cumprimento da lei é alto, eles se tornam menos propensos a burlar o fisco. Disso se depreende que até certo ponto é possível fomentar comportamentos tanto desejáveis quanto indesejáveis apenas chamando a atenção da população para o que os outros estão fazendo. (Uma observação para os partidos políticos: se vocês querem aumentar o percentual de eleitores que comparecem às urnas, por favor, *não* fiquem se lamentando em público sobre o grande número de pessoas que deixam de votar. Só não se esqueçam de dizer que todo mundo na região vai votar!)

Essa estratégia pode gerar uma grande economia de dinheiro para o governo, como atesta um dos primeiros experimentos conduzidos pelo Behavioural Insights Team do Reino Unido. O objetivo da pesquisa era verificar se um nudge faria os contribuintes que deviam ao fisco pagarem suas dívidas mais rápido. Os resultados foram analisados pelo pesquisador Michael Hallsworth em colaboração com três economistas acadêmicos. Os participantes (que não sabiam que estavam fazendo parte do experimento) eram contribuintes – por exemplo, empresários – que tinham renda não sujeita à retenção na fonte e não haviam pagado seus impostos de maneira integral. Os pesquisadores enviaram várias cartas diferentes aos participantes e compararam os resultados com uma carta de controle, que se limitava a lembrar as pessoas quanto elas deviam.

A formulação vencedora foi: "Nove em cada dez britânicos pagam seus impostos em dia. Atualmente você faz parte de uma minoria devedora". Observe que esta mensagem curta informa (com sinceridade) que a maioria das pessoas paga seus impostos em dia e que você faz parte da pequena parcela que não paga. Um experimento complementar revelou que a mensagem poderia ter sido ainda mais eficaz se incluísse o elemento local. Por exemplo: "Nove em cada dez contribuintes de Manchester pagam seus impostos em dia". O impacto dessas cartas foi substancial, aumentando o número de pessoas que pagaram suas dívidas nos primeiros 23 dias em até cinco pontos percentuais.[24] Pode não parecer grande coisa, mas o fato é que o custo dessa intervenção é insignificante, assim como acontece na maioria desses casos. O governo já enviava essas cartas, então por que não usar um nudge ao mesmo tempo?

Qualquer que seja o contexto, um fator-chave é saber quem criou as normas que as pessoas são solicitadas a seguir. Celebridades e influenciadores talvez acreditem que são as melhores pessoas para inspirar gente comum como nós a mudar de hábito, mas o fato é que as pessoas parecem responder melhor às normas estabelecidas por outras pessoas em ambientes e circunstâncias semelhantes aos delas. Um estudo realizado em 2008 determinou a melhor forma de estimular os hóspedes de um hotel a reutilizar suas toalhas.[25] A essa altura você já deve ter adivinhado que falar sobre o meio ambiente não era uma estratégia tão eficaz quanto uma mensagem comunicando uma norma social: "Junte-se aos outros hóspedes para ajudar a salvar o meio ambiente. Quase 75% dos hóspedes ajudam usando as toalhas mais de uma vez".

A parte sobre os "hóspedes" revelou-se fundamental. Os pesquisadores também testaram mensagens destacando os índices de reutilização de acordo com diferentes aspectos da identidade dos hóspedes (por exemplo, sexo), e também o comportamento daqueles que haviam se hospedado no mesmo quarto anteriormente. Embora os participantes tenham relatado uma maior relevância dos aspectos identitários, no fim das contas seu comportamento foi influenciado principalmente pelo comportamento anterior daqueles que haviam se hospedado no mesmo quarto! Os pesquisadores chamaram esse agrupamento específico de "normas provinciais". Como todo adolescente sabe, a pressão dos pares é real.

No que diz respeito à opinião pública e à lei, boa parte do mundo testemunhou uma cascata de informações sobre uma questão que motivou um capítulo inteiro da edição original deste livro: o casamento entre pessoas do mesmo sexo. Quando a primeira edição de *Nudge* foi publicada, em 2008, muitos países, inclusive os Estados Unidos, estavam divididos sobre o assunto. Grande parte da população achava que o casamento do mesmo sexo deveria ser permitido e reconhecido, e que na verdade nem havia o que discutir sobre o tema. Nos Estados Unidos, o casamento inter-racial já foi ilegal em muitos estados, mas em 1967 essas leis foram declaradas inconstitucionais. Os defensores do casamento entre pessoas do mesmo sexo acreditavam que os mesmos argumentos usados décadas atrás deveriam ser aplicados. No entanto, outros achavam esse tipo de matrimônio abominável. Vale ressaltar que, em 2008, a posição oficial de Barack Obama — candidato presidencial negro de centro-esquerda comprometido com os direitos civis e a igualdade — era de que o casamento era entre um homem e uma mulher. Na época, pensamos ter descoberto uma solução para o problema no espírito do paternalismo libertário: privatizar o casamento.

Argumentamos que os governos deveriam desistir de definir o casamento como uma categoria legal e, em vez disso, apenas regulamentar as parcerias domésticas legais, da mesma forma que fazem com as parcerias comerciais. Nos Estados Unidos, essas parcerias são chamadas de uniões civis. Na época, muitos governos (de estados e países) permitiam que casais homossexuais obtivessem a união civil, mas esses casais sentiam, justificadamente, que estavam sendo discriminados, uma vez que apenas casais heterossexuais estavam habilitados ao *casamento*, termo que conferia um status tanto jurídico quanto social. (Nos Estados Unidos, parceiros civis não se qualificavam para muitos direitos, entre os quais benefícios fiscais concedidos a cônjuges.) No regime que propusemos, todas essas disposições legais seriam definidas pelo status concedido pelos governos, mas os casamentos seriam uma questão puramente privada, conduzida por grupos religiosos ou outros, de acordo com as regras de sua preferência. O casamento como tal não seria uma categoria oficial definida pelo governo. Esperávamos que essa abordagem atenuasse uma forte discordância: se o governo abrisse mão do casamento, toda a questão passaria a ser menos contestada.

Na verdade, ainda gostamos dessa ideia, mas doze anos de história a tornaram amplamente discutível. Para nossa (agradável) surpresa, durante esse período, muitas nações adotaram uma abordagem diferente, e muito mais simples: simplesmente permitiram e reconheceram o casamento entre pessoas do mesmo sexo! Nos Estados Unidos, que era o nosso foco, isso aconteceu de maneira excepcionalmente rápida. Em 2012, o presidente Barack Obama disse ter mudado de ideia e anunciou que "casais do mesmo sexo deveriam poder se casar".[26] Em 2015, a Suprema Corte decidiu que, de acordo com a Constituição do país, pessoas do mesmo sexo tinham o direito de se casar.[27] Para a surpresa de muitos (inclusive nós), essa decisão não produziu muitos efeitos colaterais. Agora, em todos os estados do país, o casamento entre pessoas do mesmo sexo é legal.

Em todo o mundo, tem havido um movimento extraordinariamente rápido nessa mesma direção. Em 2021, o casamento entre pessoas do mesmo sexo já era reconhecido em cerca de trinta países, entre os quais Holanda (2000), Canadá (2005), Espanha (2005), África do Sul (2006), Noruega (2008), México (2009), Suécia (2009), Argentina (2010), Islândia (2010), Portugal (2010), Dinamarca (2012), Brasil (2013), França (2013), Inglaterra e País de Gales (2013), Nova Zelândia (2013), Finlândia (2015), Irlanda (2015), Alemanha (2017), Austrália (2017) e Áustria (2019). [28]

Repasse essas datas com calma, se quiser. Durante muito tempo todos os países da lista se recusaram a reconhecer o casamento entre pessoas do mesmo sexo; ao longo de gerações, a maioria de seus cidadãos ridicularizou ou desprezou a ideia. Ainda assim, num curto período, todos eles passaram a tratar casais do mesmo sexo da mesma forma que casais de sexo oposto, e no geral sem muita controvérsia. Como isso aconteceu? Por que ninguém (inclusive nós, autores) conseguiu prever isso?

Para dar uma resposta completa a essa pergunta precisaríamos escrever um livro inteiro. Mas temos duas grandes pistas. Em primeiro lugar, muitos gays e lésbicas que não revelavam sua sexualidade e nunca haviam advogado pelo casamento entre pessoas do mesmo sexo decidiram sair do armário. Cada vez que alguém compartilhava "Eu sou gay", "Eu sou lésbica" ou "Eu sou bissexual", um nudge era dado. Assim que as pessoas começaram a revelar sua orientação sexual para amigos e familiares, as comportas começaram a se abrir, talvez ainda mais quando esses familiares eram políticos de um partido que se opunha à mudança.

A abertura sobre a orientação sexual no local de trabalho também surtiu efeito, especialmente quando esse local de trabalho era a Suprema Corte dos Estados Unidos. O juiz Lewis Powell Jr. – que deu o voto decisivo num caso de 1986 que atrasou o movimento pelos direitos dos homossexuais – disse a seus colegas juízes que nunca tinha conhecido um gay. Só que, na verdade, um de seus assistentes na época era gay. Em 2013, dois anos antes da decisão que legalizou o casamento gay em todo o país, trinta membros da Ordem Nacional de Advogados LGBT receberam permissão para trabalhar na Suprema Corte. Foi a primeira vez que advogados abertamente gays foram admitidos como um grupo na instituição.[29]

Em segundo lugar, as influências sociais exerceram um impacto fundamental. Com relação ao casamento entre pessoas do mesmo sexo, cidades, estados e nações testemunharam cascatas de informação e de reputação. Um número cada vez maior de indivíduos se uniu a um coro crescente, ampliando o volume da mensagem à qual eles próprios estavam reagindo. Uma declaração que por muito tempo fora punida pelas normas antigas ("Eu sou a favor do casamento entre pessoas do mesmo sexo") passou repentinamente a ser recompensada pelas novas normas. Como vimos, uma norma ou prática considerada emergente, ou cada vez mais apoiada, pode funcionar como um nudge poderoso, mesmo que ainda não seja aceita pela maioria.[30] Na época, a norma emergente era inequivocamente a favor do casamento entre pessoas do mesmo sexo. Isso criou uma espécie de profecia autorrealizável. E devemos confessar que, por mais que gostássemos da nossa ideia, estamos muito satisfeitos com o resultado.

As influências sociais que enfatizamos aqui podem facilmente ser utilizadas por arquitetos de escolhas públicas ou privadas. Tanto empresas quanto governos podem utilizar o poder da influência social para promover boas causas (e más também). Na verdade, eles fazem isso todos os dias. Com relação às boas causas, ainda há muito mais a ser feito.

Parte II

As ferramentas do arquiteto de escolhas

4. Quando precisamos de um nudge?

Já vimos que as pessoas são capazes de realizar proezas fantásticas, mas também cometer erros ridículos. Qual é a melhor resposta para isso? É impossível evitar a arquitetura de escolhas e seus efeitos, por isso a resposta mais sucinta é também a mais óbvia, que podemos chamar de regra geral do paternalismo libertário: ofereça nudges que tenham maior probabilidade de ajudar e menor chance de prejudicar.[1*] Uma resposta um pouco mais longa é que as pessoas provavelmente precisam desses nudges quando estão diante de decisões difíceis, que exigem atenção incomum, quando não sentem o feedback de forma imediata ou não conseguem traduzir determinados aspectos da situação em termos fáceis de compreender. Quando se veem em situações incomuns ou raras, as pessoas podem precisar de um nudge. Se você está tentando ir de carro de casa até a mercearia, provavelmente não precisa do GPS. Se está tentando se achar numa cidade que nunca visitou antes, esse recurso pode ser indispensável.

Neste capítulo, tentaremos ilustrar esses pontos. Começaremos apresentando os tipos de situação em que as pessoas costumam não tomar boas decisões. Em seguida voltaremos nossa atenção para questões relacionadas ao que certas

* Nesse sentido, Colin Camerer e colegas propuseram o "paternalismo assimétrico", definido como o estímulo a medidas destinadas a ajudar os menos instruídos e conscientes causando o mínimo possível de prejuízos aos demais. Nossa regra de ouro coincide com o espírito do paternalismo assimétrico.

pessoas consideram ser o poder mágico dos mercados. Veremos se e quando os livres mercados e a livre concorrência tendem a exacerbar, e não a abrandar, os efeitos da fragilidade humana. O importante a ter em conta aqui é que, apesar de todas as suas qualidades, muitas vezes os mercados incentivam as empresas a atender (e a lucrar com) as nossas fragilidades, em vez de tentar erradicá-las ou minimizar seus efeitos.

DECISÕES DIFÍCEIS

Imagine que alguém lhe diga que um grupo de pessoas terá de tomar uma decisão num futuro próximo. Você é o arquiteto dessa escolha, e está tentando decidir como projetar o ambiente de escolha: que tipo de nudges vai oferecer e seu grau de sutileza. O que você precisa saber para projetar o melhor cenário possível?

Distração

O erro mais comum que cometemos talvez seja o de simplesmente esquecer algo. Assim como acontece com os problemas relacionados ao autocontrole, todos sabemos que nossa atenção é limitada e que estamos sujeitos a nos distrair. É por isso que fazemos listas do que fazer e do que comprar na loja, e é por isso que temos aplicativos de calendário nos celulares e eles nos enviam lembretes. Esses estímulos para prestarmos atenção podem ser muito benéficos. Essa é uma das muitas áreas em que a tecnologia facilitou os nudges, tanto em nós mesmos quanto nos outros. Sabendo-se que hoje quase todo mundo — até a população dos países mais pobres — anda com celulares que recebem mensagens de texto, é possível enviar avisos oportunos. A maioria das empresas aprendeu essa lição. Recebemos lembretes de consultas médicas, horário marcado no cabeleireiro e reservas em restaurantes. Somos informados de que uma conta está vencida. Infelizmente, algumas empresas que faturam com o nosso esquecimento, como as operadoras de cartão de crédito, que cobram uma taxa exorbitante se não fizermos o pagamento no prazo, não fornecem esses lembretes, a menos que consigamos descobrir como solicitá-los. É engraçado como a coisa funciona.

Embora os lembretes tenham se tornado onipresentes e sejam nudges incríveis, isso não significa que não existam novas maneiras de ajudar as pessoas a manter o controle de seus compromissos e obrigações. Eis apenas dois exemplos.

Consiga o voto: Desde tempos imemoriais as campanhas eleitorais americanas utilizam a mesma fórmula para encorajar o comparecimento dos eleitores no dia da eleição. Os eleitores considerados prováveis apoiadores de seu candidato recebem uma ligação e são questionados se pretendem votar (no candidato do partido). Se a resposta for sim, a ligação é encerrada. Isso mudou depois da eleição presidencial de 2008. O cientista político David Nickerson e o cientista comportamental Todd Rogers conduziram alguns experimentos durante as eleições primárias. Basicamente, acrescentaram três questões à pergunta inicial sobre a intenção de ir votar: 1) "A que horas você pretende votar?", 2) "De onde você imagina que vai sair para votar?" e 3) "O que você acha que vai estar fazendo antes de sair para votar?".

A ideia para essas perguntas veio da pesquisa do psicólogo Peter Gollwitzer, que descobriu que as pessoas são mais propensas a cumprir seus objetivos quando têm "intenções de implementação" explícitas. A teoria funcionou bem nessa situação. Pedir aos eleitores para fazer um plano aumentou a participação em 4,1 pontos percentuais! Curiosamente, o efeito foi muito mais forte para lares com um único membro. Lembrar é apenas meio caminho andado se também é preciso coordenar os planos. Despertar uma intenção de implementação ou fazer algo parecido com essas três perguntas pode ter um grande impacto em diversas áreas.

Checklists: Embora tenham voado centenas ou possivelmente milhares de vezes, os pilotos comerciais sempre passam por um ritual formal antes de cada decolagem: revisar uma lista de itens que devem estar prontos antes de o avião deixar o aeroporto. Ninguém quer decolar num avião que não abasteceu! Em seu best-seller *Checklist: Como fazer as coisas bem-feitas*, o cirurgião Atul Gawande explica o valor de um ritual semelhante na sala de cirurgia. O risco que Gawande quer reduzir, nesse caso, é o de infecções que o paciente pode desenvolver durante o procedimento. Acontece que, se todos os envolvidos lavarem bem as mãos, as infecções podem ser reduzidas a zero, mas às vezes os cirurgiões também se distraem!

Uma interessante chave para o sucesso desses programas é autorizar que *todos* possam lembrar os distraídos. Em equipes médicas, por exemplo, membros com status inferior, como os enfermeiros, muitas vezes relutam em apontar quando um cirurgião famoso pula uma etapa, mas, se isso for considerado parte de seu trabalho, não hesitam em fazê-lo. A propósito, esse é um princípio geral. Qualquer organização funciona melhor quando qualquer membro da equipe está autorizado a apontar quando o chefe está prestes a cometer um erro. E as checklists podem fornecer um tipo de arquitetura de escolhas para os arquitetos de escolhas: quando trabalhou na Casa Branca, Sunstein ajudou a criar uma "checklist de análise de impacto regulatório". Basicamente, tratava-se de um documento de pouco mais de uma página criado para lembrar as agências governamentais de ações concretas que elas precisavam realizar antes de finalizar qualquer norma.

Benefícios agora, custos depois

Já vimos que, quando as pessoas precisam tomar decisões que testam sua capacidade de autocontrole, surgem alguns problemas previsíveis. Na vida, grande parte das decisões que tomamos, como escolher entre vestir uma camisa azul ou uma camisa branca, não exige autocontrole. É mais provável que problemas de autocontrole surjam quando as decisões a serem tomadas e suas consequências estão separadas no tempo. Em uma extremidade está o que podemos chamar de bens de investimento, como praticar exercícios, usar fio dental e seguir uma dieta saudável (ou seja, consumir alimentos saudáveis, mas sem exagero). Os custos desses bens são imediatos, mas os benefícios demoram a aparecer. A maioria das pessoas tende a errar ao investir menos do que deveria nesses bens. Embora existam alguns fanáticos por malhação e por fio dental, ao que parece, na virada do ano, as pessoas não prometem passar a usar menos fio dental e a ir menos à academia.

Na outra extremidade está o que chamamos de bens tentadores: cigarros, álcool em excesso, maratona de séries e doces e chocolates se encaixam nessa categoria. Nesses casos, o prazer vem na hora; e as consequências, mais tarde. (A consequência de maratonar séries são os prazos que estouramos porque procrastinamos.) Mais uma vez, podemos aplicar o teste da promessa de Ano-Novo: quantas pessoas prometem fumar mais, beber mais, assistir a mais séries ou comer mais bobagens no ano seguinte? Tanto os bens de investimento quanto os bens tentadores são excelentes candidatos aos nudges. A maioria das pessoas não precisa de um incentivo especial para comer outro brownie, mas uma ajudinha para fazer mais exercícios seria útil.

Grau de dificuldade

Quase todas as pessoas com mais de seis anos são capazes de amarrar cadarços, jogar o jogo da velha e soletrar facilmente a palavra "gato". Mas só alguns de nós sabem dar um nó correto na gravata-borboleta, jogar xadrez com maestria ou soletrar (que dirá pronunciar) o nome do psicólogo Mihaly Csikszentmihalyi. Claro que aprendemos a superar os problemas mais complicados. Podemos comprar uma gravata pré-amarrada, ler um livro sobre como jogar xadrez e pesquisar como se escreve Csikszentmihalyi na internet (e depois copiar e colar toda vez que precisarmos digitar esse nome). Usamos corretores ortográficos e planilhas para lidar com as questões mais cabeludas, mas muitos problemas na vida são realmente difíceis, e não podem ser resolvidos com o auxílio de tecnologias tão simples como o corretor ortográfico. É mais provável que precisemos de ajuda para escolher o tipo certo de hipoteca do que para escolher um bom pão.

Frequência

Mesmo os problemas mais complicados se tornam mais fáceis com a prática; podemos até aprender a resolvê-los de forma automática. De tanto jogar tênis, aprendemos a sacar de maneira razoável (e, no caso de Sunstein, até com um pouco de velocidade nos melhores dias), mas levamos um tempo para chegar a esse ponto. Na primeira vez que tentam executar o movimento de saque, as pessoas terão sorte se a bola sequer passar por cima da rede, que dirá quicar na zona de serviço. A prática leva à perfeição (ou pelo menos à evolução).

Infelizmente, porém, não há como praticar grande parte das decisões mais importantes da vida. A maioria dos estudantes só escolhe a faculdade uma vez. Fora de Hollywood, a maioria das pessoas escolhe um cônjuge no máximo duas ou três vezes ao longo da vida. Poucos têm a oportunidade de tentar diferentes carreiras. E fora da ficção científica só se tem uma chance de poupar dinheiro para a aposentadoria (embora seja possível fazer ajustes ao longo do caminho).

Em geral, quanto mais está em jogo, menos podemos praticar. Não é comum comprar casas ou carros mais do que uma ou duas vezes durante uma década, quando muito. Por outro lado, fazemos compras no supermercado o tempo todo. Quase todas as famílias dominam a arte de controlar a quantidade de leite em casa, e não é resolvendo equações matemáticas, mas pelo método de tentativa e erro.[2*]

Nada disso significa que o governo deva dizer à população com quem se casar ou o que estudar. Este livro é sobre o paternalismo *libertário*. Só queremos enfatizar que decisões difíceis e pouco frequentes são boas candidatas a receber nudges.

Feedback

Nem mesmo a prática leva à perfeição quando as pessoas não têm boas oportunidades para aprender. E é mais fácil aprender quando recebemos um feedback claro e imediato após cada tentativa. Vamos supor que você esteja treinando tacadas de golfe. Se tentar acertar dez bolas no mesmo buraco, em pouco tempo descobrirá a força que é preciso pôr no golpe. Até o pior golfista do mundo aprenderá rapidamente a medir a força adequada nessas circunstâncias. Mas imagine que você esteja dando as tacadas sem ver onde as bolas caem. Nesse caso, pode passar o dia todo jogando que não vai aprimorar seu jogo.

* Veja que ironia: nos primórdios da economia comportamental, muitos economistas tradicionais menosprezavam os experimentos psicológicos sob o argumento de que eles só serviam para situações em que havia "pouca coisa em jogo", e de que muitas vezes as pessoas não tinham oportunidades suficientes para aprender. De acordo com esses economistas, caso se tratasse de uma decisão importante, e as pessoas pudessem praticar, acabariam por se "sair bem". Esse argumento tem pelo menos dois problemas. Primeiro, existem poucas provas de que fazemos melhores escolhas quando se trata de assuntos realmente importantes. Na verdade, num primeiro momento, a impressão é de que o que está em jogo não influi em nada. Segundo, e mais importante, é de se supor que a economia ajude a explicar as grandes decisões da vida, justamente as que precisamos tomar sem qualquer treinamento anterior. Talvez o percentual de divórcios fosse menor se as pessoas pudessem passar por uma "simulação prática de casamento" na faixa dos vinte ou trinta anos, e com isso se preparassem para o casamento de verdade (embora não estejamos muito confiantes nessa previsão), mas o fato é que, na vida real, escolher um parceiro para a vida inteira é uma tarefa difícil, na qual muitas vezes fracassamos. Da mesma forma, acreditamos que haveria bem menos taxistas com doutorado nas ruas se eles pudessem "testar" as carreiras que pretendem trilhar, mas o fato é que aos 35 anos é muito difícil recomeçar do zero.

Infelizmente, muitas decisões que tomamos na vida são como treinar sem ver onde a bola está caindo, e a razão é simples: a situação como um todo não é estruturada para proporcionar um bom feedback. Em geral recebemos feedback apenas das opções que escolhemos, mas não das que rejeitamos. A não ser que você desvie do seu caminho original para fazer experimentos, é possível que nunca conheça as alternativas às opções familiares. Se você sempre pega o caminho mais longo para voltar para casa à noite, talvez jamais descubra que há um mais curto. Os processos de longo prazo poucas vezes oferecem um bom feedback. Uma pessoa pode passar anos e anos ingerindo uma dieta rica em gorduras sem ter qualquer aviso perceptível de um problema, e, de repente, infartar. Quando o feedback é ineficaz, um nudge pode ser bastante útil.

Saber do que você gosta

Quase todo mundo sabe se prefere sorvete de café ou de baunilha, Bruce Springsteen ou Bob Dylan, basquete ou futebol. Esses são apenas exemplos de casos em que já tivemos tempo de testar as alternativas e descobrir do que gostamos. Mas vamos supor que você precise prever suas preferências sobre algo que não conhece, como ao jantar pela primeira vez num restaurante birmanês ou em um país de culinária exótica. Turistas inteligentes costumam confiar nas dicas de terceiros (garçons etc.): "A maioria dos clientes estrangeiros gosta de X e detesta Y". Mesmo em locais menos exóticos às vezes é bom deixar que alguém decida por você. Muitos dos melhores restaurantes do mundo dão poucas opções a seus clientes. Talvez eles perguntem se você quer a refeição de duas horas ou a de três horas, ou se tem alguma alergia. A vantagem de se ter tão poucas alternativas é que o chef tem autorização para servir coisas que o freguês nunca teria pensado em pedir. Nos melhores restaurantes japoneses, a tradição é deixar que o chef decida o que você vai comer. Basta dizer "omakase", e você vai comer bem. Se houver alguma coisa que os estrangeiros em geral não gostem de comer, pode ser que ele pergunte: "Até ouriço-do-mar?". Esse é o omakase personalizado.

Tomar boas decisões é especialmente difícil quando não conseguimos traduzir as escolhas que fazemos nas experiências que elas proporcionarão. Um exemplo simples: pedir um prato de um cardápio escrito numa língua que não compreendemos. Mas, mesmo sabendo o significado das palavras usadas, às vezes não conseguimos traduzir as opções em termos que nos façam sentido.

Vejamos o problema de escolher um fundo mútuo para sua aposentadoria. A maioria dos investidores (inclusive nós) teria dificuldade para comparar um fundo de "apreciação de capital" com um fundo "dinâmico", e, mesmo que o uso dessas palavras fosse compreensível, o problema não estaria resolvido. O que um investidor precisa saber é como a escolha de um dos fundos afetaria seu poder de compra durante a aposentadoria em diversos cenários — algo difícil de analisar até mesmo para um especialista com um software adequado e grande conhecimento de cada fundo. (Conforme advertem os avisos legais, "retornos obtidos no passado nem sempre são uma forma de prever retornos futuros".) O mesmo problema surge quando precisamos escolher um plano de saúde; talvez não saibamos bem quais serão os efeitos da nossa decisão. Se sua filha tiver uma doença rara, poderá se consultar com um bom especialista? Quanto tempo precisará ficar na lista de espera para entrar no consultório? Escolher um carro não é a decisão mais difícil do mundo, mas quais características você deseja ter no seu automóvel? Controle de tração? Faróis de LED? Alerta de ângulo morto? Alerta de tráfego cruzado? Quando é difícil prever como nossas escolhas afetarão nossa vida, dispor de muitas alternativas e escolher uma delas sem ajuda não é vantajoso. Nesse caso, um nudge seria bem-vindo.

MERCADOS: UM VEREDICTO NÃO UNÂNIME

O que vimos até aqui sugere que talvez as pessoas precisem de um nudge acima de tudo naquelas situações em que é necessário tomar decisões que exigem memória ou têm efeitos posteriores; decisões difíceis, incomuns e com pouco feedback; e decisões em que a relação entre a escolha feita e a experiência vivida é dúbia. Naturalmente, surge uma pergunta: os livres mercados são capazes de resolver os problemas das pessoas mesmo nessas circunstâncias? Muitas vezes a competição no mercado é positiva. Mas será que eles podem realizar milagres? Devemos ter sempre um pé atrás com milagres.

Um exemplo ilustrativo é a venda de remédios falsos, prática muito comum no mundo todo. Em muitos filmes que retratam o Velho Oeste americano existe um elixir mágico chamado de "óleo de cobra", que talvez tenha esse nome para desestimular concorrentes a entrarem no mercado. Dizia-se que o óleo de cobra curava muitas doenças, da acne à artrite e à impotência. Ainda hoje ele possui versões modernas no ramo da "saúde natural" (que em muitos países é pouco regulamentada), mas, nesta breve discussão, vamos nos concentrar no óleo de cobra, porque a estratégia de marketing que costuma ser utilizada nos ajuda a revelar o que pensamos sobre os mercados e suas limitações.

Um faroeste típico costuma ter muitos golpes e fraudes que reaparecem de formas levemente diferentes ao longo dos anos. Um "médico" num vagão fechado chega à cidade e abre uma lojinha perto do bar local. Ele vende garrafas de um óleo de cobra especial capaz de curar qualquer doença. Acontece que surge um homem de muletas no meio da multidão e diz que o médico é uma fraude. Apontando para a perna bamba que o impede de andar, ele diz: "Aposto que o senhor não consegue curar isto, doutor!". O médico generosamente oferece ao pobre homem uma amostra grátis do óleo de cobra, e, como que por milagre, na noite seguinte a perna está curada! Com isso, muitas garrafas de óleo de cobra são vendidas, e na manhã seguinte o médico e o homem de muletas, na verdade seu parceiro, fogem da cidade rumo ao próximo destino. Uma versão desse mesmo golpe pode ser vista em pontos turísticos lotados, mas em vez de óleo de cobra os golpistas vendem a chance de ganhar dinheiro fácil jogando algum jogo de cartas ou adivinhação. (Nessa variação, o cúmplice ganha dinheiro antes, na frente de todos.)

Embora pareçam extremos, esses tipos de golpe são apenas alguns exemplos dos muitos produtos que atraem os humanos, mas não os econos. Podemos encontrar um monte deles na internet, e, em alguns países, se assistirmos à TV tarde da noite, encontraremos programas que vendem até mesmo óleo de cobra. Conforme discutimos mais à frente em nosso empolgante (ou até emocionante, como diriam alguns críticos) capítulo sobre seguros, muitos produtos desse tipo devem ser evitados. Só uma prévia: nunca contrate garantias estendidas. Mas a questão que queremos discutir aqui é mais ampla: os mercados competitivos protegem os consumidores desses golpes? Infelizmente, a resposta é não.

A entrada no negócio do óleo de cobra, embora não fosse gratuita, não era regulamentada. Duas pessoas quaisquer com uma carroça, algumas garrafas e um dom para falar rápido podiam entrar no negócio. Talento para contar mentiras descaradas e falta de escrúpulos para aceitar dinheiro de inocentes também ajudavam. Claro que sempre havia o risco de alguém reconhecer os vendedores e eles terem problemas com o xerife local. Mas eis a questão: ninguém ganharia dinheiro dizendo às pessoas para não comprarem óleo de cobra! Poucos de nós temos uma saúde tão perfeita a ponto de não ficarmos felizes em gastar alguns trocados em uma garrafa de um elixir mágico. Cura covid-19? Cotovelo de tenista? Dor nas costas? Bloqueio criativo (ou dedos doloridos)?

O óleo de cobra é apenas uma versão extrema de qualquer compra imprudente. Muitas pessoas se viciam em jogos de azar, e para elas os cassinos podem ser tão perigosos quanto a heroína ou o crack. E embora sejam regulamentados e possam ter acesso restrito, os cassinos competem entre si e também com outras formas de jogos de azar, como apostas esportivas ou o mercado de ações (quando nos aventuramos nele por conta própria). Esses negócios competem oferecendo ambientes atraentes, bebidas grátis e, às vezes, melhores chances de vencer. Por outro lado, ninguém fica rico convencendo as pessoas a não jogar. Esperamos que os capítulos da seção sobre dinheiro ajudem a evitar alguns erros frequentes que os humanos cometem no setor financeiro, mas não cobramos nenhum valor extra para oferecer estes capítulos e não esperamos que nosso texto acabe com o ramo das garantias estendidas.

Hoje em dia vender óleo de cobra está mais fácil que nunca. As pessoas podem acessar a internet e vender produtos que supostamente reduzem o risco de câncer, curam o diabetes, economizam dinheiro, limpam sua pele e combatem a ansiedade e a depressão. Somos fãs da atriz Gwyneth Paltrow (assista ao subestimado *Onde o amor está*), mas o site dela, o Goop, tem vendido produtos que talvez contenham pequenas quantidades de óleo de cobra. Quando o assunto é saúde, romance e dinheiro, é fácil tirar proveito da falta de informação das pessoas. Se uma dessas coisas está em jogo, as empresas têm um forte incentivo para explorar vieses comportamentais, entre os quais o da disponibilidade, o otimismo irreal e a ancoragem. E elas tentam criar cascatas de informação. Às vezes, conseguem.

Existe uma lição geral aqui. Na maioria das vezes é possível ganhar mais dinheiro cuidando das fragilidades humanas do que ajudando as pessoas a evitá-las. Bares ganham muito mais dinheiro do que os Alcoólicos Anônimos. Portanto, se os humanos têm problemas, eles podem se beneficiar de um nudge bem escolhido.

5. Arquitetura de escolhas

Design não é apenas o que parece e o
que se sente. Design é como funciona.
Steve Jobs

No começo da carreira, Thaler deu aulas para estudantes da faculdade de administração que às vezes saíam mais cedo para fazer entrevistas de emprego (ou para tirar um cochilo) e tentavam fugir da aula na surdina. Infelizmente para eles, o único jeito de sair era pela porta dupla da frente, à vista de toda a turma (embora não diretamente no campo de visão de Thaler). As portas tinham grandes e belos puxadores de madeira, cilindros de cerca de um metro de comprimento. Quando os estudantes se aproximavam delas, tinham que enfrentar instintos contraditórios. Um deles dizia que para sair da sala era preciso empurrar a porta. O outro sugeria que, diante de dois puxadores de madeira, o correto era puxar. No fim, o segundo instinto predominava sobre o primeiro, e todo estudante que saía da sala tentava primeiro puxar a porta. Infelizmente, porém, a porta abria para fora.

Em determinado momento do semestre, Thaler comentou isso com a turma, durante a tentativa de fuga de um aluno envergonhado. A partir de então, toda vez que um aluno se levantava para sair, o resto da turma esperava atentamente para ver se ele iria puxar ou empurrar a porta. Por incrível que pareça, a maioria continuava puxando! Era a vitória do Sistema Automático; parecia simplesmente impossível ignorar o sinal emitido por aqueles grandes puxadores de madeira. (E a verdade é que, ao sair da sala, às vezes Thaler também se surpreendia puxando timidamente a porta.)

Essas portas são um exemplo de má arquitetura, pois violam um princípio psicológico simples que tem um nome complicado: *compatibilidade estímulo-resposta*. A ideia é que o sinal que você recebe (estímulo) deve ser coerente com a ação desejada. Quando há inconsistências, há uma queda no desempenho, e como resultado as pessoas se equivocam.

Vejamos, por exemplo, o estrago que seria provocado por uma placa grande e vermelha com a palavra SIGA. É fácil mostrar, por meio de experimentos, as dificuldades que essas incompatibilidades podem provocar. Uma das demonstrações mais famosas é o teste de Stroop.[1] Na versão moderna desse experimento, as palavras piscam na tela e os voluntários recebem uma tarefa simples: apertar o botão direito se virem uma palavra em letras vermelhas e o botão esquerdo se virem uma palavra em verde. Os voluntários acham a tarefa fácil e aprendem a executá-la rapidamente e com alta precisão. Até que chega a parte complicada e surge a palavra "verde" em letras vermelhas ou a palavra "vermelho" em letras verdes. Para esses sinais incompatíveis, o tempo de resposta aumenta e o percentual de erro também.

Uma das principais razões para isso é que um ramo do Sistema Automático lê a palavra antes que o nosso sistema de denominação de cores identifique qual é a sua cor. Ao ver a palavra "verde" em letras vermelhas, o impulsivo Sistema Automático corre para pressionar o botão da esquerda, nesse caso o errado. Tente fazer o teste por conta própria. Pegue uma caixa de giz de cera e escreva uma lista de nomes de cores, evitando que a maioria das cores coincida com a palavra escrita. (Melhor ainda, peça a uma criança que faça isso por você.) Em seguida, diga as palavras o mais rápido possível (isto é, leia as palavras e ignore a cor em que foram escritas). Fácil, não é? Agora diga o mais rápido possível o nome da cor em que foram escritas e ignore a palavra em si. Mais difícil, não é? Em tarefas desse tipo, o Sistema Automático geralmente derrota o Sistema Reflexivo.

Embora nunca tenhamos visto uma placa verde nos mandando parar, é muito fácil, e frustrante, encontrar portas como a que descrevemos anteriormente, que violam o mesmo princípio. Espelhos de fechadura planos nos dizem "empurre", e maçanetas grandes nos dizem "puxe", então os arquitetos não devem esperar que as pessoas segurem uma maçaneta e tenham o instinto de empurrar coisas que deveriam ser puxadas! Trata-se de uma falha da arquitetura em se adequar aos princípios básicos da natureza humana. A vida é cheia de produtos que apresentam defeitos desse tipo. Não é óbvio que os maiores botões do controle remoto da TV deveriam ser o de ligar, o de trocar canais e o de mexer no volume? Ainda assim, quantos controles não têm o botão de volume do mesmo tamanho do botão de entradas (que, se pressionado por acidente, pode fazer a imagem desaparecer do nada da tela, até você encontrar um adolescente para consertar o problema)?

O mundo não precisa estar cheio de maçanetas que gritam "puxe", mas precisam ser empurradas, mas é possível incorporar fatores humanos ao projeto, como mostra o maravilhoso livro de Don Norman, *O design do dia a dia*. A ideia básica do livro é ilustrada por sua brilhante capa original, que tem a imagem de um bule com a alça e o bico do mesmo lado. Pare um instante e pense nisso.

Talvez você encontre na sua cozinha um outro exemplo de design ruim comentado por Norman: um fogão básico de quatro bocas (figura 5.1). A maioria dos fogões tem bocas dispostas simetricamente, como mostra a parte superior da imagem, com os controles alinhados embaixo. Nessa configuração, não fica claro qual queimador corresponde a qual boca, e muitas panelas e frigideiras já foram esturricadas por causa disso. Os outros dois designs apresentados são apenas duas de muitas alternativas melhores. A ideia básica deste capítulo é a de que o bom design não costuma ser mais caro que o mau design. Uma placa com a palavra "empurre" certamente é mais barata do que uma maçaneta de bronze ou madeira trabalhada.

Os mesmos princípios de bom design e arquitetura funcional também se aplicam ao mundo das escolhas. Nosso mantra principal é simples: se você deseja incentivar alguma ação ou atividade, facilite. Essa noção se enquadra na categoria do que o grande psicólogo Kurt Lewin chamou de "fatores canalizadores", termo usado para descrever as pequenas influências capazes de estimular ou inibir certos comportamentos.[2] Pense em "canal" como o caminho que o rio faz a partir da nascente. Esse caminho pode ser determinado por mudanças aparentemente mínimas na paisagem. Lewin afirmava que fatores igualmente insignificantes são capazes de criar inibidores surpreendentemente fortes em comportamentos que as pessoas "desejam" adotar. Muitas vezes, é mais simples facilitar uma boa ação removendo pequenos obstáculos do que tentando empurrar as pessoas em determinada direção.

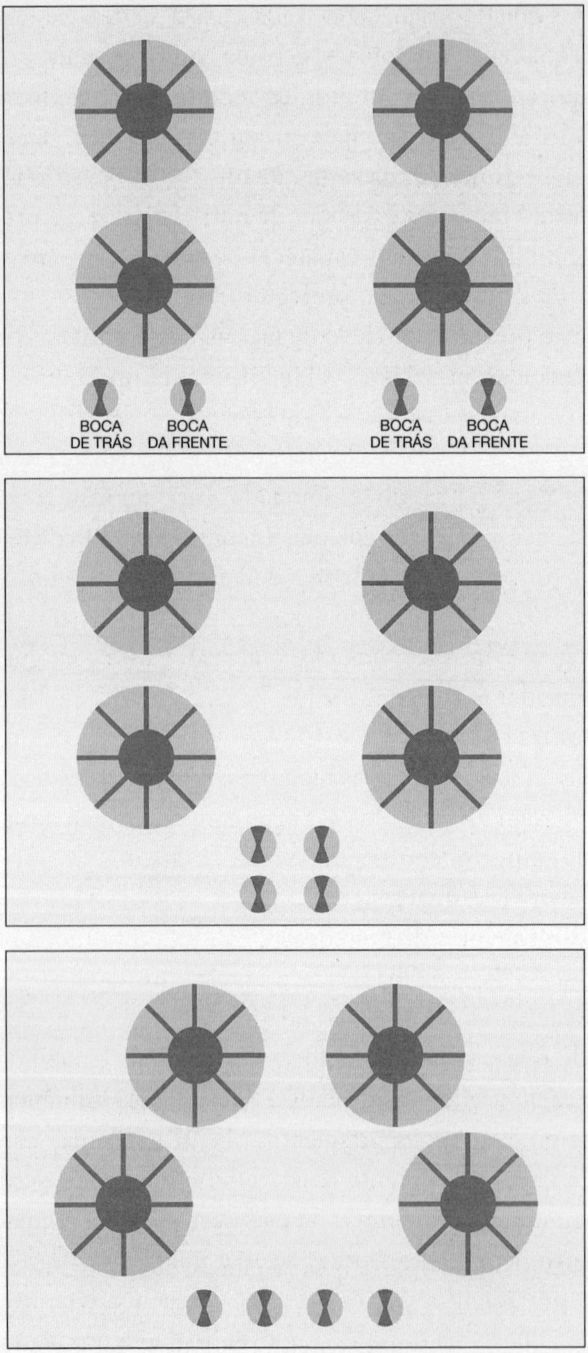

Figura 5.1. Três designs de fogões de quatro bocas.

Howard Leventhal, Robert Singer e Susan Jones ilustraram a ideia de Lewin no campus da Universidade Yale.[3] Os voluntários, estudantes do último ano, receberam explicações persuasivas sobre os riscos do tétano e a importância da vacinação. A maioria ficou convencida com a palestra e disse que planejava se vacinar, mas a boa intenção não deu muito resultado: só 3% foram de fato vacinados.

Outros voluntários assistiram à mesma palestra, mas além disso receberam um mapa do campus indicando o posto de saúde onde poderiam tomar a vacina. Em seguida, os pesquisadores pediram que eles verificassem suas agendas, reservassem um horário para se vacinar, examinassem o mapa e decidissem que caminho fariam até o posto de saúde. Com esses nudges, 28% dos estudantes tomaram a vacina contra o tétano. Repare que a manipulação foi bastante sutil. Os universitários estavam no último ano e certamente sabiam onde ficava o posto de saúde (o campus de Yale não é tão grande assim); além disso, não foram obrigados a marcar um horário. Ainda assim, nove vezes mais estudantes tomaram a vacina com esses incentivos adicionais, o que nos dá um bom exemplo do poder dos fatores canalizadores. Esse é o mesmo princípio que foi usado no estudo sobre votação mencionado anteriormente.

Portanto, se você no fim das contas se lembrar de apenas uma coisa deste livro, que seja a seguinte frase: se quiser encorajar as pessoas a fazer alguma coisa, *facilite*.

OPÇÕES-PADRÃO: O CAMINHO DE MENOR RESISTÊNCIA

Pelos motivos que já discutimos, muitas pessoas aceitam a opção que exige o menor esforço — seja ela qual for —, ou o caminho de menor resistência. Lembre-se do que foi dito sobre a inércia, o viés do statu quo e a heurística do "ah, tanto faz". Todas essas forças nos levam a crer que, se existe uma opção-padrão — uma opção que prevalecerá caso nenhuma outra seja escolhida —, podemos esperar que um grande número de pessoas acabe por segui-la, mesmo que não seja boa. E, como também já enfatizamos, essa tendência à falta de ação é reforçada quando, de forma implícita ou até explícita, se sugere que a opção-padrão representa a ação normal ou a ação recomendada.

As opções-padrão são onipresentes e poderosas. Também são inevitáveis, tendo em vista que para cada nó de um sistema de arquitetura de escolhas é preciso ter uma regra que determine o que acontece se o tomador de decisões não fizer nada. O padrão é: "Se eu não fizer nada, nada muda; seja lá o que esteja acontecendo continua acontecendo". Mas nem sempre. Algumas máquinas perigosas, como serras elétricas e aparadores de grama, são projetadas com um botão que, quando não é pressionado, impede a máquina de funcionar. Quando você se afasta do computador por um tempo para atender a um telefonema, provavelmente nada acontece, até que, em algum momento, o protetor de tela é acionado. Você pode escolher em quanto tempo o protetor de tela é acionado, mas para isso é preciso tomar uma atitude. Seu computador provavelmente veio com um tempo de espera e um protetor de tela pré-selecionados. E há grandes chances de que essa ainda seja a configuração que você usa.

Os arquitetos de escolhas (como Carolyn, a responsável pelos serviços de alimentação nas escolas) têm muitas oportunidades de escolher a opção-padrão, e podem fazer isso de maneiras que sejam benéficas para si mesmos ou que aumentem o bem-estar geral. Isso vale tanto para o setor público quanto para o privado. Em 1938, a Alemanha realizou um referendo no qual perguntou aos eleitores: "Você aprova a reunificação da Áustria com o Reich alemão, realizada em 13 de março de 1938, e vota na lista do nosso Führer, Adolf Hitler?". Conforme mostra a figura 5.2, a opção "Ja", que significa "sim" em alemão, recebeu um nudge nada leve.[4] Da mesma forma, no setor privado, as empresas muitas vezes podem escolher, e escolhem, padrões que são ou suposições bem-intencionadas sobre as preferências de seus clientes ou formas egoístas de obter dados privados e dinheiro dessas pessoas. Elas podem, por exemplo, inscrever automaticamente os clientes em programas que não atendem aos interesses deles. Teremos mais a dizer sobre o tema quando discutirmos o sludge, no capítulo 8, mas por ora devemos deixar claro que não somos otimistas ingênuos no que diz respeito às intenções dos arquitetos de escolhas de qualquer setor. Sempre que alguém pede a Thaler um autógrafo numa cópia do *Nudge*, ele assina "Nudge para sempre!". Isso é uma súplica, não uma expectativa.

Reiteramos que os padrões nem sempre são fixos, e veremos exemplos disso mais para a frente. Por exemplo, as pessoas são mais propensas a ignorar o padrão se o resultado é obviamente ruim e o custo de mudá-lo é baixo. Quando a maioria dos carros é ligada, a configuração-padrão para o sistema de som é reproduzir a última fonte (rádio, CD etc.) que estava sendo tocada no volume usado pela última vez. Isso funciona bem se o carro tem apenas um motorista,

Volksabstimmung und Großdeutscher Reichstag

Stimmzettel

Bist Du mit der am 13. März 1938 vollzogenen

Wiedervereinigung Österreichs mit dem Deutschen Reich

einverstanden und stimmst Du für die Liste unseres Führers

Adolf Hitler?

Ja

Nein

Figura 5.2. Cédula eleitoral alemã, 1938.

mas um pai que costuma ouvir uma rádio de notícias em volume baixo mudará rapidamente o volume, a fonte, ou ambos, se o usuário anterior tiver sido um adolescente que ouve hip-hop no último volume. Na verdade, os dois motoristas tendem a adotar o hábito de mudar imediatamente a música assim que entram no carro (e também a posição do banco do motorista e dos retrovisores, se tiverem alturas muito diferentes). Nos carros mais modernos é possível fazer os ajustes de banco e retrovisor de forma automática se as chaves identificarem eletronicamente os motoristas. Talvez a música seja a próxima na lista.

Temos uma lição mais geral aqui. Se as pessoas conhecem suas preferências e sabem que não gostam do resultado embutido na opção-padrão, provavelmente a mudarão. Eis uma demonstração simples. Uma mudança na configuração-padrão do termostato teve o efeito que se esperava sobre funcionários da Organização para a Cooperação e Desenvolvimento Econômico (OCDE). Durante o inverno, uma redução de 1°C no padrão causou uma diminuição significativa na configuração média. Mas quando os arquitetos de escolhas reduziram a configuração-padrão em 2°C, a redução na configuração média foi na verdade menor. O motivo? Muitos funcionários acharam que estava muito frio e imediatamente aumentaram a temperatura para a que preferiam originalmente. A regra geral parece ser que até mesmo os humanos rejeitam um padrão que os deixa desconfortáveis.[5]

Já sublinhamos que as normas-padrão são inevitáveis — as instituições privadas e o sistema jurídico não podem deixar de tê-las. Em alguns casos, não todos, há uma mudança importante nesse padrão. O arquiteto de escolhas pode forçar os usuários a decidirem por conta própria. Temos vários nomes para essa abordagem, entre os quais "escolha requerida", "escolha obrigatória" e "escolha ativa".[6] Ao configurar um novo aplicativo de celular, por exemplo, a escolha requerida seria implementada deixando-se todos os boxes em branco e exigindo que, a cada passo, o usuário precisasse marcar um deles para seguir adiante. Os formulários do governo costumam ser assim. Para programas de benefícios nos Estados Unidos, por exemplo, você pode ter que responder a um monte de perguntas, e, se deixar uma resposta em branco, talvez não receba permissão para seguir para a próxima página.

A escolha ativa não é incomum. Em muitos contratos, certas questões são consideradas tão importantes — e tão fáceis de esquecer — que as pessoas são obrigadas a dizer explicitamente que concordam com os termos, porque não queremos que elas tomem tais decisões sem querer ou sem pensar. A escolha ativa tem a vantagem de acabar com a inércia, a desatenção e a procrastinação; os arquitetos de escolhas podem descobrir o que as pessoas realmente preferem sem precisar adivinhar. A exigência de consentimento explícito pode ser vista como uma política inteligente sobre o comportamento, reflexo de um esforço para proteger as pessoas não apenas da própria desatenção, mas também de manipulações. (Na verdade, muitas dessas políticas podem ser entendidas como o reflexo de um direito legal emergente: o direito de não ser manipulado.) A escolha ativa pode ser usada para garantir que as pessoas realmente deem seu consentimento. Quando a Universidade de Chicago reabriu seus prédios no segundo semestre de 2020 após a paralisação causada pela covid-19, tanto os alunos quanto os funcionários foram solicitados a preencher um "atestado de covid-19" informando que estavam familiarizados com todas as regras e de acordo com elas.

Existe uma espécie de opção intermediária: a escolha induzida. Se você está comprando um produto na internet, pode ser solicitado a obter também algum serviço auxiliar (por exemplo, um seguro). Com a escolha induzida, você não é obrigado a escolher; pode simplesmente ignorar e seguir em frente. Para que funcione, a escolha induzida deve ter um padrão (para estabelecer o que acontece se você a ignorar). Temos algumas coisas interessantes a dizer sobre a escolha induzida no que se refere a uma questão especialmente complicada — a doação de órgãos. Em certo sentido, a escolha induzida é mais suave e menos intrusiva do que a escolha obrigatória, que realmente força as pessoas a dizerem o que querem.

Acreditamos que a escolha obrigatória, opção preferida de muitos defensores da liberdade, costuma ser o melhor caminho. Mas vamos refletir sobre dois pontos dessa abordagem. Em primeiro lugar, os humanos muitas vezes se sentem incomodados com a obrigação de escolher e preferem contar com uma boa opção-padrão pré-configurada e selecionada. No exemplo do software de computador, de fato é útil saber quais são as configurações recomendadas. A maioria dos usuários não quer ter que ler um manual incompreensível para escolher a configuração. Quando a escolha é complicada e difícil, ficamos muito gratos por ter uma opção-padrão sensata pré-selecionada. Não há por que forçar as pessoas a tomarem decisões.

Em segundo lugar, a escolha obrigatória costuma ser mais adequada para respostas simples, do tipo "sim ou não", do que para escolhas mais complexas. Num restaurante, a opção-padrão é pedir o prato do jeito que o chef costuma prepará-lo, com a possibilidade de pedir que certos ingredientes sejam acrescentados ou retirados. Em um caso extremo, a escolha obrigatória exigiria que cada cliente desse ao cozinheiro a receita do prato que escolheu! Quando as decisões são muitos complexas, a escolha obrigatória pode não ser uma boa ideia — aliás, talvez nem seja factível. Leia o capítulo 10, sobre o sistema de pensão sueco, para ver o que pode dar errado quando as pessoas precisam fazer escolhas por conta própria.

ESPERE O ERRO

Humanos cometem erros. Um sistema bem concebido imagina que seus usuários vão se equivocar e é o mais indulgente possível nessas situações. Mostraremos isso com exemplos de esquemas do mundo real.

- Na rede metroviária de Paris, durante décadas os usuários compraram um pacote de bilhetes que eram inseridos numa máquina que lia o bilhete, marcava a passagem como "usada" e depois a devolvia pela parte superior da catraca. (Hoje em dia os parisienses usam um cartão eletrônico que é lido por um sensor.) Os bilhetes tinham uma fita magnética em um dos lados, mas fora isso eram simétricos. Na primeira vez que foi usar o metrô, como não conhecia o sistema, Thaler experimentou introduzir o bilhete com a fita virada para cima e ficou feliz em ver que funcionou. Depois disso, teve o cuidado de sempre introduzir o bilhete com a fita virada para cima. Muitos anos e muitas viagens a Paris depois, ele estava todo orgulhoso, mostrando a um amigo a forma correta de usar o bilhete, quando a mulher dele caiu na gargalhada. Acontece que não importava de que lado o bilhete era introduzido na máquina de validação! Thaler nunca cometera um erro simplesmente porque não havia como errar.

O sistema ainda utilizado na maioria dos estacionamentos de Chicago é completamente diferente do usado no metrô de Paris. Ao entrar no estacionamento, coloca-se o cartão de crédito em uma máquina que o lê e identifica o usuário. Depois, ao ir embora, é preciso inseri-lo em outra máquina perto da saída. Para isso, você precisa baixar o vidro da janela, esticar o braço e pôr o cartão na entrada adequada. Como os cartões de crédito não são simétricos, é possível inseri-los de quatro formas diferentes (com a frente para cima ou para baixo, com a fita magnética para a esquerda ou para a direita). Apenas uma das formas é a correta. Apesar de haver um diagrama indicativo acima da entrada do cartão, é muito fácil introduzi-lo da maneira errada, e, quando a máquina o devolve sem abrir o portão, não fica imediatamente claro o motivo pelo qual ele foi rejeitado. Além disso, não é fácil lembrar como ele foi inserido na primeira tentativa. Já ficamos presos durante intermináveis minutos atrás de alguém que estava tendo dificuldades com a máquina, e precisamos reconhecer que algumas vezes já irritamos o motorista atrás de nós.

- Com o passar dos anos, os automóveis se tornaram muito mais amigáveis com seus usuários humanos. Na verdade, eles oferecem vários nudges. Se você não coloca o cinto de segurança, o carro avisa. Se o combustível estiver acabando, um sinal começa a piscar no painel, e em alguns casos até mesmo um sistema de alarme pode ser acionado. Se você entra na contramão, o carro emite um som desagradável. Se você dá ré e chega perto de bater em alguma coisa, ele apita. Se você dirige por mais de três horas ininterruptas, ele pergunta se você quer fazer uma pausa para tomar um café. Qualquer automóvel minimamente sensato vem com um dispositivo automático que liga os faróis quando você está usando o carro e os desliga quando não está, eliminando o perigo de esquecê-los acesos e gastar bateria à toa. Nudges desse tipo estão salvando vidas, e podemos esperar muito mais deles no futuro.

Mas é surpreendente a demora para adotar certas inovações. Vejamos o caso da tampa do tanque de combustível. Na maioria dos carros, a tampa é conectada a uma peça de plástico. Assim, sem ela, é impossível dirigir. Calculamos que essa peça de plástico não custe mais que dez centavos de dólar. Depois que uma montadora teve a brilhante ideia de instalar essa peça no carro, que desculpa poderia haver para fabricar um veículo sem ela?

Acontece, porém, que esquecer-se de recolocar a tampa do tanque de combustível é um tipo de erro que os psicólogos chamam de erro "pós-conclusão".[7] A ideia é que, quando terminamos de executar a parte principal de uma tarefa, costumamos nos esquecer de coisas relacionadas aos passos anteriores. Outros exemplos: esquecer o cartão do banco no caixa eletrônico após sacar o dinheiro ou deixar o original na máquina de xerox depois de pegar as cópias. A maioria dos caixas eletrônicos (mas não todos!) não permite mais esse erro porque o cartão é ejetado da máquina imediatamente. Outra estratégia, sugerida por Don Norman, é empregar o que ele chama de uma "função obrigatória", que obriga o usuário a fazer algo antes de conseguir o que deseja. No caso dos saques, primeiro você precisa tirar o cartão da máquina para depois receber o dinheiro. Dessa forma, não se esquece de tirá-lo.

- Outra iniciativa de bom design relacionada a automóveis é a dos diferentes bicos de mangueira de abastecimento para os diferentes tipos de combustível. O bico da mangueira que injeta óleo diesel é grande demais para entrar nos tanques dos carros movidos a gasolina, impossibilitando que as pessoas cometam o erro de colocar diesel em carros movidos a gasolina (embora seja possível cometer o erro oposto). O mesmo princípio tem sido usado para reduzir o número de erros relacionados à anestesia. Um estudo concluiu que 82% dos incidentes críticos eram causados por erro humano (e não por falha dos equipamentos).[8] Um equívoco comum era conectar o escalpe de um medicamento à entrada errada, então o paciente não recebia o medicamento correto. Para solucionar o problema, passou-se a fabricar conectores diferentes para cada tipo de medicamento. Tornou-se fisicamente impossível cometer esse erro, que antes era frequente.

- Um grande problema no campo da saúde é a chamada "adesão ao tratamento medicamentoso". Muitos pacientes usam remédios que devem ser tomados regularmente e na dose certa. Nos Estados Unidos, mais de 125 mil pessoas morrem anualmente porque não tomam os medicamentos receitados.[9] Em princípio, todas essas mortes seriam evitáveis. Os nudges poderiam ajudar nessa questão, o que traz à tona uma pergunta sobre a arquitetura de escolhas: se você está criando um medicamento e tem total autonomia no processo, com que frequência vai querer que os pacientes tomem o remédio?

  Se descartarmos a dose única administrada pelo médico (que seria a opção ideal, sob todos os aspectos, ainda que em geral seja tecnicamente impraticável), a melhor alternativa é que o remédio seja tomado uma vez por dia, de preferência pela manhã. O motivo pelo qual tomar o remédio uma vez por dia é melhor que duas (ou mais) vezes: quanto mais vezes tiver que tomá-lo, mais chances o paciente terá de esquecer. Mas a frequência não é o único fator a ser levado em conta; a regularidade também é importante. Uma vez por dia é melhor que uma vez a cada dois dias, porque podemos incorporar o remédio à rotina matinal. E como as pessoas tendem a tomar mais comprimidos à medida que envelhecem, acrescentar mais um à lista não é um problema (aliás, aquele organizador de comprimidos é um nudge bastante útil). Por outro lado, quase ninguém é capaz de internalizar que precisa tomar um remédio dia sim, dia não. (Da mesma forma, é mais fácil se lembrar das reuniões semanais do que das reuniões quinzenais.) Alguns medicamentos são tomados uma vez por semana, e nesse caso muitos pacientes escolhem o domingo (como o domingo costuma envolver atividades diferentes das que são realizadas nos outros dias, é mais fácil associá-lo ao remédio). Tome o comprimido antes de ir à igreja ou ao estádio, de fazer as palavras-cruzadas etc.

Nesse sentido, as pílulas anticoncepcionais são um grande problema, pois as mulheres geralmente precisam tomá-las todos os dias durante três semanas e depois passar uma semana sem. Para resolver o problema e automatizar o processo, o anticoncepcional é vendido numa cartela especial com 28 pílulas, todas elas numeradas. As pacientes são instruídas a tomar uma pílula por dia, na ordem. As pílulas dos dias 22 a 28 são placebos com a única função de facilitar que as usuárias humanas não se esqueçam de tomar o anticoncepcional. Podemos pensar em muitos outros nudges eficazes para promover a adesão ao tratamento medicamentoso; eles podem salvar muitas vidas.[10]

- Enquanto trabalhava na primeira edição deste livro, Thaler mandou um e-mail para seu amigo economista Hal Varian, que trabalha para a Google. Ele queria enviar um rascunho da introdução para dar a Hal uma ideia sobre o que seria o livro, mas se esqueceu de anexar o documento. Quando Hal respondeu perguntando pelo arquivo, mencionou, orgulhoso, que a Google estava testando um novo recurso no Gmail que resolveria esse problema. Quando um usuário escreve "anexo" na mensagem mas não chega a anexar nada, recebe o seguinte alerta antes que o e-mail seja enviado: "Você escreveu 'anexo' na mensagem, mas não há arquivos anexos. Quer enviar a mensagem mesmo assim?". Em seguida Thaler enviou o arquivo e disse que o livro tratava exatamente disso.

Hoje em dia a Google tem vários nudges criados especificamente para lidar com o esquecimento. Como disse a empresa em 2018: "Quando sua caixa de entrada fica lotada de e-mails, é inevitável esquecer alguns. Felizmente, o novo Gmail pode ajudar. A partir de agora ele contará com nudges para lembrar os usuários de responderem aos e-mails que possam ter perdido e acompanhar aqueles para os quais não receberam resposta".[11] Esse recurso é útil. Sobre um e-mail enviado a Sunstein a respeito da revisão da nova edição deste livro, por exemplo, o programa disse: "E-mail enviado há 6 dias. Acompanhar?". Nesse caso a Google está praticando o paternalismo libertário. A empresa acrescenta: "O recurso do nudge é ativado por padrão para usuários com o novo Gmail, mas é possível desativá-lo no menu de configurações".

- Americanos e europeus em visita a Londres costumam ter dificuldade para atravessar tranquilamente as ruas. Como passaram toda a vida esperando que os carros venham da esquerda, seu Sistema Automático olha nessa direção. Mas no Reino Unido os automóveis circulam no sentido oposto ao da maioria dos outros lugares do mundo, por isso o perigo geralmente vem da direita. Resultado: ocorrem muitos acidentes com pedestres. A prefeitura de Londres tenta ajudar utilizando um bom design. Em várias esquinas, sobretudo em áreas frequentadas por turistas, há mensagens dizendo "Olhe para a direita!" pintadas na pista. Após a publicação da primeira edição deste livro, Thaler visitou Londres diversas vezes, e ficou feliz ao vê-las espalhadas pela cidade, prevenindo colisões infelizes.

DÊ FEEDBACK

Uma excelente forma de ajudar a melhorar o desempenho dos humanos é dando feedback. Sistemas bem projetados informam às pessoas o que elas estão fazendo certo e quando cometem erros.

- Um tipo importante de feedback é a advertência de que há algum problema, ou, melhor ainda, de quando um problema está prestes a acontecer. Nossos notebooks nos aconselham a ligar o cabo de energia na tomada ou a desligá-lo quando a bateria está acabando, por exemplo. Um automóvel Tesla avisa o motorista em viagem se há energia suficiente na bateria para chegar ao destino. Caso não haja, ele faz uma alteração no GPS para incluir uma parada numa estação de carregamento. Alertas relacionados à saúde podem oferecer todo tipo de informação, cada vez mais em tempo real. Mas os sistemas de aviso precisam evitar o problema causado pelo excesso de alertas: quando há um exagero no número de avisos, as pessoas os ignoram. Se o computador sempre pergunta se temos certeza de que queremos abrir o arquivo anexado, começamos a clicar no "sim" sem parar para pensar. Assim, avisos desse tipo se tornam inúteis.

- O feedback pode ser melhorado em diversas atividades. Vejamos o caso da simples tarefa de pintar um teto. Ela é mais difícil do que parece, porque os tetos costumam ser pintados de branco, e por vezes é difícil saber o que já foi pintado. Depois, no entanto, quando a tinta seca, as partes com tinta velha, não cobertas, ficam irritantemente visíveis. Como resolver o problema? Uma pessoa prestativa inventou um tipo de tinta de teto que parece rosa quando úmida mas fica branca ao secar. A não ser que o pintor seja daltônico e não consiga diferenciar o rosa do branco, isso resolve o problema.

ENTENDENDO O "MAPEAMENTO": DA ESCOLHA AO BEM-ESTAR

Algumas tarefas são fáceis, como escolher um sabor de sorvete; outras são difíceis, como escolher um tratamento médico. Imagine, por exemplo, uma sorveteria na qual as variedades só se diferenciem no sabor, não na quantidade de calorias nem no conteúdo nutricional. Decidir qual sorvete tomar se torna apenas uma questão de escolher qual é o mais gostoso. Se todos os sabores são conhecidos, a maioria das pessoas é capaz de adivinhar com alta precisão a relação entre sua escolha e a experiência real de consumo. Vamos chamar essa relação entre a escolha e o bem-estar de "mapeamento". Mesmo que existam sabores exóticos, a sorveteria pode resolver o problema do mapeamento oferecendo uma prova grátis aos clientes.

Já escolher um tratamento para determinada doença é outra história. Imagine que um indivíduo seja diagnosticado com câncer de próstata em estágio inicial e precise escolher uma das três alternativas: cirurgia, radioterapia ou "esperar atentamente", o que na prática significa não fazer nada. Essa opção pode ser atraente porque o câncer de próstata geralmente evolui devagar. Cada alternativa implica uma série de possíveis desfechos no que diz respeito aos efeitos do tratamento, à qualidade de vida, ao tempo de vida etc. Para comparar as opções é preciso pesar os prós e os contras da seguinte maneira: será que estou disposto a correr o risco de 33% de chance de desenvolver impotência ou incontinência urinária para aumentar minha expectativa de vida em cerca de três anos? Essa é uma decisão difícil de tomar por dois motivos. Primeiro, porque é improvável que o paciente conheça os dados sobre riscos e benefícios relativos a cada opção; segundo, porque ele pode ter dificuldade para imaginar como seria sua vida se tivesse incontinência.

No entanto, eis aqui dois fatos preocupantes sobre esse cenário. O primeiro é que muitos pacientes tomam sua decisão na mesma consulta em que o doutor lhes dá a má notícia sobre o diagnóstico. O segundo é que o tratamento que escolhem depende muito do tipo de médico com quem se consultam.[12] (Alguns são especialistas em cirurgia, outros em radioterapia. Ninguém é especialista em "esperar atentamente". Adivinhe qual alternativa suspeitamos que esteja sendo subutilizada?) Repare que, numa tentativa de aumentar o número de pacientes que escolhem a espera atenta, ela foi rebatizada de "vigilância ativa", que soa menos passiva.

A comparação entre opções de sorvete e de tratamento para o câncer de próstata ilustra bem o conceito de mapeamento. Um bom sistema de arquitetura de escolhas ajuda as pessoas a melhorarem a própria capacidade de mapear corretamente escolhas e resultados e, com isso, escolher as alternativas mais benéficas para si. Uma forma de fazer isso é tornar as informações sobre as opções mais compreensíveis, traduzindo dados numéricos em unidades mais fáceis de utilizar. Se vou comprar maçãs para fazer sidra, é bom saber que são necessárias três maçãs para produzir um copo de sidra. Se alguém lhe diz que o nível de segurança de um pneu é 4, numa escala de 1 a 10, é importante que também lhe diga mais ou menos o que isso significa. (E sim, esse exemplo foi tirado de deliberações reais do governo dos Estados Unidos sobre como comunicar os níveis de segurança dos pneus.)

COMO ESTRUTURAR DECISÕES COMPLEXAS

As pessoas adotam estratégias diferentes ao tomar decisões, de acordo com a quantidade e a complexidade das opções disponíveis. Quando precisamos lidar com um pequeno número de opções que já conhecemos bem, costumamos avaliar bem cada atributo de cada opção e, em seguida, fazer as comparações necessárias. Mas, quando há muitas opções, usamos estratégias alternativas, e isso pode nos causar problemas.

Às vezes, o arquiteto de escolhas desempenha uma função semelhante à de um curador de museu. Para nós, autores, as exposições de arte mais agradáveis são ricas o suficiente para oferecer uma grande experiência, mas, ao mesmo tempo, pequenas o bastante para serem apreciadas em menos de duas horas, mais ou menos a duração da maioria dos filmes. Aqui vale o velho adágio de que menos é mais. Bons arquitetos de escolhas muitas vezes peneiram as escolhas até chegarem a um tamanho administrável.

Muitas vezes, porém, os arquitetos de escolhas são as próprias pessoas, que chegam até a dar nudges em si mesmas. Podemos melhorar a vida com "autonudges" bem pensados. Podemos limitar a quantidade de comida na geladeira; guardar dinheiro que não queremos gastar num investimento que penaliza saques antecipados; excluir o Facebook ou o Twitter do celular; programar o computador para não receber e-mails em determinados horários. Trabalhamos para neutralizar nossos próprios problemas de autocontrole, muitas vezes reconcebendo a arquitetura dentro da qual fazemos escolhas — por exemplo, tornando certas opções mais difíceis ou menos divertidas, ou eliminando-as.[13]

Para um exemplo mais elaborado, vejamos o caso de Jane, que acabou de receber uma oferta de trabalho em uma empresa localizada numa cidade grande, longe de onde ela mora atualmente. Compare as duas escolhas que ela tem diante de si: qual escritório escolher na sede da empresa e qual apartamento alugar. Imagine que haja três escritórios disponíveis. Uma estratégia razoável seria ver os três, observar as diferenças e em seguida decidir, de acordo com o tamanho da sala, a vista, as pessoas que trabalham perto e a distância até o banheiro mais próximo. Na literatura das decisões, isso é descrito como estratégia "compensatória", pois um valor alto em determinada característica (uma sala grande) pode compensar um valor baixo em outra (um vizinho barulhento).

É claro que Jane não poderá usar a mesma estratégia para escolher um apartamento. Numa cidade grande, espera-se que haja milhares de imóveis disponíveis. Se quiser mesmo começar a trabalhar, Jane não poderá visitar e avaliar cada apartamento da cidade. Então, é provável que simplifique a tarefa. Uma estratégia possível é a que Amos Tversky denomina "eliminação por aspectos". Primeiro é preciso decidir qual é o aspecto mais importante (digamos, a distância do apartamento até o trabalho usando transporte público), depois estabelecer um limite (por exemplo, não mais de trinta minutos), e em seguida eliminar todas as alternativas que não se encaixem nesse padrão. O processo é repetido, atributo por atributo (no máximo 2500 dólares por mês, cozinha funcional, permissão para ter cães), até que se chega a uma decisão, ou, pelo menos, a opções passíveis de serem avaliadas em termos de prós e contras.

Quando as pessoas usam esse tipo de estratégia simplificadora, as alternativas que não cumprem os requisitos mínimos podem acabar sendo eliminadas mesmo que sejam fantásticas em todos os outros aspectos. Assim, por exemplo, um apartamento que fique a 35 minutos de transporte público do trabalho não será levado em consideração mesmo que tenha uma vista espetacular e custe quinhentos dólares por mês a menos do que todas as demais alternativas.

As pesquisas no campo das ciências sociais revelam que, quando as opções são mais numerosas ou contam com muitas variantes, é mais provável que as pessoas adotem estratégias simplificadoras, o que impacta na arquitetura de escolhas. Conforme as alternativas se tornam mais numerosas e complexas, os arquitetos de escolhas têm mais trabalho a fazer; logo, têm mais chances de influenciar nas decisões (para o bem ou para o mal). No caso de uma loja que vende três sabores de sorvete, basta um menu listando os sabores em qualquer ordem, e seu efeito sobre as decisões (como a ordem em que são listados) provavelmente será mínimo, porque as pessoas sabem do que gostam. Mas quando as opções são mais numerosas, uma boa arquitetura de escolhas oferece uma estrutura, e essa estrutura afetará os resultados.

Vejamos o exemplo de uma loja de tintas. Mesmo ignorando a possibilidade de que haja pedidos especiais, as fabricantes de tintas geralmente vendem milhares de cores que podemos usar nas paredes de casa. É possível pensar em várias maneiras de organizar a oferta das alternativas aos clientes. Imagine, por exemplo, que as cores fossem listadas por ordem alfabética. "Lavanda" viria antes de "Neve", que viria antes de "Roxo" e assim por diante. Embora seja uma boa forma de organizar um dicionário ou os arquivos numa pasta no computador, a ordem alfabética é péssima para organizar uma loja de tintas.

Em vez disso, as lojas vêm usando uma espécie de paleta de cores, com amostras organizadas por semelhança: todos os azuis estão juntos e perto dos verdes; os vermelhos estão localizados perto dos laranjas, e por aí vai. Nesse caso, a escolha é consideravelmente mais fácil, porque o cliente pode de fato ver as cores, em vez de nomes, que não são lá muito informativos. (No site da Benjamin Moore Paints há três tons parecidos de bege chamados "semente de gergelim assada", "trigo de Oklahoma" e "grãos do Kansas".) Atualmente, muitas escolhas que os consumidores precisam fazer são simplificadas graças à tecnologia da informática e aos sites de venda pela internet. Um bom site de tintas não só permite que o visitante navegue por dezenas de tons de bege, mas também que veja (dentro das limitações de um monitor de computador) como um tom específico ficará nas paredes se o teto for pintado com uma cor complementar.

É claro que a variedade de cores é pequena se comparada ao número de livros vendidos pela Amazon (zilhões) ou de páginas listadas pelo Google (muitos zilhões). Empresas on-line de grande sucesso costumam fazer todo esse sucesso em parte por causa de sua eficiente arquitetura de escolhas. Quem procura um filme ou uma série no streaming pode escolher por ator, diretor, gênero e outros filtros, além de receber recomendações com base nas preferências de outros cinéfilos com gosto parecido, método conhecido como "filtro colaborativo". Algoritmos utilizam as opiniões de outras pessoas com gosto semelhante para filtrar um grande número de livros ou filmes disponíveis e aumentar as chances de sugerir um de que o consumidor goste. O filtro colaborativo é uma tentativa de resolver um problema da arquitetura de escolhas. Se sabemos do que pessoas como nós costumam gostar, podemos nos animar a escolher produtos que não conhecemos porque pessoas como nós tendem a compartilhar seus gostos. O filtro colaborativo vem facilitando algumas decisões difíceis para muitas pessoas.

Uma advertência: muitas pessoas gostam do fator surpresa e de contar com a sorte, o que também pode ser ótimo; assim, talvez não seja exatamente maravilhoso que nossa fonte primária de informações seja aquilo de que pessoas como nós gostam. Às vezes, é bom saber do que gostam pessoas diferentes de nós: podemos experimentar e acabar gostando também. Se você é fã do autor de romances de mistério Harlan Coben (e concordamos que ele é um ótimo escritor), vai ser direcionado pelo filtro colaborativo para outros escritores do mesmo estilo (aliás, sugerimos Lee Child), mas por que não tentar ler Joyce Carol Oates, A. S. Byatt ou até Henry James? Se você se considera uma pessoa progressista e gosta de livros que refletem seu ponto de vista, talvez seja bom saber o que pensam os conservadores; no mínimo, vai se sair melhor quando for discutir com os parentes nas reuniões de família. Os arquitetos de escolhas com espírito cívico — aqueles que nos oferecem várias fontes de notícias, por exemplo — sabem que é bom estimular as pessoas a seguirem caminhos que elas não escolheriam logo de cara. Às vezes, estruturar as opções significa ajudar as pessoas a aprenderem, para que, mais tarde, elas possam tomar decisões melhores por conta própria.

INCENTIVOS

Agora vamos tratar do tópico que a maioria dos economistas teria colocado em primeiro lugar: preços e incentivos. Apesar de estarmos abordando fatores que costumam ser ignorados pela teoria econômica tradicional, não pretendemos de maneira alguma dizer que as forças econômicas tradicionais não são importantes. Acreditamos na lei da oferta e da demanda. Se o preço de um produto sobe, normalmente sua produção aumenta, mas ao mesmo tempo seu consumo diminui. Assim, os arquitetos de escolhas devem pensar nos incentivos adequados ao projetar um sistema. Os mais sensatos alinham os incentivos mais importantes dos tomadores de decisões. Uma forma de começar a refletir sobre os incentivos na arquitetura de escolhas é fazendo quatro perguntas:

Quem escolhe?
Quem utiliza?
Quem paga?
Quem lucra?

Quando uma pessoa escolhe, usa e paga por um bem ou serviço fornecido por um único fornecedor, as coisas são muito simples e os incentivos são bem alinhados. Se você vai a um restaurante para almoçar, escolhe o que quer e paga por isso. Se não gostou do que comeu, pode escolher outro prato do cardápio ou ir a um restaurante diferente da próxima vez. Mas, se você vai comer com um grupo de pessoas e dividir a conta igualmente, as coisas se complicam. Se o grupo for grande, alguns podem se sentir inclinados a pedir itens mais caros, que não pediriam se estivessem sozinhos, já que vão pagar apenas uma pequena parte do custo extra. Outros podem fazer exatamente o oposto. Thaler pode gostar de uma garrafa de vinho cara, mas se sentiria mal por fazer Sunstein pagar a mais. Quando as respostas às três primeiras perguntas mencionadas são de uma só pessoa, os mercados tendem a funcionar razoavelmente bem, pelo menos contanto que as pessoas disponham de informações adequadas e não tenham vieses comportamentais. (Por ora vamos ignorar as externalidades, mas voltaremos a elas no capítulo 14, sobre mudanças climáticas.)

O oposto é verdadeiro quando se trata do notório sistema de saúde dos Estados Unidos. Nele, os pacientes recebem tratamentos que muitas vezes são escolhidos pelos médicos e (na maioria das vezes) pagos por uma seguradora ou pelo governo. Os valores são, então, divididos entre uma série de provedores de serviços — de médicos a fabricantes de equipamentos, hospitais, empresas farmacêuticas e advogados. Dois pacientes que recebam tratamentos idênticos podem pagar preços completamente diferentes. Não surpreende, portanto, que os Estados Unidos tenham o sistema de saúde mais caro do mundo, com resultados medíocres no que diz respeito à saúde dos cidadãos.

O alinhamento de incentivos é muito comum na economia. Mas, como sempre, é possível desenvolver e enriquecer a análise-padrão lembrando que os agentes da economia são humanos. Claro que mesmo os humanos menos inteligentes passam a comprar menos quando os preços sobem. Mas será que eles vão notar a mudança de preço?

A mudança mais importante a ser feita em uma análise-padrão de incentivos é a visibilidade. Será que os tomadores de decisão percebem de fato os incentivos que recebem? Nos livres mercados, em geral a resposta é sim, mas, em questões importantes, a resposta pode ser não. Vejamos o caso dos membros de uma família urbana que precisam decidir se vão comprar um carro. Imagine que, quando não podem se locomover a pé ou de bicicleta, eles tenham como alternativa o táxi, o transporte público, os aplicativos de carona ou gastar uma boa parte de sua poupança para comprar um carro usado, que poderão estacionar na frente de casa por uma pequena taxa. Se eles comprarem o carro, os únicos custos evidentes serão os abastecimentos, um ou outro conserto e o seguro anual. Provavelmente eles vão ignorar o custo do valor de compra do automóvel. (Em outras palavras, assim que comprarem o carro, vão esquecer o valor que gastaram e parar de pensar no que poderiam ter comprado com ele.) Por outro lado, toda vez que pegarem um táxi, o custo ficará explícito, com o valor no taxímetro aumentando a cada quarteirão. Assim, uma análise comportamental dos incentivos para comprar um carro indica que as pessoas vão subestimar os custos de oportunidade do carro — e possivelmente outros custos menos notórios, como a depreciação — e superestimar os evidentes custos de pegar um táxi.*

Uma análise dos sistemas de arquitetura de escolhas deve fazer ajustes semelhantes. É comum usar o sistema tributário para alterar incentivos, mas quais

* As locadoras de automóveis poderiam se beneficiar ajudando as pessoas a resolverem esses problemas de contabilidade mental.

impostos são importantes? Em muitos países, planos de previdência para a aposentadoria recebem incentivos fiscais, como rendimentos livres de impostos até que o dinheiro seja retirado. Esses incentivos funcionam? O melhor estudo que conhecemos revelou que o efeito dos incentivos é limitado, especialmente quando comparado ao dos (rufem os tambores, por favor)... padrões![14] Os poupadores ricos são mais propensos a prestar atenção aos incentivos fiscais, em parte porque contratam consultores para cuidar do assunto, e estes transferem o dinheiro para contas isentas de impostos, mas isso significa, acima de tudo, apenas movimentação de dinheiro, em vez de aumento da poupança. E o pior: esses incentivos fiscais não são muito visíveis para o público. Nos Estados Unidos, eles são chamados de despesas tributárias, mas ninguém recebe uma conta pelo dinheiro que o governo não está cobrando. Uma política pública sensata no âmbito comportamental avaliaria as políticas com base em sua capacidade de atingir os objetivos e na visibilidade dos custos. Infelizmente, os políticos em geral não estão interessados em dar transparência aos custos de suas atividades.[15]

Claro que é possível manipular a visibilidade, e os bons arquitetos de escolhas podem tomar medidas para direcionar a atenção das pessoas para os incentivos. Antes de ser eleito presidente dos Estados Unidos, Ronald Reagan foi governador da Califórnia. Em 1967, a Califórnia era o único estado do país que não retinha o imposto de renda direto na fonte. Em vez disso, as pessoas tinham que pagar o valor total devido uma vez por ano. Havia um projeto de lei para fazer com que a Califórnia adotasse o mesmo expediente dos demais estados e começasse a reter o imposto na fonte, a cada contracheque, mas Reagan, um conservador no âmbito fiscal, se opôs. Ao justificar sua posição, ele disse uma frase memorável: "Os impostos devem doer". No entanto, os legisladores do estado eram na maior parte democratas, e foram contra a vontade do governador republicano.[16]

Em alguns âmbitos, as pessoas podem querer que a visibilidade dos ganhos e das perdas seja tratada de forma assimétrica. Por exemplo, ninguém vai querer entrar em uma academia que cobre as pessoas "por passo" na esteira. Ao mesmo tempo, muitas pessoas que utilizam a esteira gostam de ver as calorias queimadas enquanto se exercitam (sobretudo porque esses contadores parecem exagerar na estimativa). Para alguns, aliás, talvez fosse melhor um aparelho que indicasse as calorias queimadas em termos de alimentos: após dez minutos eles ganhariam o direito de comer algumas cenouras, mas após quarenta desfrutariam de um enorme cookie.

QUANDO FAZER UMA PAUSA

Uma ferramenta no arsenal do arquiteto de escolhas costuma ser muito negligenciada: quando agendar um intervalo. Em peças teatrais, óperas e concertos, geralmente há pelo menos uma pausa na apresentação, para que artistas e público estiquem as pernas, usem o banheiro, comam alguma coisa e, pelo menos para o público, tenham a chance de procurar lugares mais confortáveis para tirar uma soneca. Os bons arquitetos de escolhas sabem que o momento da pausa é uma parte importante do projeto. Algumas peças são encenadas de uma só vez, sem intervalo, porque simplesmente não há um momento da apresentação em que se possa fazer um intervalo sem arruinar a experiência.

Os autores de livros têm decisões semelhantes a tomar. Qual deve ser a extensão dos capítulos? Romances policiais costumam ter capítulos mais curtos, mas nossos escritores favoritos conseguem terminar cada capítulo deixando o leitor morrendo de vontade de descobrir o que acontece a seguir. Quanta gente já não passou a noite acordada, sonolenta, mas pensando: *Ah, só mais um capítulo*. Você provavelmente notou que este livro não é um thriller ou um concerto, mas somos arquitetos de escolhas obstinados e achamos que este pode ser um bom momento para fazer uma pequena pausa. Prometemos que o próximo capítulo, que resume o que temos a dizer sobre as ferramentas da arquitetura de escolhas, é realmente divertido. Sério! Além do mais, é você quem escolhe se vai fazer uma pausa. Se não quiser, basta virar a página.

6. Mas espere, tem mais

Em muitos países existe uma já antiga tradição de comerciais de TV que passam tarde da noite, anunciando produtos que fazem milagres na cozinha ou que estão ali só para enganar os consumidores desavisados. Esses comerciais sempre usam um princípio simples de contabilidade mental, que é "segregar os ganhos" — ou seja, em vez de descrever imediatamente todos os produtos oferecidos, alguns são oferecidos como bônus especial "se você ligar agora". É nesse espírito que oferecemos duas ferramentas bônus da arquitetura de escolhas: a curadoria e a "diversão". Você pode ler este breve capítulo agora ou deixar para depois. A escolha é sua.

CURADORIA

Quando estávamos trabalhando na versão original deste livro, frequentemente nos encontrávamos no nosso restaurante favorito para almoçar e depois íamos a uma livraria próxima para continuar o papo. Existem muitas livrarias boas em Hyde Park, bairro que abriga a Universidade de Chicago. Talvez alguns leitores se surpreendam por falarmos sobre livrarias com o verbo no presente, mas a verdade é que muitas permanecem em atividade. (Como não mora mais em Chicago, Sunstein sente falta das livrarias de Hyde Park, mas adora a Concord Bookshop em Massachusetts.) Como uma livraria de tijolo e argamassa pode sobreviver na era pós-Amazon, ainda mais no meio de uma pandemia? Embora algumas tenham se diversificado e passado a vender café, lanches e bugigangas, em Hyde Park e em Concord o foco continua a ser os livros. O que as livrarias de sucesso (e outros pequenos estabelecimentos de varejo) têm em comum? Elas são boas *curadoras*.

A curadoria é essencial para qualquer negócio que queira competir com os gigantes da internet. Basicamente, a Amazon vende todos os livros que já foram impressos, e muitos que não foram, e pode entregá-los rapidamente na sua casa, ou em menos de um minuto no seu tablet. Isso significa que o varejista tradicional não pode competir oferecendo *mais* opções. É difícil vencer "tudo o que você quiser". Na verdade, a perspectiva de vagar por um gigantesco armazém abarrotado com (apenas) 1 milhão de livros não é nada atraente. Mas a questão é que fazer compras na Amazon é simples e fácil (além disso, mesmo durante a pandemia de covid-19, nunca precisamos usar uma máscara para fazer compras lá). Como as duas opções sobrevivem? A resposta, claro, é a arquitetura de escolhas. As pequenas lojas utilizam a curadoria para competir, enquanto as gigantes da internet se valem de ferramentas de navegação para facilitar a busca e a escolha entre tantas opções.

Não existe uma receita única para a curadoria, assim como não existe uma forma única de conduzir um negócio de sucesso. Algumas grandes livrarias prosperam não só porque fazem uma boa curadoria, mas também porque proporcionam aos clientes uma experiência incrível — cheia de surpresas, momentos agradáveis e deleite — enquanto eles passeiam pelos corredores, indo da seção de ficção para o cantinho dos livros de mistério. Outras livrarias de sucesso são especializadas em viagens, ficção científica ou arte. Da mesma forma, alguns restaurantes são ótimos justamente porque são bons em uma coisa e se concentram nela. Os melhores lugares para comer yakisoba, cachorro-quente, taco, pizza e costelas costumam ser lojinhas que só vendem esses produtos e nada mais. Cingapura é famosa por seus centros de vendedores ambulantes, onde cada barraca se concentra num tipo de prato. Duas delas até ganharam estrelas Michelin, embora a refeição custe apenas alguns dólares e elas sejam iguais a qualquer outra barraca de comida de rua.[1] Elas fazem curadoria.

Por muitos anos, a loja de vinhos favorita de Thaler em Chicago foi um lugar minúsculo com caixas empilhadas até o teto sem nenhuma ordem aparente. Mas o proprietário, que sempre estava lá, conhecia cada garrafa da loja, e sabia os gostos de seus clientes tão bem quanto um bom algoritmo. Talvez até melhor, porque às vezes sugeria que experimentassem alguma novidade, e Thaler gostava de correr riscos. Os acasos fortuitos podem ser divertidos para livros, música e filmes, e para vinhos também. Uma boa curadoria se livra de opções ruins e apresenta novas.

Essas ideias serão um tema recorrente nos próximos capítulos. A arquitetura de escolhas em áreas que vão de departamentos de RH a planos de previdência e assistência médica deve usar uma combinação de ferramentas de curadoria e navegação. Do contrário, as pessoas vão se atrapalhar. Como já dissemos, algumas pessoas têm uma filosofia simples: basta maximizar as opções. Isso nem sempre é uma má ideia, mas pode ser problemático se não houver ferramentas sofisticadas de arquitetura de escolhas. Por outro lado, uma seleção pequena com boa curadoria e/ou uma boa opção-padrão pode produzir resultados bastante satisfatórios.

DIVERSÃO

A diversão é o elemento final da arquitetura de boas escolhas que estamos discutindo. Como já sabemos, o primeiro mantra do nudge é facilitar a execução da ação desejada. Um bom complemento a esse mantra é o de tornar a ação divertida.

Esse princípio é bem ilustrado por uma famosa passagem de *Tom Sawyer*, o romance de Mark Twain. Tom, um menino travesso, foi punido pela tia Polly por mau comportamento. Sua punição consiste em caiar (pintar) a cerca de Polly na calçada da frente de casa. Tom, que prefere brincar com os amigos, teme não só a tarefa entediante, mas também a vergonha que vai sentir quando os amigos passarem e virem sua situação. Quando o primeiro amigo, Ben Rogers, se aproxima, segurando uma deliciosa maçã, Tom se utiliza de um ótimo truque. Pinta com tanto cuidado e prazer que Ben logo se convence de que caiar a cerca é, na verdade, um privilégio emocionante. Em seguida, Ben lhe oferece sua maçã pelo direito de pintar também. Ao final da tarde, a cerca foi pintada três vezes por vários amigos de Tom, e todos lhe ofereceram alguma coisa pela chance de pintar. Twain escreve: "Se a cal não tivesse acabado, Tom teria levado todos os meninos da vila à falência".

Twain disse que "o trabalho consiste naquilo que o corpo é obrigado a fazer. A diversão, naquilo a que não é obrigado".[2] Sempre que conseguirmos fazer uma atividade parecer uma brincadeira, despertar nossa curiosidade, gerar entusiasmo ou expectativa, descobriremos que as pessoas não só estão dispostas a realizá-la, como podem estar dispostas até mesmo a pagar pela oportunidade!

Esse princípio é muito bem utilizado pela Volkswagen numa série de vídeos produzidos com a agência de publicidade DDB Stockholm, como parte daquilo que a fabricante alemã de carros chama de Teoria da Diversão. A ideia é que as pessoas podem se sentir encorajadas a ser mais conscientes em relação ao meio ambiente e à saúde se o comportamento desejado parecer divertido. No vídeo mais conhecido, assistido mais de 23 milhões de vezes, uma equipe constrói um conjunto gigantesco de teclas de piano numa escadaria ao lado da escada rolante que leva os passageiros de uma estação de metrô de Estocolmo para a rua. Quando o projeto é concluído, as escadas se transformam num instrumento musical, e os passageiros logo são vistos pulando e dançando felizes escadaria acima. Segundo o anúncio, houve um aumento de 66% no número de pessoas subindo as escadas depois que elas passaram a ser divertidas. Não sabemos se esses dados são precisos, e temos muitas dúvidas de que construir pianos funcionais em escadas seja uma estratégia economicamente viável, mas acreditamos nesse princípio. Na verdade, quando estávamos decidindo se faríamos ou não a revisão deste livro, adotamos uma regra simples: só iríamos em frente se o processo fosse divertido.

Percebendo que a escadaria musical era mais divertida do que prática, o pessoal da Teoria da Diversão patrocinou um concurso para gerar outras ideias. A vencedora sugeriu oferecer reforços positivos e negativos de modo a encorajar a direção segura. A ideia era que uma câmera medisse a velocidade dos carros passando numa pista. Quem ultrapassasse o limite de velocidade receberia uma multa, mas parte da receita dessas multas seria distribuída por sorteio para os motoristas que obedecessem ao limite de velocidade. Um teste breve dessa ideia mostrou resultados promissores.[3]

Esse exemplo ilustra um importante ponto comportamental: muitas pessoas adoram loterias. Alguns governos já estão utilizando essa descoberta. O exemplo mais pitoresco é o da cidade de Nova Taipé, em Taiwan, que começou uma loteria para incentivar os donos de cães a limpar a sujeira de seus animais de estimação. Os proprietários que depositavam os dejetos no lugar apropriado participavam de uma loteria para ganhar lingotes de ouro, literalmente transformando fezes de cães em ouro! O prêmio principal era de cerca de 2 mil dólares. A prefeitura afirmou que a iniciativa reduziu pela metade esse tipo de poluição nas ruas.[4]

Na China continental, as loterias são usadas para outra finalidade: fazer com que as pessoas permaneçam em dia com seus impostos. Assim como em muitas partes do mundo, os chineses costumam fazer pagamentos em dinheiro vivo, e é comum que pequenas empresas, como restaurantes, tentem evitar o pagamento de impostos. A fim de combater esse comportamento, o governo criou recibos especiais que o restaurante deve entregar aos clientes no momento do pagamento. E eis o pulo do gato: cada um deles vem com uma raspadinha, o que incentiva os clientes a pedirem o recibo e fazerem com que a transação seja comunicada ao governo. Os ministros das finanças em todo o mundo deveriam tomar nota dessa ideia.

As loterias também podem motivar a busca por uma saúde melhor. Um grupo de acadêmicos, entre os quais Kevin G. M. Volpp, médico e cientista social da Universidade da Pensilvânia, conduziu um experimento a fim de incentivar os funcionários de uma empresa de gestão de saúde a fazerem uma avaliação de risco da própria saúde. Foi oferecido a um grupo de funcionários uma chance de 25% de ganhar cem dólares como um incentivo para participar. A loteria foi um motivador eficaz, aumentando a participação em cerca de 20%.[5]

Quando as loterias são usadas para motivar as pessoas, é importante acertar os detalhes. Os participantes provavelmente acharão a loteria mais atraente se puderem descobrir se teriam ganhado o prêmio. O governo holandês usa esse princípio com eficácia. Uma de suas loterias é baseada em códigos postais. Se o seu código postal for anunciado como vencedor, você sabe que teria ganhado o prêmio se tivesse comprado um bilhete. A ideia é jogar com o sentimento de arrependimento das pessoas.

As loterias são apenas uma forma de oferecer reforço positivo. Seu poder vem do fato de que as chances de ganhar o prêmio são supervalorizadas. Claro, você pode simplesmente pagar as pessoas que fazem a coisa certa, mas, se o pagamento for pequeno, o tiro pode sair pela culatra. (Se o prêmio total da loteria de Taiwan tivesse sido dividido igualmente entre todos os donos de cães que colocaram as sacolas com os dejetos de seus animais no lugar certo, estimamos que o preço pago teria sido de cerca de 25 centavos de dólar por sacola. Alguém se daria o trabalho de limpar a sujeira do cachorro por uma ninharia dessas?)

Uma alternativa às loterias é um programa de recompensas, muito comum no caso de passageiros de companhias aéreas, no qual os pontos podem ser trocados por coisas divertidas. Um brinde grátis pode ser um incentivo melhor do que dinheiro, porque oferece a mais rara das mercadorias: um prazer sem culpa. Esse tipo de sistema de recompensas foi usado com sucesso para encorajar a reciclagem na Inglaterra. Nas cidades de Windsor e Maidenhead, nos arredores de Londres, os cidadãos podiam se inscrever num programa de recompensas no qual ganhavam pontos a depender do peso do material reciclado. Os pontos eram então transformados em desconto no comércio da região. A reciclagem aumentou 35%.[6]

Uma pandemia não tem nada de divertido, mas a ex-primeira-ministra da Nova Zelândia, Jacinda Ardern, tem um ótimo senso de humor e injetou diversão no esforço de combate à covid-19. Num momento crítico, ela anunciou restrições severas à mobilidade da população, mas, com toda a solenidade, informou ao povo neozelandês que o Coelhinho da Páscoa ficaria isento das restrições, assim como a Fada dos Dentes. Ela fez as pessoas rirem enquanto dava um nudge e impunha uma restrição — e com esse comportamento ajudou a erradicar a doença em seu país.

A moral aqui é simples. Torne as coisas divertidas. E se você não sabe o que é diversão, então é porque não está se divertindo o suficiente.

7. Divulgação inteligente

Suponha que você decida comprar um novo smartphone e tenha que escolher, além do telefone, uma operadora. Você acha que dispõe de todas as informações necessárias para fazer uma boa escolha? Nós dois só nos sentiríamos minimamente confiantes para escolher a cor e o tamanho do aparelho porque, para tomar essas decisões, podemos fazer uma avaliação física. Depois disso, ficaríamos confusos. De quantos gigabytes de armazenamento precisamos? Afinal, o que é um gigabyte? O que significa "resolução de 1792 × 828 pixels (326 ppi)"?

Escolher um plano de telefonia é ainda pior. Quantas ligações faremos ou mensagens de texto enviaremos? Qual será o custo da ligação durante viagens? Quantos dados usamos? Esses números vão mudar se adquirirmos um novo celular? Caramba! Podemos voltar para a escolha da cor?

Mas a escolha de um aparelho e de um plano não é a decisão mais importante ou complicada que os consumidores precisam tomar. Qual(is) cartão(ões) de crédito devemos usar? Que tipo de hipoteca escolher? Para onde ir nas férias? A boa notícia é que podemos melhorar nossa tomada de decisões nessas e em outras áreas, e, ao fazer isso, tornar o mercado de bens e serviços muito mais transparente, competitivo e justo. Podemos fazer tudo isso melhorando um aspecto da arquitetura de escolhas: a forma como as informações são coletadas e disponibilizadas aos consumidores. É o que chamamos de divulgação inteligente. Mas, antes de entrarmos nos detalhes de como isso funciona, vamos voltar um pouco.

MEDIÇÃO

É fácil não reconhecer o valor das soluções para muitos problemas que as sociedades enfrentaram antes de haver algo semelhante a uma economia moderna de mercado. Por exemplo, um ponto de partida é a criação de unidades de medida padronizadas. Se eu quiser comprar seus grãos, precisamos combinar a quantidade que você vai me vender. As sociedades antigas inventaram unidades-padrão para medir comprimento, peso e tempo, entre outras coisas. Historicamente, o surgimento do dinheiro é um tema complexo e fascinante.[1] A adoção do dinheiro, ou de outras medidas de valor, proporcionou um aumento da eficiência, porque a dependência do escambo traz muitas limitações. Se você tem peixes e deseja trocá-los por maçãs, não é necessário encontrar alguém com maçãs que queira peixes.

Para criar mercados organizados de commodities, como aqueles que existem para o petróleo, a soja ou o algodão, também é necessário ter unidades padronizadas de qualidade. Alguém que compra um barril de petróleo bruto do oeste do Texas sabe que tipo de petróleo esperar e quanto líquido há em um barril (42 galões americanos, ou 159 litros). Naturalmente, à medida que as sociedades evoluem, novas unidades de medida se fazem necessárias. As velocidades de download são medidas (por enquanto) em megabits por segundo. Em 1980, os consumidores não precisavam dessa estatística.

Ainda hoje, uma função útil dos governos é a criação de unidades padronizadas para facilitar comparações para os consumidores. Isso não é tão fácil quanto parece. Vejamos as medidas de economia de combustível. Intuitivamente, entendemos que um veículo é mais eficiente no uso do combustível se roda mais quilômetros com determinada unidade de combustível, mas em que condições? Os carros consomem menos combustível nas rodovias do que no trânsito da cidade, por exemplo. Se cada montadora puder calcular as próprias medidas e selecionar uma definição específica (que atenda a seus interesses particulares), então os consumidores não serão capazes de comparar os números divulgados pelas fabricantes concorrentes.

Para resolver esse problema nos Estados Unidos, a Agência de Proteção Ambiental utiliza uma maneira uniforme de divulgar a economia de combustível em unidades de milhas por galão (mpg). Curiosamente, na Europa, a economia de combustível é medida em litros por cada cem quilômetros.* Além da conversão para o sistema métrico, que deixa de lado as arcaicas unidades de medida inglesas ainda usadas nos Estados Unidos, observe que o número europeu é o inverso do americano. Nos Estados Unidos, os consumidores veem até onde você consegue ir com uma unidade de combustível, enquanto na Europa eles veem quanto combustível é necessário para percorrer determinada distância. Faz diferença se você relatar a/b em vez de b/a?

Um estudo inteligente de Rick Larrick e Jack Soll mostrou que sim, e que a abordagem europeia é melhor.[2] Para entender o motivo, faça este pequeno teste: Alice substitui um carro que faz 34 mpg por um que faz 50 mpg. Bob troca seu automóvel beberrão que faz apenas 18 mpg por um que faz 28 mpg. Quem economiza mais dinheiro em combustível? A maioria das pessoas diria que Alice, já que ela está aumentando as milhas por galão em catorze, em vez de dez, mas na verdade Bob diminuirá o consumo de combustível em mais de duas vezes! O erro está em pensar que a economia de combustível é uma função linear de milhas por galão. Não é. Portanto, os bons arquitetos de escolhas não só precisam selecionar uma forma padronizada de fazer a medição, como pensar cuidadosamente na maneira ideal de relatar suas descobertas, para que os humanos não fiquem confusos. (Os econos sabem que a resposta certa é Bob.) Até os humanos são capazes de entender que um carro que consome dezesseis litros a cada cem quilômetros usa o dobro de combustível de um carro que consome apenas oito litros.

Outra área regulatória na qual a padronização se revelou importante foi a dos mercados de empréstimos. Talvez você pense que divulgar a taxa de juros de um empréstimo seja algo simples, mas não é. Até 1968, os credores americanos tinham bastante flexibilidade para escolher a forma de divulgar a taxa de juros que cobravam. Para remediar esse problema, o Congresso promulgou a Lei de Proteção ao Crédito ao Consumidor, que exigia que todos os credores divulgassem as taxas de juros usando a mesma fórmula. Esse método de cálculo foi apelidado de taxa de porcentagem anual. Considerando que a lei funcionou

* Aqui, evitamos as questões surgidas a partir da criação dos carros elétricos; se o que está em jogo são as emissões de gases do efeito estufa, essas questões geram seus próprios e complexos problemas de padronização, porque o impacto ambiental de um carro elétrico depende da fonte da eletricidade.

como esperado, essa foi uma excelente arquitetura de escolhas, porque os mutuários passaram a poder comparar o custo dos empréstimos olhando para apenas um número: a taxa de porcentagem anual.

Mas, infelizmente, esse método simples não funciona quando os instrumentos de empréstimo se complicam. Por exemplo, o custo de uma hipoteca não é totalmente capturado pela taxa de juros, especialmente quando essa taxa é variável, podendo mudar de acordo com as condições do mercado. Junto com a taxa de juros inicial, os mutuários precisam saber com que rapidez as taxas podem mudar, quais taxas de juros de mercado geram aumentos no pagamento (você sabe o que significa Libor?)* e uma série de outros detalhes que provavelmente aparecem no contrato em letras miúdas. O que podemos fazer com relação a isso?

Um passo é o governo criar um contrato-padrão no qual todos os detalhes contratuais em letras miúdas sejam regularizados e tudo aquilo que fuja do padrão seja destacado. Os contratos-padrão de aluguel são um bom exemplo. Eles estabelecem o que é considerado normal — como o cheque caução, o uso de um fiador etc. Desvios a essas normas devem ser acrescentados manualmente e acordados por ambas as partes, evitando o uso descuidado da heurística "ah, tanto faz". O benefício nesse caso é que, com a regularização, os consumidores podem comparar facilmente as ofertas de fornecedores concorrentes. Essa é uma ideia que pode ser usada em muitas áreas. Voltaremos a ela quando tratarmos de hipotecas no capítulo 11.

DIVULGAÇÃO INTELIGENTE

A expressão "letras miúdas" é bastante literal. As letras miúdas em um contrato são impressas numa fonte menor do que o resto do texto. Mas a expressão tem um significado mais geral, porque o objetivo de diminuir a fonte de um

* Libor, que significa London Inter-Bank Offered Rate — Taxa Interbancária do Mercado de Londres —, é a taxa de juros de referência com base na qual os principais bancos globais emprestam crédito uns aos outros. Ela é administrada pela Intercontinental Exchange, que pergunta aos principais bancos globais quanto cobrariam de outros bancos por empréstimos de curto prazo.

texto é torná-lo menos proeminente e mais difícil de processar. Os trechos de contrato em letras miúdas contêm as informações que o vendedor é obrigado a lhe dar, mas não deseja que você leia. É nesses trechos que você pode encontrar as *divulgações*.

Se você tem um segredo que não quer que ninguém descubra (digamos, uma paixão por uma estrela de cinema), tem todo o direito de guardá-lo para si. Mas, se você quer vender sua casa, existe uma longa lista de coisas que não pode manter em segredo. Encanamento de chumbo? Telhado com goteiras? Uma grande família de roedores muito amigáveis morando no sótão? Todas essas informações precisam ser divulgadas. Os governos dedicam grande parte de seu tempo para decidir o que deve ser divulgado em quase todas as situações jurídicas concebíveis. Quando chefiava a Agência de Informação e Questões Regulatórias, durante o governo Obama, Sunstein teve a oportunidade de supervisionar muitas dessas regras de divulgação, e percebeu que várias vezes existe uma questão inicial sobre se é necessário exigir que certas informações sejam divulgadas. Talvez os mercados estejam funcionando muito bem e não seja preciso obrigar os agentes a divulgarem determinadas informações. Depois há uma segunda questão: *como* exigir que essas informações sejam divulgadas. Essa segunda questão está sempre relacionada à arquitetura de escolhas. Uma divulgação obrigatória pode não adiantar de nada se for apresentada numa fonte minúscula e usando termos técnicos que os consumidores não entendem.

As regras de divulgação têm uma história antiga, mas eis uma coisa surpreendente: com algumas notáveis exceções, especialmente no setor financeiro, a tecnologia usada para fazer as divulgações quase não mudou. Claro que hoje em dia usamos computadores, mas poderíamos estar usando penas e pergaminhos. Quem é obrigado a divulgar informações ainda as coloca em documentos, sejam eles impressos ou on-line. As especificações técnicas de um par de fones de ouvido estão disponíveis na internet, mas você sabe interpretar os valores de resposta de frequência e sensibilidade?

Neste ponto fazemos a sugestão radical: é hora de as regras de divulgação começarem a usar, pelo menos, a tecnologia do século XX. Para pensadores ousados, as ferramentas do século XXI fariam as coisas funcionarem ainda melhor. Na edição original deste livro, fizemos uma proposta nesse sentido com o canhestro nome de Racap. Era uma sigla cujo significado nem mesmo nós conseguimos lembrar. Algumas pessoas do governo Obama tiveram a ideia de reformular essa ideia sob o nome de divulgação inteligente, termo que ficamos felizes de adotar.

Um documento divulgado pela Casa Branca e ainda em vigor diz o seguinte:

> Conforme usado aqui, o termo "divulgação inteligente" refere-se à publicação oportuna de informações e dados complexos em formatos padronizados e legíveis por máquina, de maneira a permitir que os consumidores tomem decisões informadas. A divulgação inteligente normalmente ocorre quando se fornece aos consumidores individuais de bens e serviços acesso direto a informações e conjuntos de dados relevantes. Essas informações podem envolver, por exemplo, a amplitude dos custos associados a vários produtos e serviços, mesmo os que talvez não estivessem transparentes. Em alguns casos, as agências ou os intermediários também podem criar ferramentas para usar esses conjuntos de dados a fim de fornecer serviços que simplifiquem a tomada de decisão do consumidor. Essa tomada de decisão pode ser melhorada, por exemplo, quando se deixa claro para os consumidores a natureza e os efeitos de suas próprias decisões anteriores (incluindo, por exemplo, os custos e tarifas em que já incorreram).[3]

Não é um texto muito poético, mas a ideia é essa. Resumindo, a divulgação inteligente é um conjunto de políticas destinadas a resolver o problema das letras miúdas e facilitar que os consumidores tomem as melhores decisões. Com base na citação, podemos considerar que ela tem dois componentes principais. Em primeiro lugar, informações complexas devem ser divulgadas e disponibilizadas em formatos padronizados e legíveis por máquina. Para ter uma ideia do formato dessas divulgações, pense numa planilha. Em segundo lugar, qualquer organização, pública ou privada, que mantenha um registro de informações envolvendo o comportamento de indivíduos ou famílias deve disponibilizar esses dados a eles. Em particular, qualquer empresa que mantenha o controle de serviços e dados de uso passados de seus clientes (por exemplo, planos de smartphone, serviços de streaming e qualquer coisa vendida pela Amazon) deve disponibilizar essas informações aos clientes. A ideia é que as pessoas sejam donas dos dados de seu próprio histórico de compras. (Claro, pode haver exceções, como casos que envolvam a segurança nacional, por exemplo.)

Falaremos um pouco mais sobre essas duas ideias, mas devemos enfatizar desde já que imaginamos que apenas os consumidores mais obsessivos e bons em tecnologia usarão esses arquivos por conta própria. Na prática, esses dados seriam exportados para um software concebido para ajudar as pessoas a fazerem melhores escolhas.

Todas as divulgações devem ser legíveis por máquina

Talvez a mais inútil das divulgações (admitimos que essa é uma afirmação ridiculamente forte) sejam os "termos e condições" que todos os provedores de serviços on-line são obrigados a compartilhar com seus clientes. Estamos certos de que os reguladores tinham boas intenções ao exigir cada um dos itens da lista de termos e condições. Mas, ao fazer isso, eles tornaram as divulgações inúteis. Nossos amigos da Behavioural Insights Team, em Londres, nos disseram que os termos e condições para usar o PayPal têm um total de 36 275 palavras. Isso é cerca de um terço da extensão deste livro. Temos o forte pressentimento de que ninguém no mundo, nem mesmo os funcionários do PayPal, chegou alguma vez a ler todas essas palavras. Como um documento assim merece ser chamado de divulgação? Ofuscação parece ser o termo mais apropriado. Que fique claro: nossa intenção aqui não é, de forma alguma, apontar especificamente para o PayPal. Foram nossos colegas da Behavioural Insights Team que fizeram isso. O curioso sobre essas divulgações é que elas estão disponíveis on-line, mas também podem ser uma grande pilha de papéis. Elas não são (facilmente) legíveis por máquina. O objetivo da divulgação inteligente é resolver esse problema. A maneira como compramos viagens hoje em dia mostra como ela pode melhorar as coisas.

Leitores de certa idade, talvez com mais de quarenta anos, talvez se lembrem de uma época em que havia uma categoria profissional chamada "agente de viagens". Se quisesse, por exemplo, voar de Nova York a Paris, depois a Berlim e Roma, para só então voltar para casa, você ligaria para o agente de viagens, que providenciaria os voos e as reservas de hotel. Para organizar a viagem era preciso fazer vários telefonemas. Não estamos inventando isso; pergunte aos seus pais.

Claro que ainda existem agentes de viagens por aí, mas eles se tornaram uma espécie ameaçada de extinção. Qualquer pessoa com um computador ou smartphone pode reservar a viagem que acabamos de descrever usando um site. Ligamos para empresas que ajudam o consumidor a selecionar entre diversos *mecanismos de escolha*. Uma coisa importante a se observar sobre esses mecanismos é que sua capacidade de funcionar depende acima de tudo do acesso, no momento oportuno, a dados precisos sobre preço e disponibilidade. Como as companhias aéreas publicam os dados relevantes on-line (em parte por exigência do governo), os sites de viagens podem pesquisar instantaneamente todos os voos disponíveis.

Alguém talvez esteja se perguntando se os mecanismos de escolha são confiáveis. Assim como qualquer empresa, achamos que eles devem estar sujeitos às leis normais, e que os reguladores devem monitorar seu comportamento. Ao mesmo tempo, existem sites, como o Kayak, que são agregadores de mecanismos de escolha, nos quais os usuários podem pesquisar facilmente em vários mecanismos de escolha ao mesmo tempo para garantir que estão obtendo os preços mais baixos. A existência de metamecanismos de escolha pode ajudar os consumidores a monitorar os preços oferecidos pelos próprios mecanismos de escolha.

Os sites de viagens são muito bons no que fazem, mas pode haver lacunas, porque nem sempre eles fornecem ou mesmo têm acesso a todas as informações relevantes. Em dado momento, por exemplo, as companhias aéreas não eram obrigadas a divulgar, nos preços que postavam on-line, informações sobre os impostos que os consumidores teriam de pagar ao final sobre o valor das passagens. Informado pela economia comportamental, o Departamento de Transportes dos Estados Unidos passou a exigir uma divulgação mais completa; como resultado, os consumidores foram muito ajudados, pois os impostos repassados a eles pelas empresas aéreas caíram substancialmente.[4] Em alguns países, infelizmente, as companhias aéreas não são obrigadas a divulgar todas as taxas, o que significa que buscar um preço para duas pessoas viajando com malas grandes não é algo tão simples quanto poderia ser.

É verdade que esse não é o maior problema do mundo, mas às vezes o hotel cobra o estacionamento do hóspede, e descobrir o custo disso não é das tarefas mais fáceis. Um problema maior é que muitos hotéis e resorts usam duas práticas diabólicas: dividem o preço do estacionamento em componentes menores, sem divulgar o total; ou anunciam apenas parte do preço, divulgando as outras partes somente quando os clientes já estão finalizando suas escolhas (ou fazendo o checkout). Essas duas práticas exploram a desatenção do consumidor e podem desaparecer se a divulgação inteligente for implementada de forma abrangente nesse ramo.

Ainda assim, comprar passagens aéreas é muito mais fácil do que contratar uma hipoteca. Hipotecas têm vários detalhes técnicos que podem ser muito importantes, mas difíceis de compreender para os consumidores, e os credores não publicam os detalhes completos de seus preços on-line. Esse é um dos motivos pelos quais ainda existe uma profissão chamada corretor de hipoteca, enquanto os agentes de viagens estão desaparecendo.

Outra categoria na qual é surpreendentemente difícil encontrar dados são os ingredientes de alimentos. Nos Estados Unidos, os produtores são obrigados a listar todos os ingredientes na embalagem, mas às vezes a lista é longa! E se seu filho tiver alergia a nozes? Para tornar mais fácil ver se um alimento contém possíveis alérgenos, os produtores também são obrigados a listar separadamente, em negrito, a presença de qualquer um dos oito principais alérgenos.[5] Isso é bom. Mas examinar os produtos um a um, procurando a presença ou não de um ingrediente específico, é uma dor de cabeça. Não seria bom se esse aspecto da vida, e da paternidade, fosse facilitado?

Você devia ser dono dos seus dados de uso

Você já notou que os serviços de streaming de música e vídeo são muito bons em prever aquilo de que você pode gostar? Às vezes a impressão é que eles nos conhecem melhor do que nós mesmos. Mas a questão é: de certa forma, eles conhecem!

Vejamos o caso de um serviço de streaming como a Netflix. Em seus primórdios, quando enviava DVDs aos clientes pelo correio, a Netflix tentava adivinhar os gostos das pessoas fazendo com que elas avaliassem um monte de filmes ou programas que tivessem visto. Hoje em dia eles não se dão mais esse trabalho, porque podem inferir seus gostos com base no que você assiste! Você assistiu *Breaking Bad* inteiro ou desistiu depois de três episódios? Você começou e parou ou se empolgou e assistiu três temporadas inteiras num longo fim de semana chuvoso? E se você já é assinante há algum tempo, eles têm uma grande vantagem: lembram-se de tudo que você assistiu ou mesmo começou a assistir! Às vezes, nós, humanos, confundimos os programas policiais, por exemplo.

Há um ponto geral aqui. A Netflix possui algo valioso, que é o acesso ao comportamento anterior de seus usuários. Isso lhe dá uma vantagem sobre qualquer concorrente que esteja começando do zero. Obviamente, a Netflix possui todos os algoritmos que criou para converter seu histórico de exibições em recomendações úteis. Ela não precisa (e não deve) ser obrigada a compartilhar essa propriedade intelectual. Mas será que você também não deveria ter o direito de consultar seu próprio comportamento, os filmes e as séries que viu no passado?

Voltemos à situação dos pais da criança com alergia a nozes. Suponha que eles façam a maior parte das compras num grande supermercado perto de casa. Se esse mercado fizer parte de uma rede, há uma boa chance de que tenha algum tipo de "clube de fidelidade" que mantém o controle do que cada família compra. Achamos que os pais – e todos os outros clientes – devem ter o direito de acessar esse histórico de compras, inclusive de serviços de compras on-line. Mas por que eles iriam querer esses dados? Bem, suponha que, com alguns cliques, eles pudessem baixar a lista de todas as compras que fizeram nos últimos seis meses. Esse arquivo poderia então ser enviado a um site que pesquisasse as compras e encontrasse os produtos que eles talvez gostassem de remover de compras futuras (com base em critérios específicos, como a presença de nozes, número de calorias, excesso de açúcar ou preço). O site poderia até recomendar bons substitutos.

Claro que, para fazer o que estamos sugerindo, esse site precisaria acessar um banco de dados com as listas de ingredientes de cada produto na loja, mas isso seria possível quando a primeira de nossas propostas fosse adotada. Se é possível usar a internet para ver quais são os ingredientes impressos na embalagem de um produto, então deve ser fácil criar um banco de dados de ingredientes. A correspondência com os dados de compra seria simples, uma vez que os produtos são escaneados no caixa e cada item conta com um identificador exclusivo. Se os produtores de alimentos fossem obrigados a manter listas de ingredientes atualizadas num banco de dados on-line, tudo isso seria fácil. Escanear cada produto com o celular para saber se ele tem ou não determinado ingrediente certamente não é o melhor jeito de resolver o problema.

Da mesma forma, escolher um novo smartphone e um plano de dados seria muito mais fácil para um mecanismo de escolha que tivesse acesso a todos os preços de um plano e aos dados de uso anterior do consumidor. Um bom mecanismo de escolha seria capaz até de antecipar de que forma o uso mudaria quando as pessoas comprassem um novo telefone ou tablet. Se os consumidores dessem ao mecanismo de escolha acesso contínuo a seu uso, poderiam obter sugestões sobre como mudar para um novo plano.

A divulgação inteligente não é apenas uma ideia. Nos Estados Unidos e na Grã-Bretanha tem havido muito progresso para começar a transformá-la em realidade. Ainda há muito a ser feito, e ao longo deste livro apontaremos oportunidades de usar essa ferramenta. A seguir, no entanto, daremos mais dois exemplos do Reino Unido.

Hoje em dia muitas pessoas usam sua conta bancária para fazer pagamentos regulares de contas como aluguel, serviços públicos e cartão de crédito. Configurar o débito automático dessas contas é simples e leva apenas alguns minutos, mas é um incômodo, ainda que pequeno. Suponha que um cliente esteja insatisfeito com seu banco e queira trocar. Isso por si só é um aborrecimento que cria certa inércia no banco de varejo, mas o problema é agravado pela perspectiva de ter que reconfigurar todos os débitos automáticos. Só de ler essas frases Sunstein começa a suar. Mas tudo estaria resolvido se ele se mudasse para Londres!

Desde 2018, todos os bancos regulamentados do Reino Unido permitem o compartilhamento de dados financeiros dos clientes — como hábitos de gastos, pagamentos regulares e empresas que utilizam (banco, cartão de crédito ou extratos de poupança) — com fornecedores autorizados que oferecem aplicativos de orçamento ou outros bancos, contanto que você dê sua permissão.* Todo provedor que utiliza o sistema de Open Banking para oferecer produtos e serviços deve ser regulamentado pela autoridade competente. No momento, os nove maiores bancos e cooperativas bancárias estão inscritos no Open Banking Directory, e outros em breve estarão. Um exemplo disso é o aplicativo de finanças pessoais Lumio, que permite conectar todas as suas contas bancárias, pensões e investimentos em um só lugar. A divulgação inteligente possibilita isso.

O outro exemplo do Reino Unido vem do setor de energia, no qual os consumidores podem escolher seus fornecedores. Ter essa escolha parece maravilhoso para qualquer um que more na Califórnia, onde os serviços públicos se tornaram famosos primeiro por causar incêndios florestais e, depois, por interrupções de fornecimento a fim de prevenir os mesmos incêndios. Mas, como vimos, ter opções é uma coisa; fazer boas escolhas é outra.

A principal inovação no ramo de energia do Reino Unido foi exigir que os fornecedores enviassem a seus clientes, nas contas de pagamento, dados de uso num formato legível por máquina (por meio de QR codes), e, em seguida,

* Desde julho de 2021, o sistema de Open Banking está disponível também no Brasil. (N. T.)

trabalhassem com empresas intermediárias terceirizadas para criar motores de escolha. Um exemplo é o aplicativo Uswitch, que permite que você escaneie sua conta de energia com o celular e, em seguida, sugere uma lista de empresas de energia mais interessantes de acordo com seus hábitos de uso.

Que surjam mais iniciativas do tipo!

8. #Sludge

Sludge. substantivo. 1. lama espessa, macia e úmida; 2. mistura viscosa de componentes líquidos e sólidos resultante de processos industriais ou de refino.

Talvez o princípio mais básico da boa arquitetura de escolhas seja o nosso mantra: facilite. Se você quiser estimular certo comportamento, descubra por que as pessoas ainda não o adotaram e elimine as barreiras no caminho. Se quiser que as pessoas tirem a carteira de motorista ou se vacinem, facilite as coisas, acima de tudo aumentando a comodidade.

Claro, esse princípio tem um corolário óbvio: se você quiser desestimular um comportamento, crie barreiras para dificultá-lo. Se quiser dificultar o voto das pessoas, proíba o voto pelo correio e o voto antecipado (opções existentes nos Estados Unidos) e reduza o número de locais de votação (e coloque-os longe dos pontos de transporte público). Além disso, tente fazer as pessoas passarem horas na fila para votar. Se não quiser que as pessoas imigrem para seu país, obrigue-as a preencher vários formulários e esperar meses pela boa-nova por correio (e não por e-mail), e puna-as por responder incorretamente uma única pergunta sequer. Se quiser desestimular a concessão de benefícios econômicos para os mais pobres, exija que eles se cadastrem num site difícil de usar e respondam a um grande número de perguntas (e não se esqueça de incluir algumas bem pouco inteligíveis).

Em todo o mundo, os governos desejam reduzir o consumo de cigarros, mas não os proibiram. Em vez disso, tomaram medidas para dificultar cada vez mais o tabagismo. Quando éramos jovens, todo bar e restaurante dispunha de uma máquina automática de venda para os fumantes que ficavam sem cigarro durante a refeição. Primeiro essas máquinas foram removidas, depois os fumantes foram segregados em áreas para fumantes, e, por fim, o fumo foi totalmente proibido em locais fechados. Naturalmente, as empresas de tabaco se opuseram a essas regulamentações. Na época em que era permitido veicular comerciais de cigarros na TV, os publicitários usavam todas as ferramentas do arsenal de nudges para torná-los atraentes, especialmente para os jovens, que podiam ser induzidos a se viciar pelo resto da vida. As modelos dos anúncios eram sempre lindas, nunca pareciam fedorentas ou doentes.

Nosso ponto é que os nudges — e as ciências comportamentais de maneira mais geral — podem ser e têm sido usados para o bem e para o mal. No capítulo 5 mencionamos a cédula que estimulava os eleitores a votarem em Hitler. Da mesma forma, as pessoas podem ser prejudicadas por programas que não as ajudam. Neste capítulo, investigaremos brevemente o lado obscuro da arquitetura de escolhas. O termo que passou a ser usado para capturar parte desse lado obscuro é sludge. Acreditamos que ele foi usado pela primeira vez por Cait Lamberton e Benjamin Castleman em 2016, num artigo no *Huffington Post*.[1] Tempos depois, Thaler o utilizou no prestigioso canal acadêmico chamado Twitter para expressar sua indignação com uma prática comercial específica que discutiremos a seguir. O termo viralizou e hoje é com frequência usado junto com o símbolo da hashtag.

Mas o que exatamente é um sludge? Não surpreende que o Twitter esteja longe de ser o meio ideal para produzir um termo acadêmico cuidadosamente bem-definido, sobretudo quando em parte ele foi escolhido por causa da rima com nudge. Os acadêmicos tiveram longas discussões sobre um termo melhor, mas sludge acabou vingando, e vamos usá-lo aqui porque é divertido, sem nos prendermos muito a definições. Se quiser se aprofundar no tópico, Sunstein tem um livro (curto) inteiro dedicado ao assunto. (Adivinhe o título...)

Usamos o termo sludge para designar qualquer aspecto da arquitetura de escolhas que gere atrito e dificulte a vida das pessoas que desejam alcançar um resultado que as tornará melhores (segundo seu próprio ponto de vista). Se você não consegue obter ajuda financeira a menos que preencha um formulário de vinte páginas, você foi exposto a um sludge. Se não consegue obter um visto de estudante sem passar por quatro entrevistas, está enfrentando um sludge. Se não consegue realizar um teste de covid-19 ou se vacinar a menos que faça um cadastro num site horroroso, preencha vários formulários e documentos on--line e dirija uma longa distância até o posto de vacinação, onde ainda precisará esperar por duas horas, o sludge está no seu caminho.

Alguns arquitetos de escolhas criam sludge de propósito, acrescentando atrito a um processo com o intuito de atingir seus próprios objetivos. Dificultar o cancelamento de uma assinatura é um exemplo. Dificultar o voto dos mais pobres, que as pessoas se inscrevam num treinamento profissional ou obtenham anticoncepcionais é outro. A expressão *padrões obscuros* faz referência a uma variedade de práticas on-line especificamente projetadas para manipular as pessoas (com o objetivo de tirar dinheiro delas). Alguns padrões obscuros podem ser considerados sludge; geram atrito para impedir que as pessoas cancelem certas cobranças.

Outro tipo de sludge é o resultado inevitável de um processo administrativo bem-intencionado, concebido para garantir que as pessoas realmente se qualifiquem ou tenham direito a algo que desejam. O software que nossos editores nos forneceram quando estávamos revisando as provas deste livro tinha tanto sludge que Sunstein desistiu e digitou uma lista de alterações. Naturalmente nos perguntamos se esse sludge foi projetado para reduzir o número de mudanças de última hora que introduzimos, como esta. Nos Estados Unidos, o termo técnico para essas disposições é *integridade do programa*, e o sludge pode ser um subproduto dos esforços para garanti-la. Imagine que você precise enviar diversos formulários e esperar meses para obter um visto ou abrir um novo negócio. Ou que, para entrar num hospital em caso de emergência, precise preencher um monte de formulários que não consegue entender. Ou, ainda, que, para trabalhar para o Departamento de Estado, precise compilar um caminhão de informações sobre viagens que você e seus amigos fizeram a outros países nos últimos vinte anos.

Algumas formas de sludge muito comuns em instituições governamentais passaram a ser chamadas de burocracia. Um termo mais formal para burocracia é *encargos administrativos*, que Sunstein adora, mas Thaler considera uma forma de sludge. Em todo caso, como é do conhecimento de qualquer pessoa que já tenha trabalhado numa grande empresa privada — de corporações a universidades –, os governos não detêm o monopólio da burocracia. Muitas empresas e organizações sem fins lucrativos (inclusive universidades) impõem uma grande quantidade de sludge, inclusive sobre seus próprios funcionários.

Desde que existe comércio existem canalhas e golpistas, e desde que existem organizações* com mais de uma dezena de funcionários existe sludge em nome da boa governança. Nosso objetivo aqui é deixar os leitores um pouco mais cientes de quando é mais provável haver sludge à espreita e como reduzi-lo ou até mesmo erradicá-lo. Temos total consciência de que estamos vendo apenas a ponta de um grande iceberg e de que não vamos esgotar o assunto. Não queremos criar sludge em nosso próprio livro!

SLUDGE DO SETOR PRIVADO: REVESTIMENTO EXTERNO

Thaler se diz especialista em comportamentos inadequados. Até escreveu um livro com esse título. Quando o livro foi publicado, ele ficou animado ao receber um e-mail de seu editor, compartilhando um link para a primeira resenha do livro, publicada num prestigioso jornal de Londres. Quando ele clicou no link, todo empolgado, se deparou com um paywall. Aff! Mas espere: o jornal estava oferecendo uma assinatura de teste por um mês, por apenas uma libra. Que ótimo negócio! É claro que Thaler sabia que nesse caso teria de fornecer um cartão de crédito, e que inevitavelmente a conta seria automaticamente renovada no fim do mês, então concluiu que seria melhor ler as temidas "letras miúdas".

E não deu outra: como ele suspeitava, assim que o período de teste terminasse, a assinatura seria renovada automaticamente. Nenhuma surpresa nisso. Mas o preço era um pouco salgado: 27 libras por mês para uma assinatura on-line. Ainda assim, uma libra não era um preço muito alto para ler a primeira resenha de um livro que ele conseguira escrever sem a ajuda de Sunstein. Pronto para esbanjar na assinatura temporária, ele foi ver como cancelar a assinatura, o que planejava fazer assim que terminasse de ler a resenha e, assim, evitar o risco de uma assinatura vitalícia. Nesse momento ele teve um pequeno choque. Acontece que, para cancelar a assinatura, ele teria que dar ao jornal um aviso

* Escrever esta frase nos fez perceber que a palavra organização em si é meio divertida. No sentido de contraditória.

prévio de catorze dias, o que significava que a assinatura promocional de "um mês" durava apenas duas semanas. E o pior: não era possível cancelar on-line. Era preciso ligar para o escritório de Londres, e a ligação não era gratuita e tinha que ser feita durante o horário comercial!

Foi essa a experiência que deu origem ao termo #sludge no Twitter.

A armadilha do cancelamento da assinatura

Infelizmente, a história do jornal de Londres está longe de ser uma experiência única, embora seja um pouco extrema. O problema, a nosso ver, não é com as renovações automáticas em si. Na verdade, a renovação automática pode reduzir o sludge. A pressuposição de que o cliente deseja continuar o serviço a cada mês parece razoável no caso de qualquer assinatura. (Imagine como seria se sua eletricidade ou internet fossem desligadas uma vez por mês, a menos que você ativamente renovasse o contrato!) Quando o faturamento é anual, defendemos que o ideal seria receber um lembrete por e-mail, e alguns dos nossos fornecedores de informações favoritos trabalham dessa forma. Fazer isso é uma boa maneira de criar clientes fiéis.

O sludge aparece quando os procedimentos de inscrição e cancelamento diferem significativamente. Por que você pode assinar apenas inserindo os dados do seu cartão de crédito, mas precisa ligar para outro país para cancelar a assinatura? Essa prática usa o sludge como política intencional de retenção, algo que infelizmente é bastante comum. Perguntamos a um representante do jornal o porquê desse requisito e fomos informados de que, antes que os leitores encerrassem abruptamente suas assinaturas, o jornal queria ter certeza de que soubessem como a cobertura deles era vasta. E citou como exemplo a cobertura esportiva do periódico. Ah, claro, seria uma pena não ter mais acesso aos resumos das partidas de críquete. (Temos o prazer de informar que este jornal em particular mudou sua política e passou a permitir que os leitores cancelassem a assinatura por e-mail. Não é tão bom quanto um cancelamento com um clique, mas fizemos o teste e descobrimos que o resto do processo não continha nenhum sludge.)

Muitas organizações parecem fazer dessa assimetria entre a facilidade de adesão e a dificuldade de cancelamento uma parte importante de seu modelo de negócios. Pelo menos nos Estados Unidos, academias e empresas de TV a cabo praticam essa estratégia. Soubemos de uma academia, recém-reaberta depois de um bom tempo fechada por causa da covid-19, que exigia que seus sócios comparecessem presencialmente para cancelar a assinatura. Isso é sludge com uma porção extra de germes! No caso do jornal londrino, pelo menos foi possível descobrir facilmente as regras de cancelamento na página deles, mas em muitos casos os custos de cancelamento estão escondidos nas letras miúdas. No mínimo, achamos que as empresas deveriam ser obrigadas a divulgar seus termos de cancelamento, e em fonte de tamanho normal. Alguns estados americanos foram mais longe. Califórnia e Nova York agora exigem que qualquer assinatura feita pela internet possa ser cancelada pela internet.[2] Também gostamos da ideia de uma "assinatura de formulário-padrão", em que cancelar é fácil e grátis e em que as exceções devem ser destacadas.

Reembolsos

Outra prática comum em negócios cheios de sludge é a do reembolso por correio. Em geral, o vendedor de algum produto se oferece para devolver parte do preço de venda ao cliente após a conclusão do negócio. Segundo a análise econômica padrão, esse tipo de promoção é uma forma de praticar a discriminação de preços. Embora o termo pareça desagradável e possivelmente ilegal, em muitos contextos a discriminação de preços é comum e bem aceita. Ao reservar sua passagem aérea ou seu quarto de hotel muito tempo antes da viagem, você paga um preço mais baixo. Essa política "discrimina" consumidores altamente sensíveis ao preço que estão dispostos a se planejar e a se comprometer com antecedência daqueles que são menos sensíveis a esse fator — por exemplo, aqueles que serão reembolsados pela empresa onde trabalham. Não há nada de pernicioso na discriminação de preços, e de fato a prática reduz o custo para consumidores sensíveis a preços, porque eles recebem subsídios cruzados pagos pelos viajantes de última hora que desembolsam o preço integral.

Nos casos em que há discriminação de preços, para conseguir o preço mais baixo, o consumidor geralmente precisa fazer alguma coisa, como reservar com antecedência ou pegar um voo num horário inconveniente. Pense nisso como um obstáculo que o consumidor deve superar para fechar o negócio. No caso dos reembolsos, o obstáculo está no sludge para obter a devolução, e a quantidade de sludge pode ser considerável. Por exemplo, é comum que o vendedor exija que o comprador envie pelo correio (sim, com selo e tudo) o recibo original da compra e o código de barras da embalagem usado para identificar o produto. Em geral, esse pedaço de papelão está localizado num local inconveniente. Tenha uma tesoura à mão.

Depois de ir aos correios (melhor fazer uma cópia de tudo, só por precaução) e esperar alguns meses, caso tenha feito tudo certo e sua carta não tenha sido "perdida", você receberá um cheque pelo correio, o qual precisa se lembrar de depositar. Não surpreende que apenas de 10% a 40% dos reembolsos sejam resgatados.

Mas por que as empresas se preocupam em oferecer reembolso, para começo de conversa? Ou, dito de outra forma, por que os clientes caem nessa armadilha? Uma boa análise dessa questão está num artigo que inscreveríamos num concurso de melhor título de artigo acadêmico: "Everyone Believes in Redemption" – em tradução livre, "Todos acreditam no reembolso" ou "Todos acreditam na redenção".[3] Em um estudo experimental, os autores descobriram que as pessoas têm um otimismo irrealista sobre a probabilidade de cumprir todos os passos necessários para obter um reembolso: estimavam suas chances de cumprir todos os passos necessário nos trinta dias de prazo máximo em 80%. Na prática, o percentual real era de cerca de 30%. É um exagero dizer que todos acreditam que vão obter o reembolso, mas a maioria das pessoas certamente acredita nisso.

No mesmo estudo, os pesquisadores fizeram três intervenções (com diferentes grupos) para diminuir o viés dos participantes, ou seja, a enorme diferença entre os percentuais de reembolso previstos e reais. Na primeira intervenção, eles informaram aos participantes, de forma muito clara, que nos grupos anteriores menos de um terço das pessoas haviam de fato conseguido o reembolso. Na segunda, emitiram dois lembretes claros: um logo após a compra e outro quando o prazo final para o reembolso estava se aproximando. Na terceira, eles simplificaram o processo de reembolso, eliminando a exigência de que as pessoas imprimissem e preenchessem um formulário.

Nenhuma das três intervenções reduziu o otimismo das pessoas! Em todos os casos, elas ainda achavam que havia cerca de 80% de chance de enviar os formulários pelo correio no prazo previsto. Além disso, as duas primeiras intervenções não tiveram qualquer efeito sobre o que as pessoas de fato faziam. Ao ouvir sobre o comportamento de outros grupos, elas aparentemente pensaram:

"Meu deus, essas pessoas são idiotas. Eu nunca faria isso". Existe uma (triste) lição a se aprender aqui. Dizer às pessoas que algo é perigoso (acumular dívidas no cartão de crédito, beber em excesso, fazer sexo desprotegido) é como informar a alguém que muitas vezes as pessoas dormem demais. Não ajuda muito. Para acordar a tempo, elas precisam de um alarme — talvez até de um Clocky.

A única intervenção eficaz foi o nosso elixir mágico: facilitar. Facilitar o envio do formulário, e com isso reduzir o sludge, aumentou significativamente a disposição das pessoas para agir. A taxa de reembolso subiu para cerca de 54%, o que significa que a disparidade entre crença e comportamento caiu pela metade. Essa é uma evidência concreta do efeito potencialmente significativo da redução do sludge no aumento do bem-estar das pessoas. Mas, é claro, as empresas de marketing provavelmente não vão adotar essa política, porque isso anularia todo o propósito da política de reembolso, que é se aproveitar do excesso de otimismo das pessoas e de sua crença equivocada de que vão obtê-lo.

ATRIBUTOS ENCOBERTOS COMO SLUDGE

Dizem que King C. Gillette, o fundador da empresa de barbeadores que leva seu nome, inventou a estratégia de marketing de dar de graça a navalha e ganhar dinheiro com as lâminas. A ideia era que, se o barbeador fosse basicamente gratuito e você fizesse os clientes adquirirem o hábito de comprar as lâminas, a empresa poderia cobrar um preço mais alto por elas. O modelo parece ter funcionado: a Gillette ainda vende um grande percentual das lâminas de barbear nos Estados Unidos, e elas estão disponíveis no mundo todo. Não encontramos nada de especialmente problemático no exemplo das lâminas (o custo da troca é muito baixo), mas o mesmo modelo é utilizado em vários mercados em que os produtos têm valores mais altos, como no caso das impressoras a jato de tinta. A estratégia: vender a impressora a baixo preço e ganhar dinheiro com a tinta.

Do ponto de vista do bem-estar do consumidor, o problema é que as pessoas podem ter dificuldade para saber o custo real de usar uma impressora. Se você decidir comprar pela internet, é fácil encontrar modelos com todos os recursos mais recentes, como impressão wireless, e eles são baratos, mas tente descobrir quanto custa a tinta e com que frequência é preciso substituir os cartuchos e você terá mais problemas. Além disso, no geral, as impressoras são projetadas para não aceitar cartuchos de outros fornecedores (para garantir que não sejam danificada, claro...).

Os cartuchos de tinta são um exemplo do que os economistas comportamentais Xavier Gabaix e David Laibson chamam de "atributos encobertos".[4] O preço principal do produto subestima o verdadeiro custo para o usuário porque é difícil descobrir os atributos encobertos — e seus custos. Os hotéis costumam encobrir os preços de vários serviços, como estacionamento e wi-fi, e às vezes cobram dos hóspedes algo chamado de "taxa de comodidade", que não é um extra opcional. Como sabe qualquer pessoa que teve a infelicidade de precisar lavar um terno num hotel, o custo é geralmente pelo menos duas ou três vezes maior que o de uma lavanderia local. Obviamente, um hóspede que se preocupe com a economia pode procurar uma lavanderia nas redondezas e mandar lavar o terno lá, mas às vezes é difícil arranjar tempo para esse tipo de tarefa durante uma viagem, seja ela a negócios ou a lazer.

Na nossa opinião, os atributos encobertos devem ser vistos como uma fonte de sludge. Para identificá-los, os consumidores, pacientes, investidores etc. precisam se orientar em meio à substância viscosa. Atributos encobertos dificultam em muito as compras. Obviamente, se uma divulgação inteligente fosse incorporada de forma abrangente a bons buscadores de viagens, o problema diminuiria drasticamente, pelo menos no caso das viagens (até que os hotéis pensem em coisas novas pelas quais cobrar, como o uso do chuveiro). Mas, enquanto esse dia não chega, esse é um mercado carregado de sludge. Como veremos no capítulo 11, o mercado de cartões de crédito também conta com muitos atributos encobertos, que também são bastante comuns nos serviços bancários de varejo.

É razoável se perguntar por que a competição entre cadeias de hotéis ou instituições bancárias não elimina esse sludge, mas ao mesmo tempo é fácil perceber por que isso não acontece. (Lembre-se da discussão sobre o óleo de cobra.) Vamos supor que o Banco Barato anuncie uma "conta-corrente sem tarifas!" e ganhe todo o seu dinheiro com outras tarifas sorrateiras. Digamos que o custo para o banco de manter uma conta-corrente seja de cem dólares por ano, e um concorrente ofereça uma "conta-corrente por apenas cem dólares e sem tarifas ocultas". Quem ganha a batalha? Ninguém abre uma conta-corrente com a intenção de passar cheques que serão devolvidos, assim como ninguém tem a intenção de arranhar toda a traseira do carro ao entrar numa vaga de estacionamento. Mas, de alguma forma, essas coisas acontecem.

Os três exemplos que discutimos aqui – a armadilha da assinatura, o reembolso e os atributos encobertos – têm um aspecto mais geral que os une. Todas essas estratégias têm como objetivo principal tornar os preços menos transparentes. Isso é muito nítido nos dois últimos exemplos, mas no caso da armadilha da assinatura sua importância pode ser menos clara. Um dos motivos pelos quais revistas, empresas de TV a cabo e academias dificultam o cancelamento de assinaturas é o fato de que desejam praticar a discriminação de preços – ou seja, cobrar preços variáveis pelo mesmo produto (um mês de serviço). A maneira de fazer isso é disponibilizar preços apenas para aqueles que criam problemas – por exemplo, ameaçando cancelar a assinatura!

Suponha que um funcionário do setor de atendimento ao cliente de uma empresa pergunte ao consumidor por que ele deseja cancelar a assinatura. Se a resposta for: "Porque é muito cara", ele oferecerá na mesma hora um "desconto especial para clientes fiéis". Na verdade, porém, é exatamente o oposto. Esse é um acordo especial disponível apenas para clientes desleais que ameaçam cancelar a assinatura. Certas empresas de cartão de crédito cobram anuidade de seus clientes e dispensam seu pagamento a qualquer um que ameace cancelar o cartão. Isso é usar o sludge para praticar a discriminação de preços. Como clientes, preferimos negociar com empresas que divulgam seus preços e não oferecem preços mais baixos apenas a quem reclama. Se tivéssemos uma empresa, também seria assim que a comandaríamos.

BUROCRACIA DO SETOR PRIVADO

Embora as agências governamentais tenham a merecida reputação de exagerar nas regras e nos regulamentos burocráticos, o fato é que as empresas privadas, os hospitais e sem dúvida as universidades não costumam ser muito melhores, nem mesmo com seus próprios funcionários (ou talvez sejam especialmente piores com eles). Para que sejam contratados, eles muitas vezes precisam encarar uma avalanche de sludge. No local de trabalho, o dia a dia costuma ter bastante sludge também. Basta perguntar a enfermeiros e médicos que trabalham em hospitais que ainda exigem documentação enviada por fax. (Uma razão para o alto custo da assistência médica nos Estados Unidos é simples: excesso de sludge!)[5]

Um bom exemplo é a forma como as viagens de negócios são monitoradas e reembolsadas. Na verdade, de certo modo, nesse campo o governo dos Estados Unidos oferece a seus servidores uma experiência mais positiva do que as empresas privadas. Se uma viagem foi aprovada (não vamos discutir o que implica essa aprovação), o escritório de viagens do governo geralmente reserva os voos e quartos de hotel diretamente e paga por eles. Até negocia preços especiais. Agora, caso o voo de volta seja cancelado e você se veja obrigado a encontrar outra forma de voltar para casa, boa sorte!

Nossa experiência com regras e regulamentos para viagens no setor privado sugere que se trata de um processo carregado de sludge. Exemplo: você planeja participar de uma conferência em outra cidade, e o voo demora duas horas. A conferência é importante, e não é difícil obter a aprovação para o reembolso da viagem, mas cabe a você decidir se vai ou não. Seu empregador não exige que você vá, mas pagará pela viagem se você for. Eis o problema: nesse caso, pode surgir algo que o fará querer desistir de ir à conferência. Pode ser qualquer coisa. Sempre existe a chance de que algo aconteça, mas suponha que, neste caso específico, você saiba que o risco é maior do que o normal.

Quando você analisa os voos, a companhia aérea oferece duas opções. Há uma passagem de ida e volta barata e não reembolsável por quatrocentos dólares, mas se você não for perderá o valor total. E há uma passagem cara e totalmente reembolsável por 1200 dólares. Nesse caso, qual passagem comprar? Quando um de nós se viu nessa situação, perguntou à universidade para a qual trabalhava o que aconteceria caso comprasse a passagem mais barata e não comparecesse à conferência, sendo informado de que não poderia receber um reembolso por uma conferência à qual não havia comparecido. Assim, ele comprou a passagem mais cara, compareceu à conferência, e a universidade pagou. Sludge!

Alguém que compartilha nossa opinião sobre despesas de viagem é Reed Hastings, cofundador e CEO da Netflix, que escreve sobre o tema em seu livro *A regra é não ter regras*.[6] Pelo título já dá para ver que ele joga no nosso time. Hastings conta a história de um funcionário de sua empresa anterior que reclamou de uma experiência de viagem. Segundo a política de viagens da empresa, se você fosse a alguma cidade, tinha a opção de alugar um carro ou pegar um táxi, mas não os dois. O funcionário alugou um carro porque o escritório do cliente ficava a duas horas da cidade onde ele estava hospedado, mas pegou um táxi para um evento noturno com clientes durante o qual iria beber. Quando apresentou as despesas, o valor do táxi não foi reembolsado. Ele ficou furioso e acabou pedindo demissão, porque não queria trabalhar para uma empresa com uma política tão burra. Quando fundou a Netflix, Hastings prometeu que ela seria comandada de outra forma.

Ele diz que sua mensagem principal para os funcionários é: "Gaste o dinheiro da empresa como se fosse seu". Na prática, isso significa reservar os voos e hotéis que você considera razoáveis, e em caso de dúvida perguntar ao chefe. Os chefes são instruídos a monitorar as despesas, e, se descobrirem que alguém está abusando do sistema, a falar inicialmente com o próprio funcionário, mas estarem preparados para demitir qualquer reincidente. Hastings resume seu ponto de vista – que se aplica a outras áreas, além das viagens corporativas – a dois itens:

- Certas despesas podem aumentar quando há liberdade, mas os custos relacionados a gastos excessivos não são nem de perto tão altos quanto os ganhos proporcionados pela liberdade.
- Tendo liberdade para lidar com as despesas corporativas, os funcionários serão capazes de tomar decisões rápidas e benéficas à empresa.[7]

Ficaríamos felizes em trabalhar para uma empresa como a Netflix.

ADMISSÕES NA FACULDADE

Nos Estados Unidos, o processo de candidatura para faculdades e universidades é complicado, sobretudo para bolsistas. Há sludge em cada etapa do processo. Isso é lamentável, porque os alunos de famílias de baixa renda são extremamente sub-representados nesses espaços. Hoje em dia existem mais alunos do 1% do topo da distribuição de renda frequentando as melhores universidades dos Estados Unidos do que alunos entre os 50% mais pobres! Você talvez pense que esse fato tem uma explicação simples – isto é, que as melhores faculdades são muito caras. Mas a verdade é que muitas das melhores universidades estão mais do que dispostas a arcar com os custos de um curso universitário para alunos qualificados de baixa renda. Além disso, frequentar uma faculdade de elite pode criar muitas oportunidades de carreira atraentes.

Sendo assim, por que os alunos de famílias pobres não se candidatam a vagas com maior frequência? O sludge é um fator importante nesse caso, e eliminá-lo pode ajudar muito a resolver esse problema.

O enorme poder da eliminação do sludge no âmbito educacional foi demonstrado por um experimento de campo em grande escala conduzido pela economista Susan Dynarski e seus colegas.[8] O objetivo era encorajar alunos de alto desempenho no ensino médio provenientes de famílias de baixa renda do estado de Michigan a se candidatarem a uma vaga na Universidade de Michigan (a principal do estado). Para isso, eles abordaram 4 mil desses estudantes no início do último ano do ensino médio. Metade deles recebeu uma carta na primeira semana de setembro — quando começa o ano letivo nos Estados Unidos — *garantindo* auxílio financeiro durante o período de estudos, contanto que eles se candidatassem e fossem admitidos na universidade. Não era preciso preencher formulários complicados para solicitar esse auxílio. Em vez disso, ele seria automaticamente concedido àqueles já elegíveis para receber refeições subsidiadas pelo governo durante o ensino médio, algo que os pesquisadores podiam observar. Os demais alunos receberam apenas uma carta da universidade incentivando a candidatura.

Ao oferecer ajuda financeira ao primeiro grupo, os pesquisadores inverteram o cronograma tradicional das candidaturas, em que o aluno normalmente recebe a bolsa *depois* de entrar para a faculdade, não antes de se candidatar. Assim, os estudantes não só puderam pular o preenchimento dos formulários, como o grau de incerteza que enfrentavam foi significativamente reduzido. Os resultados foram surpreendentes. Apenas 26% dos alunos que não receberam garantia de auxílio se candidataram a uma vaga na Universidade de Michigan, enquanto 68% daqueles que receberam a garantia de bolsa fizeram sua candidatura. As matrículas mais que dobraram, e isso não pode ser atribuído a nenhuma mudança nos incentivos financeiros. Os alunos que não receberam a carta especial, mas ainda assim se candidataram, receberam o mesmo auxílio. Eles apenas tiveram que superar o sludge para obtê-lo.

As faculdades também podem atrair mais alunos eliminando outros aspectos do processo de admissão. A Universidade do Texas, em Austin, por exemplo, admite todos os alunos que estejam entre os 6% melhores de suas turmas no ensino médio.[9] A cidade de West Sacramento, na Califórnia, foi ainda mais longe: fez uma parceria com a Sacramento City College para garantir que, após a formatura, cada um de seus alunos do ensino médio possa estudar na faculdade, que oferece cursos de dois anos.[10] Ao eliminar os formulários, o plano de West Sacramento é tornar o ensino superior a opção-padrão para os alunos do último ano do ensino médio que de outra forma não se dariam o trabalho de tentar uma vaga numa faculdade.

GOVERNOS

Uma das funções mais importantes do governo é criar e fazer cumprir as regras a que os cidadãos devem obedecer. Mas implementar e aplicar essas regras pode ser caro. Ao pensar sobre a política de despesas da Netflix, Reed Hastings estava tentando encontrar um equilíbrio entre "faça o que quiser" e "gaste horas desnecessárias do seu tempo e do tempo de outras pessoas pedindo e obtendo permissões". Esse equilíbrio é alcançado através de uma análise de custo-benefício. O sludge deve ser incluído no lado do custo.

Eis uma analogia: imagine que um governo decida construir uma nova ponte sobre um rio, mas só se a receita do pedágio exceder o custo da ponte (esse custo será descontado da forma correta, claro). Uma boa análise dessa decisão reconhecerá que a cobrança do pedágio é cara. Ela significa, ao mesmo tempo, construir cabines de pedágio e pagar o salário dos cobradores. Mas há outro aspecto da cobrança de pedágio que pode facilmente passar despercebido: *quanto tempo as pessoas vão perder na fila para pagar o pedágio?* O tempo gasto nessa espera é um bom exemplo de sludge, e, embora não sejam arcados diretamente pelo governo, os custos do sludge recaem sobre os cidadãos e são reais.

Quando os governos tomam decisões, muitas vezes dão pouca atenção a esse tipo de custos. No exemplo da ponte, pense em quanto tempo levou (décadas!) para alguém perceber que em muitos contextos não há razão para cobrar o pedágio em ambas as direções. Você precisa pagar um pedágio para entrar de carro na cidade de Nova York, mas pode sair de graça a hora que quiser. Com o tempo, a tecnologia reduziu significativamente o custo de cobrança do pedágio, tanto em termos de mão de obra quanto em tempo de espera do cliente. Os aprimoramentos tecnológicos permitem que os pedágios sejam usados em situações nas quais anteriormente teria sido impossível, como no caso das taxas de congestionamento cobradas de quem entra de automóvel no distrito comercial central de Londres ou de Cingapura. A entrada é monitorada por câmeras.

Consideramos a analogia da cobrança de pedágio útil para refletir sobre muitos regulamentos governamentais, papelada burocrática e encargos administrativos. A avaliação de qualquer regra deve incluir todos os custos e benefícios criados por ela, entre os quais o tempo. O uso da tecnologia para reduzir ou até eliminar o sludge pode aumentar em muito a gama de opções de políticas viáveis.

Os governos tanto criam como reduzem o sludge. Nos últimos anos, o governo dos Estados Unidos impôs a seus cidadãos uma carga de 11 bilhões de horas anuais em aborrecimentos com papelada burocrática. Esse número inclui encargos impostos a hospitais, médicos e enfermeiros, que passam boa parte do tempo atendendo às exigências do governo; pessoas pobres, que tentam obter benefícios aos quais têm direito; caminhoneiros, que precisam preencher inúmeros formulários; alunos, faculdades e universidades; pessoas que precisam de um visto para estudar ou trabalhar nos Estados Unidos. O custo desses 11 bilhões de horas não se mede apenas em tempo. Em muitos casos, o sludge funciona como um muro que as pessoas não conseguem escalar. Como resultado, elas são impedidas de obter autorizações, licenças, dinheiro, assistência médica ou qualquer outro tipo de direito ou assistência. Um esforço para reduzir o sludge pagaria grandes dividendos. A seguir, daremos apenas alguns exemplos do que os governos têm feito para aumentar ou diminuir o sludge.

SLUDGE NO AEROPORTO

Como sabe qualquer pessoa que tenha pegado um voo comercial nos Estados Unidos depois de 11 de setembro de 2001, a experiência de entrar num avião se tornou muito mais complicada. Em 19 de novembro desse mesmo ano, o governo federal criou a Administração para a Segurança dos Transportes (TSA), a fim de realizar as verificações de segurança que se tornaram tão familiares no mundo todo. Embora o orçamento anual da TSA não seja particularmente grande para os padrões do governo (em torno de 8 bilhões de dólares),[11] grande parte do verdadeiro custo dessa operação é o tempo que os passageiros precisam gastar no posto de controle e planejando a hora de chegada no aeroporto. A TSA recomenda que eles cheguem com pelo menos duas horas de antecedência. Duas horas!

Uma inovação bem-sucedida para reduzir a quantidade de sludge no tempo de espera foi a criação dos programas governamentais Global Entry e TSA PreCheck, que permitem que milhões de passageiros regulares passem pelo processo mais rapidamente. Esses programas são verdadeiros destruidores de sludge. As medidas de segurança são bastante reduzidas: os passageiros não precisam descalçar os sapatos ou tirar o notebook da bagagem de mão. Estima-se que isso represente uma economia de centenas de milhões de horas por ano. O que é ótimo. Mas temos certeza de que os custos mundiais das verificações de segurança das companhias aéreas são subestimados, uma vez que não se medem em dinheiro, o que costuma acontecer com o sludge. De forma geral, os custos que os governos impõem aos cidadãos por meio do sludge são negligenciados na concepção e na avaliação das políticas.

SLUDGE VS. SLUDGE ON-LINE

Como todos nós passamos cada vez mais tempo on-line, as pessoas, com razão, começaram a se preocupar com questões de privacidade. Que informações pessoais os sites coletam sobre nós? Algumas delas são recolhidas pelos chamados cookies – arquivos que permanecem no seu navegador e registram dados sobre seu uso, tais como: histórico de navegação, compras e preferências, localização etc. Normalmente, essas informações são usadas para o envio de marketing direcionado.

A União Europeia regula os cookies por meio do Regulamento Geral sobre a Proteção de Dados, e também por meio da Diretiva de Privacidade Digital (ou "Lei dos Cookies"). Esses regulamentos contam com um pouco de arquitetura de escolhas: os cookies só podem ser instalados se o usuário der seu consentimento ativo. Aqueles "estritamente necessários" para a execução dos serviços de um site são excluídos deste requisito (por exemplo, a Amazon tem permissão para usar cookies relacionados a seu carrinho de compras), mas, fora isso, é o usuário quem tem que dar sua permissão ativa para a instalação dos cookies.

É possível que essa política seja uma boa ideia, mas, se você acessou qualquer site que esteja sujeito a esse regulamento, sem dúvida sofreu com sludge. A nosso ver, o problema é que, embora você tenha que ativar a permissão para os cookies, as alternativas não são nada claras. Com base em nossa experiência, se você estiver usando o celular ou outro dispositivo móvel e logar num novo site, imediatamente será exibida uma tela na qual terá que dizer sim ou não para os cookies. O problema surge quando você diz não. Nesse caso, você *não* é transferido de maneira indolor para o artigo que esperava ler. Em vez disso, precisa responder a uma lista interminável de perguntas sobre cookies numa fonte minúscula. Nenhum de nós completou esse processo. Ou a gente desiste de responder às perguntas e diz sim aos cookies ou simplesmente deixa o site.

E pelo jeito não somos os únicos a agir dessa forma. Pesquisadores conduziram um estudo na Alemanha sobre como os usuários reagem aos avisos de consentimento de cookies na União Europeia. Eles descobriram que os sites usam nudges para fazer os usuários consentirem (por exemplo, destacando o botão "aceito" ou escondendo o botão "não aceito" na parte inferior da página), e que muitos sequer oferecem aos usuários a chance de escolher.[12] Num experimento posterior, os pesquisadores descobriram que o posicionamento, a escolha de palavras e o design dos avisos de consentimento "afetam de maneira substancial o comportamento das pessoas" no que diz respeito a eles — e que o nudge tem um forte efeito em suas decisões. O estudo também revelou que apenas 0,1% dos usuários consentiriam livremente em ser rastreados por terceiros se os sites oferecessem essa opção e os usuários tivessem que escolhê-la ativamente. Isso não é nudge, é sludge. No momento em que escrevemos, a União Europeia está considerando realizar reformas nessa área. Esperamos que elas sejam mais sensíveis às experiências do usuário.

IMPOSTOS

A analogia da cabine de pedágio se aplica diretamente a toda e qualquer forma através da qual os governos recolhem dinheiro, e nesse sentido os impostos são o exemplo mais óbvio. O design dos sistemas tributários é tema de uma vasta literatura no campo da economia — mas, para seu alívio, não tentaremos resumi-la aqui. Os fatores que os economistas mais enfatizam são: *incentivos* (como os impostos alteram o comportamento), *patrimônio* (quanto cada pessoa deve pagar), *incidência* (quem realmente paga por um imposto específico) e *conformidade* (até que ponto as pessoas pagam o que devem por lei). É óbvio que tudo isso é importante, mas a essa lista gostaríamos de acrescentar o sludge: quanto tempo e esforço são necessários para pagar ou sonegar determinado imposto. Embora os acadêmicos e legisladores reconheçam a existência desse fator, achamos que muitas vezes ele não recebe o devido peso.

Acreditamos que o código tributário americano está entre os líderes mundiais na produção de sludge. Exemplo: o formulário fiscal mais usado nos Estados Unidos, o Formulário 1040, veio com impressionantes 108 páginas de instruções em 2019, e isso porque já foi reduzido — tinha mais de duzentas páginas alguns anos atrás.[13] O simples fato de ter que seguir todas essas instruções é tão assustador que mais de 94% dos contribuintes americanos contratam um profissional ou utilizam um software para ajudá-los a fazer a declaração; em média, os americanos gastam cerca de treze horas — e cerca de duzentos dólares — para fazer o imposto de renda todos os anos.[14] Enquanto isso, em muitos outros países ricos, fazer o imposto de renda é uma tarefa relativamente indolor.[15] Na Suécia, 80% dos contribuintes enviam a declaração em questão de minutos, de graça, usando apenas o celular.

O sludge no sistema tributário pode vir simplesmente da tarefa de tentar seguir a lei ao pé da letra, mas também pode se estender aos esforços jurídicos para reduzir os impostos a pagar recorrendo a inúmeros incentivos legais. Um dos problemas é que, embora todos sejam a favor do *princípio* de simplificar o código tributário, há grupos que se organizam para evitar a eliminação dos incentivos fiscais específicos dos quais se beneficiam.

Mesmo com o monstruoso código tributário americano que temos hoje, seria possível eliminar uma enorme quantidade de sludge com uma pequena ação sugerida em 2006 por nosso amigo economista Austan Goolsbee.[16] Ele sugere que o Internal Revenue Service (IRS) — o equivalente americano da Receita Federal — envie ao maior número possível de pessoas uma declaração de imposto de renda pré-preenchida, que os contribuintes poderiam submeter facilmente pela internet depois de acessar uma página segura e concordar com os termos. Seria algo semelhante ao sistema usado na Suécia. Quase 90% dos contribuintes poderiam usar o serviço, porque suas declarações são muito simples. Os contribuintes têm a opção de discriminar cada dedução possível (um monte de sludge) ou fazer a dedução-padrão, que, para um casal que fez uma declaração conjunta em 2020, é de 24 800 dólares. Para qualquer família cuja renda provenha de empregadores externos (ou seja, nos casos em que seus membros não sejam autônomos ou empresários) e que escolha a dedução-padrão, o IRS dispõe de todas as informações de que precisa para calcular os impostos a recolher ou devolver. Um recente aumento na dedução-padrão é o motivo pelo qual tantos contribuintes poderiam usar esse serviço.[17]

Devemos enfatizar que o modelo de declarações de impostos pré-preenchidas não geraria muito trabalho extra para o IRS. A renda salarial é informada ao IRS pelo empregador, e a renda proveniente de investimentos é informada por bancos e firmas de investimento. O IRS sabe calcular os impostos porque, quando você faz sua declaração, um programa de computador verifica se seus cálculos batem com os da agência. No momento em que escrevemos, o legislativo canadense propôs um plano muito semelhante.[18]

Você pode estar se perguntando: por que uma ideia obviamente tão boa ainda não foi adotada? Bem, você sem dúvida consegue imaginar quem se oporia a ela: as empresas que ganham dinheiro cobrando as pessoas para fazer suas declarações de imposto de renda! Novidade: os lobbies empresariais exercem um efeito poderoso no Congresso. Em vez de apoiar um projeto de lei exigindo que o IRS ofereça um modelo gratuito de declaração de imposto de renda, eles convenceram o Congresso a aprovar um projeto de lei proibindo que isso seja feito! Em troca, essas empresas prometeram fazer as declarações "de graça". É óbvio que apenas clicar num "sim" é mais simples do que ser obrigado a entrar num escritório físico ou num site na internet, e qualquer um que tenha esse trabalho extra provavelmente vai se deparar com mais sludge, como um empréstimo de antecipação do reembolso do imposto ou uma proposta para fazer o imposto de renda estadual — algo comum nos Estados Unidos e que também deveria ser feito automaticamente.

O modelo de envio de uma declaração de imposto de renda pré-preenchida tem outra vantagem, que é o fato de o governo poder garantir que os contribuintes solicitem e recebam quaisquer benefícios fiscais a que tenham direito, mas que por ora precisem solicitar ativamente. O Crédito Fiscal por Remuneração Recebida é um exemplo. Seu objetivo é incentivar o trabalho e transferir renda para os trabalhadores pobres, e ele conta com uma série de benefícios de curto e longo prazos para os trabalhadores e seus filhos. O IRS dispõe de todas as informações necessárias para fazer esses ajustes para os contribuintes elegíveis, mas muitos deixam de preencher o formulário obrigatório para receber o pagamento e, com isso, não obtêm o subsídio que o Congresso pretendia que recebessem. Resultado: cerca de 20% das pessoas aptas a receber esse importante benefício acabam não recebendo nada.[19]

Além da declaração de imposto de renda pré-preenchida, há muito que o governo pode fazer para reduzir os bilhões de horas gastos atualmente no cumprimento da legislação tributária. Formulários mais simples e curtos ajudariam. Além disso, qualquer análise de novas propostas fiscais deveria levar o sludge em conta.

Um exemplo é o conceito de imposto sobre fortunas, em que as famílias são tributadas com base na riqueza que detêm acima de determinado limite (alto). Na campanha das primárias democratas de 2020, a senadora Elizabeth Warren propôs um imposto sobre fortunas para famílias com patrimônio líquido superior a 50 milhões de dólares. No quesito sludge essa é uma proposta sensata, porque a vasta maioria das famílias ficaria isenta.

Não se preocupe, não nos sentimos qualificados ou inclinados a analisar o mérito de um imposto sobre fortunas. Imaginamos que a proporção da riqueza detida pelo 1% ou 0,01% das famílias mais ricas do país tenha aumentado muito ao longo do tempo e compreendemos e simpatizamos com os motivos para se pensar num imposto sobre fortunas como modo de mitigar essa desigualdade crescente. Mas nossa preocupação aqui é o sludge, e, num imposto sobre fortunas, seria inevitável o surgimento de uma montanha de sludge. O problema essencial é: para cobrar esse imposto é preciso saber quanta riqueza alguém possui, e isso não é tão fácil quanto pode parecer.

Os casos simples se dão quando a maior parte da fortuna é mantida em títulos de mercado com liquidez — por exemplo, ações negociadas publicamente. A riqueza que Jeff Bezos detém em ações da Amazon é fácil de medir. Mas e quanto ao resto? Durante a campanha, a senadora Warren dizia que cobraria impostos sobre joias, obras de arte e iates de bilionários.[20] Vejamos como seria difícil fazer isso no caso das obras de arte. Existem dois problemas fundamentais: não sabemos que obras de arte as pessoas têm, nem quanto elas valem. Não existe um registro nacional (muito menos internacional) de obras de arte. Para tributar o patrimônio, o IRS teria de conhecer cada obra de arte em poder de cada família rica e seu valor de mercado atual.* Agora pense em joias, selos ou memorabilia de esportes.

Nosso objetivo aqui não é fazer você derramar uma lágrima pelos contadores e marchands de bilionários. Em vez disso, pense apenas no número de funcionários que seriam necessários para administrar esse imposto. Bem, talvez você pense que o sludge poderia ser reduzido limitando o imposto aos bens mantidos em ativos líquidos, mas é claro que isso encorajaria os ricos a colocarem ainda mais dinheiro em outras formas de riqueza, e poderia induzir grandes empresas a tirarem suas ações da bolsa e se tornarem privadas, como a Cargill ou a Fidelity Investments. Elas seriam incentivadas a fazer isso porque é difícil determinar o valor de uma empresa privada que não negocia suas ações.

Nossa mensagem é clara: cada parte do sistema tributário deve ser projetada com um olhar atento sobre o sludge. Se o objetivo é cobrar mais impostos dos ultrarricos, pensamos que tributar grandes heranças como renda ordinária é um caminho mais promissor. Outra possibilidade é o imposto sobre propriedade, mas ele precisaria de uma reforma substancial, porque o atual é redigido e executado de uma forma que gera uma elevada proporção de sludge em relação à receita.

COMO REDUZIR O SLUDGE: UM PASSO DE CADA VEZ

Voltemos ao exemplo do pedágio. Ao empregar apenas um pouco de tecnologia, como câmeras, os motoristas poupam inúmeras horas de espera na fila. Tempo é dinheiro, como dizem, e tempo também é tempo; os legisladores deveriam se esforçar para dar mais tempo às pessoas. Infelizmente, porém, os governos podem ter dificuldade para implementar mudanças do tipo. Com a mecanização, a maioria dos cobradores de pedágio — ou todos eles — é demitida, e isso acaba provocando a oposição dos sindicatos. Os defensores da privacidade vão se preocupar com as câmeras. De modo mais geral, sobretudo em comparação com o setor privado, os governos não estão preparados para fazer disrupções.

* Eis outra fonte de sludge no imposto sobre fortunas: se o imposto só se aplica a fortunas acima de 50 milhões de dólares, em que nível de riqueza uma família deve fazer a declaração de imposto de renda? Se uma pessoa tem meros 30 milhões de dólares, ela precisa provar ao IRS que não tem 60 milhões? Isso já basta para mostrar que temos muitas perguntas.

No início deste capítulo, mencionamos Reed Hastings, CEO da Netflix. A Netflix é uma empresa que pratica a disrupção a todo momento. Quando criou o modelo de envio de DVDs físicos para clientes pelo correio — algo muito longe da alta tecnologia —, ela enfrentou a Blockbuster, líder de mercado entrincheirada na posição, que por sua vez havia praticado a disrupção na mesma indústria de aluguel de filmes, que na época era relativamente nova e se baseava sobretudo em pequenas empresas. Hastings e o cofundador da Netflix tentaram vender sua startup para a Blockbuster por 50 milhões de dólares, mas a oferta foi recusada. Hoje em dia existe apenas uma locadora de vídeo Blockbuster.[21] A Netflix praticou a disrupção outras duas vezes no setor: primeiro oferecendo um serviço de streaming, e depois criando seu próprio conteúdo. De modo mais geral, muitas das maiores empresas do mundo — como Amazon, Apple, Google, Meta, Microsoft e Tesla — são relativamente novas.

A única maneira de algo semelhante acontecer com governos é lutando e vencendo guerras. Sim, a Guerra Fria foi "travada" sobretudo de forma pacífica, e o capitalismo "derrotou" o comunismo. Mas, dentro dos países, mesmo nos raros casos em que novos partidos surgem e vencem a eleição presidencial, como o En Marche! de Emmanuel Macron, na França, eles herdam toda a burocracia governamental, e, quando o assunto é sludge, mesmo pequenas mudanças podem ser recebidas com ceticismo e resistência (sobretudo entre advogados, que, como Sunstein pode atestar, por vezes insistem que a lei exige a existência de sludge). Para aqueles que não desejam ou não podem se mudar para outro país, o mais perto que se pode chegar de escolher o governo é escolher a cidade ou o município em que se vive, mas a cidade é apenas parte de um sistema com diversas camadas. Se os britânicos, italianos ou holandeses preferem o governo do Canadá, da Nova Zelândia ou da Suíça, eles estão sem sorte. Não dá para deixar de ser um país impregnado de sludge de uma hora para outra e se tornar uma nação que trava — e vence — batalhas históricas contra o sludge.

Tudo isso significa que o progresso na redução de sludge nos governos provavelmente acontecerá a passos lentos. Sunstein ocupou um cargo na administração Obama no qual tinha o poder de tomar medidas para reduzir o sludge. Ele fez o que pôde, mas gostaria de ter feito muito mais. Nos Estados Unidos e em outros lugares, ainda resta muito sludge, e muito pode ser feito para reduzi-lo. Não deveríamos todos começar a trabalhar? Que tal começar com o sludge que você cria para si mesmo e para os outros?

Parte III

Dinheiro

Esperamos que a esta altura você esteja convencido de que o paternalismo libertário não é tão louco quanto parece e que as ferramentas da arquitetura de escolhas podem ser formas poderosas de influenciar decisões, para o bem ou para o mal. Mas você pode estar se perguntando: por que eu deveria me importar com tudo isso? Essa pergunta nos lembra de uma cena famosa do filme *Jerry Maguire*, quando o personagem de Tom Cruise (um agente esportivo) pergunta o que pode fazer por seu cliente, interpretado por Cuba Gooding Jr. Após alguns segundos de expectativa, Gooding responde de forma sucinta: ME MOSTRE A GRANA!

Nos próximos quatro capítulos tentaremos lhe mostrar a grana. Como podemos usar a arquitetura de escolhas para melhorar o bem-estar financeiro das pessoas? Continue a leitura. E guarde o troco.

9. Poupe Mais Amanhã

Quando era um jovem estudante de direito, Sunstein foi entrevistado para empregos de verão em escritórios de advocacia em Washington. Durante uma entrevista, conversou com um sócio sênior, uma das pessoas mais importantes da empresa, que fez a clássica pergunta: "O que você mais gostaria de me perguntar?". Apavorado, Sunstein respondeu timidamente: "Qual é a melhor coisa sobre a sua empresa?". E a resposta do sócio sênior: "Temos um plano de previdência realmente incrível!".

Sunstein não sabia muito bem o que era um plano de previdência. Algo para idosos? Tinha a ver com aposentadoria? Uma pessoa precisa mesmo de um plano de previdência? Em todo caso, ele teria preferido uma resposta que tivesse a ver com o almoço. Mas agora ele sabe — e não apenas porque está mais velho — que ajudar as pessoas a planejar a aposentadoria é muito importante.

Economizar para a aposentadoria é uma das tarefas mais difíceis que os humanos enfrentam. Só os cálculos já são complicados o suficiente, mesmo com um bom programa de computador para ajudar, implementar o plano envolve muita autodisciplina. Além disso, é uma tarefa relativamente nova para nossa espécie, então ainda estamos descobrindo a melhor forma de executá-la. Ela é nova porque, durante a maior parte do nosso tempo na Terra, não tivemos que nos preocupar em economizar para a aposentadoria, uma vez que a maioria de nós morria antes que esse problema surgisse. Os poucos sortudos que chegavam à velhice geralmente ficavam sob os cuidados da família.

Recentemente, porém, com o aumento da expectativa de vida e a dispersão geográfica das famílias, as pessoas começaram a ter que se preparar para não ter que depender dos filhos. Considerando o curso da história humana, trata-se de um período de tempo muito curto. Os humanos cozinham há milênios e muitos ainda não sabem fazer ovos mexidos, então não surpreende que precisemos de ajuda nessa tarefa mais complexa. Para resolver o problema, empresas e entidades públicas começaram aos poucos a tomar medidas — a primeira delas, durante o governo de Otto von Bismarck, na Alemanha, em 1889.[1]

Os primeiros planos de pensão eram de benefício definido, e tinham esse nome porque as promessas feitas aos trabalhadores diziam respeito aos pagamentos, ou benefícios, que eles receberiam quando se aposentassem. Nesse tipo de plano o contribuinte geralmente tem direito a um pagamento contínuo que começa quando ele se aposenta e segue até o resto da vida. Nos planos privados, normalmente o trabalhador tem direito a receber um benefício proporcional ao salário dos últimos anos na ativa e ao tempo de contribuição.

Do ponto de vista da arquitetura de escolhas, os planos de benefício definido têm uma virtude importante: são condescendentes até mesmo com o mais estúpido dos humanos. No sistema de previdência social americano, por exemplo, as únicas decisões que os trabalhadores precisam tomar são quando começar a receber os benefícios e como coordená-los com o cônjuge. Quase não há sludge. A maioria das pessoas só precisa preencher um único formulário, quando solicita um número de Previdência Social, e na verdade esse formulário geralmente é preenchido pelos pais. Então, elas só precisam fornecer esse número ao empregador quando começam a trabalhar — e isso é algo que precisam fazer de qualquer maneira se quiserem ser pagas! No setor privado, os planos de benefício definido também são simples e complacentes, contanto que a pessoa continue trabalhando para o mesmo empregador e que este continue existindo (duas condições importantes).

Embora o plano de benefício definido seja cômodo para alguém que permaneça no mesmo emprego durante toda a vida, os profissionais que mudam de trabalho com frequência podem acabar praticamente sem pensão na aposentadoria, porque, pelo menos nos Estados Unidos, em muitos casos é preciso que a pessoa tenha um tempo mínimo de casa em uma empresa (digamos, cinco anos) para passar a ter direito ao benefício (o benefício, nesse caso, é o valor aportado pela empresa). Além do mais, o custo de administração desses planos é caro para os empregadores. Assim, em 1980, quando um novo tipo de plano de aposentadoria baseado no empregador foi criado nos Estados Unidos – e estranhamente batizado de 401(k), em referência ao trecho da lei que o tornou possível –, as empresas começaram a mudar para os chamados planos de contribuição definida, que desde então se tornaram a regra.

O termo *contribuição definida* vem do fato de que os planos estipulam apenas quanto os empregadores e seus funcionários contribuem (investem) numa conta livre de impostos em nome do funcionário. Embora as contribuições sejam definidas, os benefícios recebidos pelos empregados ao se aposentar dependem das decisões que eles tomam sobre quanto economizar e como investir, e do desempenho dos investimentos que escolhem fazer. A estrutura de contribuição definida vem sendo adotada em todo o mundo para substituir ou complementar os programas tradicionais de previdência privada de benefício definido patrocinados pelo governo. Discutiremos um exemplo desse tipo no próximo capítulo.

Os planos de contribuição definida têm muitos aspectos positivos para os trabalhadores de hoje. Para início de conversa, são completamente portáveis – ou seja, os trabalhadores têm total liberdade para transferi-los de um emprego para outro. Também são customizáveis, o que lhes permite mudar suas decisões de quanto poupar e quanto investir de modo a refletir sua situação financeira e suas preferências em relação ao risco que desejam correr. No entanto, essa capacidade de controlar o próprio destino vem com a responsabilidade de tomar boas decisões. Quando você dirige, tem mais opções do que quando pega o transporte público, mas, se não prestar atenção (ou se for um péssimo motorista), pode acabar se envolvendo num acidente. É o trabalhador quem precisa aderir ao plano, definir por conta própria quanto vai poupar, administrar o portfólio durante anos e decidir o que fazer com a renda ao se aposentar. As pessoas podem considerar todo esse processo um tanto assustador, e grande parte acaba se atrapalhando.

AS PESSOAS ESTÃO POUPANDO O BASTANTE?

Às vezes, uma boa arquitetura de escolhas é aquela que simplesmente facilita a vida, tornando a tomada de decisão tão simples quanto seguir as instruções no

Google Maps. Nesses casos, o arquiteto de escolhas não está encorajando ou desencorajando nenhuma escolha em particular, apenas facilitando ao máximo o processo de decisão e implementação. Essa abordagem costuma produzir bons resultados, mas há vezes em que o arquiteto de escolhas abandona a meta da neutralidade (que, seja como for, é impossível de atingir por completo) e decide dar um leve nudge, encorajando certas escolhas e desencorajando outras. Quando esse tipo de nudge se justifica? Não existe uma resposta simples para essa pergunta, mas lembre-se: sempre que damos um nudge em qualquer direção, devemos ter a certeza de que provavelmente vamos melhorar a vida das pessoas, de acordo com o julgamento delas próprias. Parte deste capítulo é dedicada ao objetivo de ajudar as pessoas a aumentar suas economias para a aposentadoria. Esse é um objetivo legítimo?

Uma pergunta básica a se fazer sobre qualquer sistema de plano de previdência para a aposentadoria (tanto público quanto privado) é se as pessoas estão atingindo o objetivo final de ter dinheiro suficiente para viver com conforto depois de parar de trabalhar. Essa é uma pergunta fundamental. E, ao que parece, também é complexa e controversa. É difícil respondê-la, em parte porque os economistas não são unânimes quanto ao valor que deve ser poupado — ou seja, qual é o nível de renda apropriado para quem se aposenta? Alguns argumentam que as pessoas devem tentar se aposentar com uma renda pelo menos igual à de quando trabalhavam, porque nos anos de aposentadoria geralmente realizam atividades custosas e que consomem tempo, como viagens. Além do mais, em muitos países, os aposentados precisam se preocupar com o aumento de custos relacionados à saúde. Outros economistas, porém, afirmam que os aposentados podem aproveitar o tempo livre para ter um estilo de vida mais econômico: poupar o dinheiro que antes era gasto com roupas para trabalhar, fazer compras de maneira mais cuidadosa, preparar as refeições em casa e aproveitar as tarifas reduzidas e gratuidades para a terceira idade. Com base nessas considerações, esses economistas estabeleceriam uma meta de poupança mais modesta.

Não adotamos uma postura inflexível nesse debate, mas levamos alguns pontos em consideração. Em primeiro lugar, parece claro que o custo de poupar de menos geralmente é maior do que o custo de poupar de mais. Neste último caso, existem muitas possibilidades: se aposentar mais cedo, gastar com lazer ou viagens, mimar os netos. Enfrentar a situação oposta — isto é, continuar trabalhando ou aceitar um estilo de vida mais econômico – é menos agradável. Em segundo lugar, *algumas* pessoas estão sem dúvida poupando de menos: os trabalhadores que não estão inscritos num plano de previdência (ou nem têm a possibilidade de se inscrever). Também nos preocupamos com aqueles que chegam à meia-idade e não começaram a fazer o pé de meia – ou que às vezes têm mais dívidas do que dinheiro guardado. Essas pessoas poderiam se beneficiar de um nudge para poupar mais.

Muitos trabalhadores sabem que deveriam estar poupando mais. Em um estudo, 68% dos participantes inscritos em um plano de contribuição definida afirmaram que achavam estar poupando menos do que deveriam, enquanto 31% disseram que poupavam na medida certa e apenas 1% declarou que poupavam demais.[2] Os economistas tendem a desconsiderar afirmações do tipo, e em parte têm um bom motivo para isso. É fácil dizer que você "deveria" estar fazendo muitas coisas boas – entrando numa dieta, se exercitando, passando mais tempo com os filhos –, mas um ato vale mais do que mil palavras. Quando as pessoas dizem que deveriam estar poupando mais, talvez não estejam pensando que deveriam gastar menos; talvez estejam apenas dizendo que seria bom ter mais dinheiro no banco.

E o fato é que poucos dos que afirmaram que deveriam estar poupando mais mudaram de comportamento depois. Acontece, porém, que essas afirmações não são casuais nem aleatórias. Na virada do ano, muitos anunciam a intenção de comer menos e se exercitar mais no ano seguinte, mas poucos dizem que esperam fumar mais ou comer mais frituras. Interpretamos que a declaração "Eu deveria estar economizando (ou fazendo dieta ou me exercitando) mais" significa que as pessoas estão dispostas a adotar estratégias que as ajudem a alcançar esses objetivos. Em outras palavras, elas estão abertas a um nudge. Talvez até se sintam gratas por recebê-lo.

As primeiras experiências com planos de contribuição definida revelaram que os humanos poderiam se beneficiar de ajuda em três situações: no momento de se inscrever no plano, de aumentar o percentual de contribuição e de melhorar os retornos do investimento. E os nudges se mostraram úteis nessas três frentes.

A DECISÃO DE ADERIR: COMO ESTIMULAR AS PESSOAS A PARTICIPAR DE UM FUNDO DE PENSÃO

O primeiro passo para participar de um plano de contribuição definida é aderir a ele. A maioria das pessoas deveria considerar essa decisão muito importante. Nos Estados Unidos e em muitos outros países, contribuições para a previdência privada podem ser dedutíveis do imposto de renda, permitem reduzir a tributação sobre o capital acumulado, e, em muitos casos, o empregador contribui com o equivalente a pelo menos parte do aporte feito pelo funcionário. É comum, por exemplo, que a empresa iguale até 50% da contribuição do trabalhador até determinado limite — digamos, 6% do salário.

Esse aporte é praticamente um presente. De imediato o participante tem um retorno de 50% sobre as contribuições. Excluindo-se as pessoas mais impacientes ou mais necessitadas, é evidente que vale a pena aproveitar essa oferta. Ainda assim, o percentual de adesão a planos do tipo está longe de 100%. Em geral, funcionários mais jovens, com menos escolaridade e salário mais baixo têm menos probabilidade de aderir, mas também há trabalhadores muito bem pagos que deixam de participar.

Claro que há situações em que é sensato não aderir ao plano de imediato, mesmo que o empregador contribua — caso, por exemplo, de jovens trabalhadores que têm necessidades econômicas mais urgentes. Mas, na maioria dos casos, deixar de fazê-lo é simplesmente um erro, sobretudo se o funcionário tiver mais de trinta anos, e, nessa situação, um nudge direcionado (acompanhado, claro, de uma política de saída do plano sem complicações) se justifica. Como podemos estimular essas pessoas a aderir a tais planos mais cedo?

Olhando em retrospecto, a solução para o problema da adesão é óbvia. Facilitar! É preciso mudar a norma-padrão e fazer com que a adesão seja automática. Quando os planos foram criados, a norma-padrão era que o funcionário que tinha direito de aderir (às vezes, imediatamente após ser contratado) precisava receber e preencher alguns formulários. Aquele que desejasse participar precisaria decidir quanto poupar e como alocar os investimentos entre os fundos oferecidos pelo plano. Formulários podem ser uma verdadeira dor de cabeça, e muitos funcionários simplesmente os deixam de lado, tratando-os como sludge.

A alternativa a isso é adotar a adesão automática. Funciona assim: quando o funcionário passa a ter direito a aderir ao fundo, recebe uma carta comunicando que passará a fazer parte dele (especificando o valor do aporte e como ele será alocado), a menos que solicite sair do plano. Não é preciso ser um gênio para perceber que funcionaria. Na verdade, um de nós — que certamente não é nenhum gênio — sugeriu a ideia num artigo publicado em 1994.[3] Ninguém pareceu notar. Algumas empresas, inclusive a gigante de fast-food McDonald's, tentaram implementar a ideia, mas a política recebeu um nome pavoroso: "Eleição negativa".[4] Até mesmo uma boa ideia pode ser assassinada por um nome ruim.

Além do nome ruim, algumas empresas temiam que a adesão automática fosse ilegal, uma vez que a empresa estaria agindo sem a permissão explícita (ativa) do funcionário. Para ajudar a amenizar esse medo, o governo federal americano emitiu uma série de decisões e pronunciamentos que definiram, aprovaram e promoveram o uso da adesão automática.[5] Isso ajudou a tranquilizar empregadores cautelosos, embora sem querer tenha criado um problema, ao qual retornaremos em breve.

Um marco importante foi a publicação de um artigo acadêmico sobre a adesão automática de autoria de Brigitte Madrian e Dennis Shea.[6] Shea havia trabalhado numa empresa que experimentou a ideia e decidiu recrutar Madrian, na época professora de economia da Universidade de Chicago, para ajudá-lo a avaliar os resultados. A empresa recorrera à adesão automática porque vinha tendo problemas para fazer os funcionários aderirem ao plano da maneira usual, através da inscrição ativa, mesmo oferecendo generosos 50% de contribuições sobre até 6% do salário pago após um ano de emprego. Para avaliar o efeito da adesão automática, Madrian e Shea compararam o percentual de trabalhadores que haviam aderido ao plano no ano anterior à alteração da política com o percentual de adesão após a mudança no padrão. Os resultados foram surpreendentes. No sistema em que o funcionário precisava aderir ativamente, apenas 49% dos funcionários se inscreveram até um ano depois de começarem a trabalhar na empresa, mas, com a adesão automática, o número saltou para 86%. Ou seja, apenas 14% optaram por não participar!

Com o auxílio de outras leis, promulgadas em 2006, a adesão automática decolou e hoje em dia é bastante comum nos Estados Unidos e em todo o mundo. O sucesso em fazer as pessoas aderirem ao plano está comprovado. Em 2018, a Vanguard fez um relatório com base nos 473 planos que gerenciava mostrando que 59% dos empregadores em sua amostra utilizam a adesão automática, com uma taxa média de participação de 93%.[7] Em contraste, as empresas que ainda exigem que os funcionários optem por aderir têm taxa média de participação de 47%. Viva!

No entanto, ainda não podemos declarar vitória. Enfatizando um ponto que pode parecer óbvio, os benefícios de tornar determinada política a opção-padrão dependem dos méritos dessa política. Se aderirem automaticamente a um plano de previdência terrível, as pessoas podem acabar se prejudicando. Mesmo que possam deixá-lo sem dificuldade a qualquer momento, a inércia e a procrastinação talvez as impeçam. Uma opção-padrão ruim pode conseguir grande adesão, sobretudo se seus aspectos ruins (como as tarifas cobradas pelos fundos) não forem muito evidentes. *A questão é: altos índices de aceitação da opção-padrão não podem ser vistos como um sucesso por si sós.* Por vezes reiteraremos esse ponto ao longo do livro, porque é muito fácil cantar vitória ao ver uma opção-padrão com alta aceitação. Por favor, não faça isso!

A experiência na empresa originalmente estudada por Madrian e Shea ilustra esse ponto. Observe que, ao utilizar a adesão automática, qualquer empresa deve selecionar uma taxa de investimento padrão e uma estratégia de investimento. No caso estudado por Madrian e Shea, o padrão era uma conta poupança com juros de 3% ao ano (a opção menos arriscada). Previsivelmente, se os trabalhadores estão dizendo "ah, tanto faz" e aderem ao plano, eles provavelmente aceitarão a opção-padrão, o que é lamentável. Essa taxa de poupança é muito baixa, e a estratégia de investimento é conservadora demais. Trabalhadores jovens deveriam alocar parte de sua carteira em ações.

É claro que quando determinada taxa de poupança ou opção de investimento é selecionada como padrão, isso não significa que todos vão aceitar. Alguns escolherão ativamente outra coisa. Mas ainda assim muitos aceitarão passivamente as opções predefinidas, mesmo alguns que teriam optado ativamente por se inscrever no plano quando a adesão não era automática. Esse grupo está agindo em função de um nudge e foi prejudicado em sua decisão sobre quanto poupar e como investir.

Sabemos disso observando o comportamento daqueles que aderiram no regime anterior, no qual precisaram se inscrever ativamente. Antes da adesão automática, o percentual poupado por aqueles que optaram por aderir era fortemente influenciado pela fórmula que indicava o valor do aporte feito pela empresa. Lembre-se de que as contribuições eram equiparadas a uma taxa de 50% até o limite de 6% do salário. Como era de se esperar, cerca de dois terços dos inscritos escolheram uma taxa de poupança de exatamente 6%. Por outro lado, quando os funcionários eram inscritos automaticamente, o mais comum era o padrão: 3%. Em outras palavras, alguns dos inscritos automaticamente teriam escolhido uma taxa mais alta se tivessem tido que escolher por conta própria. E, para piorar, a opção-padrão de investimento — a conta poupança de baixo risco — fazia com que contribuições pequenas gerassem retornos mínimos. O que aconteceu nesse caso, então? Mais pessoas estavam participando, mas poupando muito pouco, e seus investimentos eram conservadores demais. Inscrever automaticamente as pessoas numa opção-padrão ruim ou medíocre cria sérias armadilhas. Mas esses dois problemas podem ser resolvidos por uma arquitetura de escolhas melhor.

AUMENTO DAS TAXAS DE POUPANÇA

A taxa de 3% usada no plano estudado por Madrian e Shea não foi selecionada ao acaso, mas poderia muito bem ter sido. Lembre-se das decisões federais mencionadas anteriormente, as mesmas que ajudaram a esclarecer a legalidade da adesão automática. Essas decisões geralmente incluem exemplos específicos, e um deles tinha a seguinte frase: "Imagine que uma empresa inscreva automaticamente os funcionários em um plano de aposentadoria com uma taxa de poupança de 3%...". Ops! O servidor público que escreveu isso nunca teve a intenção de sugerir que 3% fosse um número especialmente bom para ser usado como taxa de poupança. Era só um exemplo. No entanto, sabemos que as âncoras podem exercer grande influência, e, por muitos anos, quase todas as empresas que optaram pela adesão automática usaram a taxa de 3% como padrão. O que fazer?

Uma resposta seria: basta usar uma taxa mais alta, com base num julgamento sobre o que atenderia às necessidades da maioria dos trabalhadores. (Falaremos sobre esse ponto e sobre abordagens semelhantes em breve.) Como alternativa, Thaler e seu colaborador frequente Shlomo Benartzi sugeriram uma possível solução que batizaram de Poupe Mais Amanhã.[8] O objetivo era conceber um sistema de arquitetura de escolhas que levaria em conta cinco princípios psicológicos importantes e relevantes nesse contexto:

- Muitos participantes dizem que querem poupar mais e até fazem planos nesse sentido, mas nunca os seguem à risca.
- É mais fácil se decidir por restrições de autocontrole se elas forem acontecer no futuro. (Muitos planejam começar dietas em breve, mas não hoje. Nas palavras de santo Agostinho: "Deus, dai-me castidade e continência, mas não agora".)
- Aversão à perda: as pessoas odeiam ver o contracheque diminuir.
- Ilusão monetária: as perdas são sentidas em termos nominais, não reais (ou seja, não são reajustadas de acordo com a inflação). Um aumento de 3% no salário é visto como um aumento de verdade, mesmo que a inflação tenha sido de 4% no mesmo período. Mas cortes salariais sofrem forte resistência, quando percebidos.
- A inércia exerce um papel poderoso. Muitos empregados aderem ao plano e passam pelo menos uma década sem revisar suas escolhas.

O programa Poupe Mais Amanhã sugere que os participantes se comprometam de antemão com uma série de aumentos no valor da contribuição, aplicados nas datas em que há reajuste no contracheque. Ao sincronizar o aumento de salário com o aumento no valor transferido para a conta aposentadoria, os participantes não veem o salário líquido diminuir, e tampouco veem o aumento na contribuição como uma perda de dinheiro. Quando alguém adere ao programa, o aumento no valor da contribuição é automático, pois a inércia atua para aumentar o valor da transferência, e não para evitá-lo. Quando combinado com a adesão automática, esse modelo pode resultar em altos índices de participação entre os funcionários e num maior valor poupado.

A primeira implementação do Poupe Mais Amanhã ocorreu em 1998 numa fábrica de médio porte. Os funcionários tiveram a oportunidade de conversar pessoalmente com um consultor financeiro que dispunha de um notebook com um programa concebido para calcular o percentual adequado do salário a ser transferido para a poupança de acordo com informações dadas pelo próprio funcionário (por exemplo, se já havia contribuído em planos de aposentadoria anteriores e se o cônjuge participava de um plano). Cerca de 90% dos funcionários aceitaram conversar com o consultor financeiro. Durante a reunião, muitos ficaram um tanto surpresos com o que ouviram. Como a maioria poupava um valor muito baixo, o consultor disse a quase todos os funcionários que eles precisariam passar a poupar muito mais. Por diversas vezes o programa de computador sugeria que passassem a fazer a transferência máxima para a conta do plano, 15% do salário. O consultor, porém, percebeu que essas sugestões eram rejeitadas como impraticáveis, então sugeriu que eles passassem a poupar cinco pontos percentuais a mais do que já poupavam.

Cerca de 25% dos participantes aceitaram o conselho e imediatamente fizeram a mudança no plano, aumentando os cinco pontos percentuais recomendados. O restante disse que não podia se dar ao luxo de uma redução salarial; a esses foi oferecido o programa Poupe Mais Amanhã. Mais especificamente, o consultor sugeriu que eles aumentassem o valor poupado em três pontos percentuais a cada vez que recebessem um aumento salarial. (Em geral o aumento era em torno de 3,25% a 3,5%.) Do grupo de funcionários que não se mostraram dispostos a aumentar o percentual de contribuição ao plano de aposentadoria de imediato, 78% aderiram ao Poupe Mais Amanhã, incrementando o valor da contribuição a cada aumento de salário.

Os resultados ilustram o poder latente da arquitetura de escolhas. Compare o comportamento de três grupos de funcionários. O primeiro consistia naqueles que escolheram não conversar com o consultor. Esse grupo contribuía com cerca de 6% do salário quando o programa começou, valor que não foi alterado nos três anos seguintes. O segundo grupo abrigava os funcionários que aceitaram aumentar a contribuição em cinco pontos percentuais. Sua média de contribuição foi de pouco mais de 4% para pouco mais de 9% após o primeiro aumento. Esse percentual se manteve praticamente constante ao longo dos anos seguintes. O terceiro grupo incluía aqueles que aceitaram entrar no programa Poupe Mais Amanhã. Antes da conversa com o consultor, esse era o grupo que, em média, poupava menos: 3,5% do salário. Ao aderirem ao programa, o valor que guardavam começou a crescer continuamente, e, três anos e meio depois (tempo equivalente a quatro aumentos de salário), sua contribuição havia praticamente quadruplicado e alcançado 13,6% — número muito superior aos 9% daqueles que aceitaram a recomendação inicial do consultor, de aumentar a contribuição em cinco pontos percentuais.

A maioria das pessoas que aderiram ao Poupe Mais Amanhã se manteve no programa ao longo dos quatro aumentos de salário, quando os incrementos à taxa de poupança foram travados porque eles tinham alcançado o valor máximo de contribuição. Os poucos que deixaram o programa antes do fim não pediram que suas contribuições voltassem aos níveis anteriores ao programa – apenas pararam de aumentar o percentual.

Ao criar o programa Poupe Mais Amanhã, Thaler e Benartzi usaram a estratégia de incorporar o maior número possível de recursos vantajosos. Com o passar dos anos, descobrimos que dois de seus ingredientes são atraentes, mas não essenciais. Não é preciso vincular os aumentos de poupança a aumentos salariais (medida que muitas empresas têm dificuldade de implementar), e também não é fundamental permitir que as pessoas decidam agora se vão ingressar no programa só mais tarde.

À luz dessas descobertas, o Poupe Mais Amanhã foi simplificado e passou a ser conhecido como *escalonamento automático*: o percentual poupado do salário aumenta automaticamente todos os anos, em geral em 1% ao ano. Algumas empresas usam o escalonamento automático no plano de inscrição-padrão, no qual os funcionários começam com 3% e aumentam 1% ao ano até chegar a um limite máximo – por exemplo, 10%. Outros simplesmente apresentam essa opção aos funcionários. O estudo da Vanguard citou relatórios anteriores mostrando que cerca de 70% das empresas que utilizam a inscrição automática agora incluem o escalonamento automático como parte do plano, cabendo ao funcionário mudar essa opção-padrão. Quase todas as empresas oferecem o escalonamento automático como opção.

Geralmente, o escalonamento automático ajuda a aumentar os percentuais poupados pelos funcionários, embora não de maneira tão drástica como no experimento original, no qual os aumentos eram de três pontos percentuais ao ano. Na amostra da Vanguard, dos participantes que continuavam na empresa após três anos, cerca de metade havia mantido os aumentos programados de 1% ao ano, enquanto a maior parte dos demais havia aumentado ainda mais o percentual poupado. Eles estão inclinados a isso porque, apesar de ter sido uma criação totalmente acidental, a norma de começar com uma poupança de 3% do salário teima em permanecer nos planos de adesão automática. No entanto, felizmente, temos visto que parece haver uma mudança gradual em direção a uma taxa de poupança inicial mais alta, de 4% ou 6%.

OPÇÕES-PADRÃO DE INVESTIMENTO

Como já mencionamos, uma das desvantagens do plano estudado por Madrian e Shea era que o plano de investimento padrão era uma conta remunerada de baixo risco. A empresa fez essa escolha porque era a única opção aceita na época pelo Departamento do Trabalho dos Estados Unidos, responsável por regular os planos de aposentadoria do país. Felizmente, depois de muitos nudges, o Departamento do Trabalho emitiu novos regulamentos para criar o que chamou de Opções Qualificadas de Investimento Padrão.[9] Hoje em dia, a maioria das empresas escolhe o chamado fundo equilibrado, que contém um mix de ações e títulos.

A versão mais popular dessa opção de investimento é chamada de "fundo de data-alvo", porque o participante escolhe uma data na qual planeja se aposentar, e o fundo ajusta a carteira ao longo do tempo com esse objetivo em mente. A ideia é que, à medida que os investidores se aproximam da aposentadoria, se tornem mais conservadores em relação aos investimentos, de forma que o fundo reduza gradativamente a proporção investida em ações ao longo do tempo. Embora as especificações de como esses fundos são construídos variem bastante, o conceito geral é sensato e prático, contanto que as tarifas permaneçam baixas. Ele é sensato porque os fundos oferecem a possibilidade de customização com base num atributo conhecido do investidor: a idade. Se o investidor não optar por mudar ativamente o fundo, a data-alvo será baseada numa boa estimativa do momento em que alguém com tal idade planeja se aposentar. Os fundos de data-alvo também protegem muitos investidores de seu próprio instinto, que é entrar em pânico quando os preços das ações caem. (Sunstein invariavelmente entra em pânico quando isso acontece e na mesma hora liga para Thaler, que normalmente — mas nem sempre — o acalma.)

Sunstein não é o único investidor humano que fica assustado diante de mercados voláteis. Ao longo da história dos planos de contribuição definida, os investidores têm demonstrado uma capacidade incrível de cronometrar suas decisões de investimento... para o pior momento possível. Parece que eles seguem a política de comprar na alta e vender na baixa, o que não é um bom padrão. Há cada vez mais evidências de que a maioria das pessoas faria melhor em não prestar atenção aos altos e baixos do mercado de ações. Em 2019, a empresa de pesquisa financeira Morningstar estimou que o investidor médio de fundos perde cerca de 0,5% ao ano em negociações feitas na hora errada.

A armadilha do timing do mercado não é apenas um perigo para aqueles que não têm experiência nos mercados financeiros – na verdade, há dados que sugerem o contrário. Alguns planos de aposentadoria oferecem "janelas de corretagem", que dão aos investidores acesso a opções de investimento fora do menu de seu próprio plano e muitas vezes os levam a entrar no mercado de ações com mais frequência. Enquanto os indivíduos que se inscrevem em janelas de corretagem têm rendimentos e saldos de conta significativamente maiores, um estudo da Aon Hewitt revelou que em 2015 o retorno médio de quem usava janelas de corretagem era menor que o de investidores de planos 401(k) em mais de 3% ao ano. O instinto das pessoas para vender ou comprar na "hora certa" mais uma vez levou a resultados piores.

Como você já deve adivinhar a esta altura, a grande maioria dos trabalhadores inscritos de forma automática investe exclusivamente no fundo-padrão, pelo menos por um tempo. Então, à medida que os ativos começam a se acumular e eles passam a ter mais interesse em investir, um número cada vez maior opta por modificar a carteira de investimentos, para melhor ou para pior.

Mas de onde vem o dinheiro?

Uma pergunta importante a se fazer é se os nudges que fazem as pessoas aumentarem suas contribuições de fato produzem um aumento real na poupança líquida, se apenas transferem dinheiro de outras contas (tributáveis) ou, pior, se fazem com que as pessoas incorram em dívidas (ao, por exemplo, contraírem mais empréstimos).

A primeira preocupação é legítima, mas tem pouco a ver com os nudges em si. Compare duas políticas governamentais hipotéticas:

1. Exigir que as empresas adotem a inscrição automática.
2. Aumentar o limite de quanto as pessoas podem contribuir para o próprio plano.

Podemos ter certeza de que as contribuições para o plano de aposentadoria induzidas pela política de inscrição automática são quase que inteiramente novas, uma vez que aqueles que ingressam no plano estimulados por um nudge quase nunca economizavam em outro lugar. Os trabalhadores que não optam pelo plano 401(k) são, em sua maioria, empregados com salários mais baixos e sem curso superior. Por outro lado, aumentar o *limite* de quanto pode ser poupado gera pouquíssimas novas economias, porque apenas uma pequena porcentagem de trabalhadores atinge esse máximo, e são aqueles que não precisam de nenhum nudge para fazer isso. Se eles não descobrissem sozinhos que essa tática é vantajosa, seus consultores financeiros teriam ajudado!

Mas se os nudges estão incentivando sobretudo as pessoas de renda mais baixa a aderir a planos de previdência ou aumentar o percentual poupado, devemos nos preocupar em descobrir se elas na verdade não acabarão tendo mais dívidas no futuro. Afinal, o dinheiro precisa sair de algum lugar. Há muito tempo é difícil avaliar essa questão, porque os pesquisadores não têm acesso aos registros financeiros dos participantes dos planos. No entanto, dois estudos recentes superaram essa dificuldade e forneceram resultados tranquilizadores.

O primeiro desses estudos foi conduzido na Dinamarca e só foi possível porque o governo dinamarquês mantém registros meticulosos sobre a riqueza e a renda das famílias.[10] Os pesquisadores avaliaram o que aconteceu quando os trabalhadores trocaram de emprego e foram, digamos, para uma empresa com um plano de aposentadoria mais generoso. Eles concluíram que esses novos recursos do plano produziram economias quase que inteiramente novas, sem um aumento perceptível nas dívidas. Um segundo estudo avaliou o efeito da introdução da inscrição automática em 2010 num grupo de funcionários civis do exército,[11] e os pesquisadores descobriram que, passados quatro anos, não tinha havido mudanças significativas nas análises de crédito ou em saldos de dívida entre os participantes. Eles perceberam algumas evidências estatisticamente fracas de aumentos na dívida hipotecária, mas não consideramos isso preocupante. Se Joe e Harry são idênticos em todos os aspectos, exceto pelo fato de que Harry fez uma hipoteca para comprar uma casa, quem você acha que está em melhor situação financeira? Apostaríamos em Harry, exceto, talvez, nos anos imediatamente anteriores à crise financeira de 2008, quando muitas pessoas foram induzidas a assumir hipotecas imprudentes.

Na última década, os planos de contribuição definida continuaram a crescer em importância, e estamos satisfeitos com a forma como evoluíram. O uso cada vez mais disseminado da inscrição automática, do escalonamento automático e de bons fundos-padrão criou um ambiente muito melhor em comparação ao que existia. E gostamos das tendências que estamos vendo. O percentual-padrão de poupança de 3%, tão onipresente e tão baixo, já não é tão universal quanto antes. Muitas empresas estão começando a trabalhar com uma alíquota de 6%, e não se verificou um aumento significativo no número de pessoas mudando esse percentual. E as empresas não estão mais aplicando essas políticas apenas com funcionários novos. Agora, entre as melhores práticas, está a de "incluir" funcionários antigos no processo de inscrição periodicamente. Alguém que abriu mão de fazer um plano de previdência aos 22 anos pode ter uma visão diferente aos 27 ou 32.

Embora a administração dos planos de contribuição definida tenha melhorado muito na última década, o maior problema nos Estados Unidos e em muitos outros países é que grande parte dos trabalhadores (talvez metade) não conta com um plano de aposentadoria oferecido pelo empregador.[12] Isso é um problema, porque a maneira mais eficaz de uma pessoa economizar é retirando o dinheiro diretamente de seu contracheque, antes que ela tenha a chance de gastá-lo. Entre os que carecem desse benefício básico estão os autônomos, os funcionários de pequenas empresas e todos aqueles que vivem de bicos e na economia informal. Em muitos países, este último segmento é enorme.

O governo Obama tentou introduzir um sistema nacional para reduzir o problema, mas nenhum projeto de lei foi promulgado pelo Congresso. Cientes do problema, alguns estados, entre os quais Califórnia, Oregon e Illinois, iniciaram programas em nível estadual. Para outros estados ou nações que enfrentam o mesmo problema, um esboço básico do que é necessário fazer é ilustrado pelo Fundo de Pensão Nacional para Empregos, criado no Reino Unido em 2008. Desde a sua criação, a lei britânica exige que todos os empregadores que não oferecem um plano de aposentadoria a seus funcionários os inscrevam automaticamente no plano, oferecendo uma opção de cancelamento, claro. Tanto empregados quanto empregadores fazem contribuições, e o governo cuida de toda a gestão. O plano começou devagar, com um percentual de poupança inicial de apenas 2% do salário. Para a surpresa dos céticos, menos de 10% dos trabalhadores optaram por deixá-lo.[13] Após sua implementação, a taxa de poupança foi aumentando em etapas, primeiro para 5% e depois para 8%, e o percentual de desistentes permaneceu abaixo de 10%. O programa oferece um pequeno número de opções de investimento, cujo padrão é um fundo de data-alvo. As taxas são razoáveis.

A opção do Reino Unido é uma entre muitas. No próximo capítulo, discutimos em detalhes o sistema sueco. Não existe sistema perfeito, que funcione para todos os países. Mas toda nação deveria estar pensando com seriedade em como identificar um sistema que se adapte às necessidades de seus cidadãos. Um plano nacional também pode ajudar a resolver um sério problema de vazamento nos planos do empregador: quando os funcionários vão embora, geralmente sacam seus benefícios, sobretudo se o saldo da conta for pequeno. Como a rotatividade é alta em empregos de baixa remuneração, esse é um problema pernicioso, mas para o qual existe solução.

10. Os nudges duram para sempre? Na Suécia, talvez sim

Em todas as formas de design ou arquitetura, entre as quais a arquitetura de escolhas, cada detalhe tem sua importância. Destacamos no capítulo anterior as estratégias usadas para aumentar a participação e a poupança de funcionários, mostrando que intervenções aparentemente pequenas podem surtir grandes efeitos. Agora veremos o caso da Suécia, que duas décadas atrás criou um plano de previdência único, que nos oferece uma visão fascinante do impacto de cada detalhe do projeto e uma chance de ver o que acontece com o passar do tempo. Ainda não podemos dizer se os nudges duram para sempre, mas, como veremos, alguns deles persistem por um bom tempo. Vamos nos aprofundar um pouco no caso sueco não porque somos obcecados com seus planos de previdência, mas porque os detalhes oferecem algumas lições mais abrangentes sobre os problemas que nascem da maximização de opções, da possibilidade de enfraquecer o efeito dos padrões e do poder da inércia.

Como ilustra o Fundo de Pensão Nacional para Empregos do Reino Unido, os planos de previdência de contribuição definida já se espalharam pelo setor público e pelo privado. Um dos motivos para isso é que os planos tradicionais de rede de proteção, como a previdência social, geralmente são financiados com base no conceito "pague à medida que ganha", o que significa que os impostos pagos pelas pessoas que trabalham agora sustentam os benefícios dos aposentados. Esse sistema está sendo ameaçado por duas tendências demográficas. A primeira é que as pessoas estão vivendo mais, e assim recebem benefícios por mais anos. A segunda é que estão tendo menos filhos, então a proporção de trabalhadores para aposentados vem caindo, o que ameaça a viabilidade do sistema.

A Suécia, pioneira nesse âmbito, lançou seu plano em 2000, após um longo período de planejamento. Por sua abordagem única, ele oferece alguns insights exclusivos sobre a arquitetura de escolhas. Mas primeiro vamos dar uma olhada no contexto. Como se pode imaginar, a Suécia conta com uma rede de proteção social muito generosa, e as economias para a aposentadoria não são exceção. A alíquota do imposto destinado à previdência social é de 16% da renda. A participação é obrigatória, e de modo geral trata-se de um plano de benefício definido. A reforma que estamos discutindo aqui era no intuito de separar uma parte desse imposto para criar contas individuais de contribuição definida no que eles chamam de sistema de pensão premium sueco, que aqui chamaremos apenas de plano sueco, para abreviar.

Como a participação é obrigatória, nem a inscrição automática nem o escalonamento são relevantes no contexto. Em vez disso, nosso foco recairá sobre outros recursos da arquitetura de escolhas, mais especificamente o número de opções oferecidas no plano e a concepção e o tratamento dado ao fundo-padrão. Como o plano já existe há duas décadas, também podemos descobrir como o comportamento dos participantes variou ao longo do tempo. Em particular, podemos examinar uma pergunta geralmente difícil de responder: quanto tempo duram os nudges? Pelo menos nesse contexto específico, alguns parecem diamantes: são eternos.

Se tivéssemos que escolher uma única palavra para caracterizar o modelo do plano sueco, seria "pró-escolha". Na verdade, o plano é um bom exemplo da estratégia "basta maximizar as opções". Dê às pessoas o maior número de opções possível e deixe-as fazer o que quiserem. Em quase todas as fases do plano, os arquitetos de escolhas optaram por uma abordagem laissez-faire. O plano tinha as seguintes características principais:

- Os participantes tiveram liberdade para criar sua própria carteira, selecionando até cinco fundos de uma lista pré-aprovada.
- Um fundo-padrão foi escolhido (com cuidado) para quem, por qualquer motivo, não tivesse feito uma escolha ativa.

- Os participantes foram incentivados (por meio de uma forte campanha publicitária) a escolher seus próprios portfólios, em vez de confiar no fundo-padrão.
- Qualquer fundo que atendesse a certos padrões fiduciários tinha permissão para entrar no sistema. Assim, o mercado determinava o mix de fundos que os participantes podiam escolher. Como resultado desse processo, inicialmente havia 456(!) fundos disponíveis.
- As informações sobre os fundos, incluindo tarifas, desempenho passado e risco, foram fornecidas em um livreto a todos os participantes.
- Todos os fundos, menos o padrão, tinham permissão para veicular anúncios.

Você pode estar se perguntando: temos certeza de que isso aconteceu na Suécia? Esse plano deixaria Milton Friedman feliz. Do ponto de vista dele, a combinação de adesão gratuita, competição desenfreada e muitas opções pareceria ótima. Mas os bons arquitetos de escolhas se preocupariam com o excesso de opções, que poderia criar problemas para os humanos. E, como veremos, essas preocupações têm fundamento.

O FUNDO-PADRÃO

Conforme mencionamos, havia um fundo-padrão no plano sueco. Trata-se do AP7, cuja composição discutiremos em breve, e sua criação exigiu outras decisões da arquitetura de escolhas. Mais especificamente: que status o fundo-padrão deveria obter do governo? O governo queria encorajar as pessoas a usar esse fundo, desencorajá-las ou o quê? A seguir listamos algumas das muitas opções possíveis que os criadores do plano poderiam ter selecionado:

A. Os participantes não têm escolha: o fundo-padrão é o único fundo oferecido.
B. Um padrão é escolhido, mas sua seleção é desestimulada.
C. Um padrão é escolhido e sua seleção é estimulada.
D. Um padrão é escolhido e sua seleção não é estimulada nem desestimulada.

E. Uma escolha é obrigatória. Não existe opção-padrão; os participantes devem fazer uma escolha ativa ou perderão suas contribuições.

Qual dessas opções um bom arquiteto de escolhas selecionaria? A resposta depende de seu nível de confiança na capacidade e na vontade dos participantes de fazer um bom trabalho na escolha de portfólios por conta própria. A opção A não é um nudge — elimina qualquer possibilidade de escolha e se opõe frontalmente à filosofia geral do plano, portanto, temos certeza de que não foi sequer considerada.

No outro extremo, os criadores do plano poderiam evitar escolher um fundo-padrão, forçando todos a escolherem um portfólio por conta própria. Essa é a opção E, escolha obrigatória. Se os criadores confiam que as pessoas se sairão bem na escolha de sua própria carteira, então esta política deve ser considerada. Embora a escolha obrigatória possa ser atraente em certas áreas, defendemos que o governo sueco acertou em não insistir nessa opção.[1] Inevitavelmente certos participantes não responderiam às tentativas de contato (talvez porque estejam fora do país, doentes, ocupados, incapazes de se comunicar ou apenas porque vivem em outro planeta). Impedir que eles tivessem acesso a todos esses benefícios seria uma decisão dura e provavelmente inaceitável por questão de política ou de princípio. De qualquer modo, não é fácil escolher entre mais de quatrocentos fundos; por que um governo deveria forçar os cidadãos a fazer essa escolha, tendo em vista que alguns prefeririam confiar em especialistas na área e adotar a opção-padrão?

Assim, restam três opções intermediárias. Se vamos ter uma opção-padrão e alternativas a ela, devemos encorajar ou desencorajar sua escolha? Está claro que existe uma grande variedade de opções nesse continuum, desde desencorajar fortemente o padrão até encorajá-lo de maneira ativa. Mas o que é melhor? A opção D tem um apelo óbvio: simplesmente apresenta a opção-padrão, mas não incentiva nem desincentiva sua escolha. Apesar disso, é ilusório pensar que essa opção resolve totalmente o problema. O que significa ser neutro? Se vamos informar as pessoas que o plano foi elaborado por especialistas e tem tarifas baixas (ambas as afirmativas são verdadeiras sobre o padrão escolhido), isso constitui um incentivo? Não queremos perder tempo aqui com essa questao. Defendemos simplesmente que os arquitetos de escolhas precisam tomar decisões sobre como descrever o plano-padrão, e que essas decisões ajudarão a determinar a participação de mercado que ele atrairá.

Quando analisamos as opções intermediárias, também queremos saber algo sobre a competência das pessoas que elaboram e administram o fundo-padrão e sobre a competência e a diversidade dos cidadãos que podem recusá-lo. Se o fundo-padrão é excelente e funciona bem para a maioria dos participantes, ou se quem escolhe um plano tem grandes chances de cometer um erro, então provavelmente faz sentido incitar as pessoas a escolherem esse fundo. Se os criadores do fundo-padrão não são de fato especialistas, se os que escolhem conhecem o assunto a fundo e se os participantes formam um grupo muito heterogêneo, então talvez seja melhor ir pelo lado da neutralidade oficial. Esses são os tipos de decisões que os bons arquitetos de escolhas precisam considerar.

O plano sueco adotou uma versão da opção B. Os participantes foram ativamente incentivados a escolher suas próprias carteiras a partir de uma ampla campanha publicitária. Isso criou o equivalente a uma batalha de nudges. Por um lado, sabemos que escolher um dos fundos para ser o padrão costuma ser um nudge poderoso. A grande maioria dos participantes dos planos norte-americanos 401(k) que discutimos no capítulo anterior investe no fundo-padrão. Por outro lado, tanto o governo quanto as empresas de fundos estavam dando nudges na direção oposta: escolha você mesmo! Então, qual nudge venceu?

E o vencedor foi... a publicidade! O esforço combinado da campanha do governo e dos anúncios das empresas induziu dois terços dos participantes a selecionar carteiras por conta própria. Chamaremos esses participantes de *selecionadores ativos*. Eles eram mais propensos a agir se tivessem mais dinheiro em jogo, e, controlando o valor que tinham para investir, as mulheres e os mais jovens eram mais propensos a fazer escolhas ativas. (Temos uma teoria para explicar por que as mulheres fazem parte desse grupo: acreditamos que elas são menos inclinadas a perder os formulários de inscrição e mais propensas a se lembrar de enviá-los. Admitimos não ter dados para defender essa teoria e nos declaramos culpados ante a possibilidade de estarmos sendo excessivamente influenciados pelo viés da disponibilidade — mas o fato é que nossas esposas são consideravelmente mais organizadas do que nós.)

O outro terço dos participantes ficou com o fundo-padrão. Chamaremos esses participantes de *delegadores*, pois eles deixaram a gestão do portfólio nas mãos de terceiros. Os delegadores deram ao fundo-padrão a maior participação de mercado, considerando os fundos em seu conjunto.

OS SELECIONADORES ATIVOS FIZERAM BOAS ESCOLHAS?

Como as pessoas se saíram ao escolher o próprio portfólio? Claro que não temos como saber as preferências individuais de cada participante, e também não sabemos quais ativos eles podem ter fora do sistema de previdência social, portanto não podemos afirmar nada em definitivo sobre sua competência no que diz respeito à escolha de um portfólio. No entanto, podemos comparar as carteiras que as pessoas construíram ativamente com o fundo-padrão, usando como base dimensões que investidores sensatos deveriam avaliar, como tarifas, risco e desempenho.

O fundo-padrão inicial foi escolhido com cuidado, mas também tinha suas excentricidades. A alocação de ativos era de 65% em ações de empresas estrangeiras (ou seja, não suecas), 17% em ações de empresas suecas, 10% em títulos de renda fixa, 4% em fundos de hedge e 4% em ativos privados. Em todas essas classes, 60% dos fundos eram administrados passivamente — ou seja, os gerentes de portfólio estavam simplesmente comprando um índice de ações, e não tentando vencer o mercado. Isso ajudou a manter as tarifas baixas, em 0,17% ao ano (isto é, para cada cem dólares investidos o investidor paga dezessete centavos por ano). Era uma tarifa muito baixa, especialmente na época. No geral, embora muitos questionem algumas das escolhas feitas, a maioria dos especialistas consideraria o fundo uma opção razoável e barata. Conhecemos vários economistas suecos de destaque que optaram pelo fundo-padrão.

Para ver como os selecionadores ativos se saíram, podemos avaliar os números comparáveis de seu portfólio agregado como grupo. Existem três pontos de interesse na comparação. Primeiro, embora a alocação em ações no plano-padrão fosse bastante elevada, ela era ainda maior nas carteiras escolhidas pelos investidores: 96,2%. As pessoas provavelmente optaram por investir tanto em ações em parte porque o mercado de ações vinha crescendo bem nos anos anteriores.

Segundo, os selecionadores ativos decidiram investir quase metade do dinheiro (48,2%) em ações de empresas suecas. Isso reflete uma tendência familiar aos investidores, de comprar ações de seu país de origem, algo que os economistas chamam de viés doméstico.[2] Claro, você talvez pense que investir em casa faz sentido: "Compre aquilo que você conhece!". Mas, em se tratando de investimentos, comprar o que você acha que conhece não necessariamente faz sentido. Só porque você ouviu falar de uma empresa não significa que pode prever seus retornos futuros.[3]*

Considere o seguinte: a Suécia responde por cerca de 1% da economia mundial. Um investidor na Alemanha ou no Japão em busca de uma carteira globalmente diversificada investirá cerca de 1% de seus ativos em ações suecas. Faz sentido que os investidores suecos invistam 48 vezes mais que isso? Não.**

Terceiro, as tarifas pagas pelos selecionadores ativos eram muito mais altas: 0,77%, em comparação com o valor de 0,17% cobrado pelo fundo-padrão. Isso significa que, se duas pessoas investem 10 mil dólares cada, o investidor ativo paga sessenta dólares a mais por ano em taxas do que aquele que escolheu a carteira-padrão. Com o passar do tempo, essas taxas se acumulam.*** Em suma, aqueles que montaram suas carteiras por conta própria escolheram ter mais ações, investiram menos em fundos indexados, se concentraram muito mais em ações domésticas e pagaram tarifas mais altas.

Na época em que os investimentos foram feitos, teria sido difícil argumentar que as carteiras montadas pelos selecionadores ativos eram investimentos melhores que o do fundo-padrão. Um dos aspectos mais interessantes da experiência sueca foi o fato de o lançamento do fundo ter coincidido com o fim da bolha tecnológica e da euforia do mercado. Embora seja impossível precisar o impacto dessa coincidência na escolha das pessoas (ou mesmo na decisão de lançar o programa de privatização), os dados mostram alguns indícios convincentes. Já assinalamos, por exemplo, que as carteiras escolhidas pelos participantes tinham mais de 96% do dinheiro em ações. Se o fundo tivesse sido lançado apenas dois anos depois, a proporção de investimento em ações sem dúvida teria sido mais baixa. Como vimos antes, a maioria dos

* Pelo mesmo motivo, não é aconselhável investir grande parte da sua aposentadoria na empresa onde trabalha. Os funcionários de empresas como Enron e Bear Stearns aprenderam essa lição da maneira mais difícil, quando seu empregador desapareceu de uma hora para outra, junto com grande parte de suas economias para a aposentadoria. Em ambos os casos, o empregador havia incentivado investimentos em ações da empresa.

** Se você está preocupado com o risco cambial, esse problema é fácil de resolver, e de fato o fundo-padrão o resolveu, protegendo os mercados de câmbio (essencialmente, é um tipo de seguro).

*** As tarifas que apresentamos aqui são as que foram anunciadas. Tempos depois, alguns fundos ofereceram descontos, de modo que as tarifas caíram.

investidores, via de regra, segue as tendências do mercado, em vez de tentar prever como ele se comportará em relação às suas opções de investimento.

Como a escolha das carteiras se deu num período de valorização das ações do ramo da tecnologia, é natural que os investimentos tenham se inclinado para ações desse tipo. Para dar um exemplo ilustrativo, o fundo que atraiu a maior fatia do mercado (fora o fundo-padrão) foi o Robur Aktiefond Contura, que recebeu 4,2% do pool de investimentos. (Trata-se de uma grande fatia do mercado; basta lembrar que havia 456 fundos e que um terço do dinheiro foi para o fundo-padrão.) O Robur Aktiefond Contura investia sobretudo em ações tecnológicas e de empresas do ramo da saúde na Suécia e em outros países. Nos cincos anos anteriores ao lançamento do programa, seu valor aumentara em 534,2%, o maior de todos os fundos do pool. Nos três anos seguintes ao lançamento do programa, ele perdeu 69,5% do valor. Nos três anos subsequentes, seu comportamento continuou se mostrando volátil.

Olhando em retrospecto é fácil perceber por que um fundo como o Robur Aktiefond Contura obteve uma grande fatia dos investimentos. Pense no que as pessoas foram instruídas a fazer. Elas receberam um livro com a listagem do retorno dos 456 fundos disponíveis em distintos horizontes de tempo, além de outras informações importantes sobre as tarifas e o risco de cada um, mas não tinham capacidade de entender tudo aquilo. Uma de suas poucas certezas era que, quanto maior o retorno, melhor. É claro que estamos falando de retornos de anos anteriores, mas os investidores têm dificuldade para distinguir entre retornos passados e previsões de retornos futuros, motivo pelo qual nos parece plausível que, à mesa de jantar de algum lugar da Suécia, tenha ocorrido a seguinte conversa entre o sr. e a sra. Svenson:

SR. SVENSON: Wilma, o que está fazendo com esse livro?

SRA. SVENSON: Estou procurando o melhor fundo para investir, Björn. E acho que acabei de encontrar. O Robur Aktiefond Contura é o vencedor. Subiu 534% nos últimos cinco anos. Se investirmos nele, podemos nos aposentar e ir morar em Maiorca!

SR. SVENSON: Tanto faz. Me passa o salmão?

PUBLICIDADE

A decisão de permitir que os fundos fizessem publicidade não parece especialmente controversa. Na verdade, considerando a forma como o sistema foi concebido, é difícil pensar numa proibição da publicidade. Se os fundos são livres para entrar no mercado, claro que também devem ser livres para atrair clientes usando todos os meios legais, entre os quais a publicidade (verdadeira). No entanto, é interessante ver os efeitos da publicidade nesse mercado. O que devemos esperar?

Vamos considerar dois cenários extremos "de sonho". No primeiro, pensado por um economista defensor do livre mercado, os anunciantes contribuem para educar os consumidores, explicando a eles os benefícios dos custos mais baixos, da diversificação e do investimento de longo prazo, e mostram que é insensatez projetarem os retornos mais recentes de um fundo num período futuro. Nesse sonho, os anúncios ajudam cada consumidor a descobrir sua localização ideal naquilo que os economistas chamam de "fronteira eficiente" – o local que todos os investidores desejam encontrar. Em outras palavras, os anúncios ajudam os consumidores a fazer escolhas melhores e mais inteligentes.

O outro sonho está mais para um pesadelo de tirar o sono de psicólogos e economistas comportamentais. Nele, os anúncios encorajam os consumidores a pensar grande, a não se conformar com a média (leia-se "títulos indexados") e a encarar os investimentos como uma forma de enriquecer. Nesse pesadelo, os anúncios quase nunca mencionam as taxas cobradas e procuram sempre enfatizar o desempenho passado, embora basicamente não haja evidência alguma de que o desempenho passado seja um bom indicativo de como uma ação se sairá no futuro. (Os adeptos das apostas esportivas farão um paralelo dessa situação com aqueles anúncios de "apostas seguras" e previsões incríveis e quase infalíveis das três semanas anteriores, por exemplo.)

E o que aconteceu na realidade? Um anúncio clássico mostrava Harrison Ford, o famoso ator de *Star Wars* e *Indiana Jones*, fazendo propaganda dos produtos de uma corretora de valores sueca. Segundo o texto do anúncio, "Harrison Ford pode ajudá-lo a escolher um fundo de pensão melhor". Não sabemos qual dos papéis interpretados por Ford o qualifica para seu trabalho como consultor. (Só sabemos que Indiana Jones era professor de arqueologia da Universidade de

Chicago — ou seja, não tinha nada a ver com os departamentos de Administração ou Economia.)

Um estudo conduzido por Henrik Cronqvist mostra que os anúncios estavam mais para pesadelo do que para sonho.[4] Apenas um pequeno número de peças publicitárias de fato informava as características mais relevantes para os investidores racionais, como as tarifas dos fundos. E, apesar de anunciar aos quatro ventos os retornos passados (ao menos os que haviam sido altos), esses anúncios não faziam previsão alguma sobre o rendimento para o futuro. Ainda assim, a publicidade surtiu um forte efeito nas escolhas das carteiras dos investidores, fazendo com que eles optassem por carteiras com rendimentos esperados mais baixos (por causa das tarifas elevadas) e maior risco, pelo fato de os fundos estarem mais expostos a ações, terem uma gestão ativa, contarem com títulos de setores mais vulneráveis e estarem sujeitos a um maior viés doméstico.

QUANTO TEMPO DURAM OS NUDGES?

> VLADIMIR: Então, vamos embora.
> ESTRAGON: Vamos lá.
> *Não se mexem.*
> Samuel Beckett, *Esperando Godot*

Uma questão que não discutimos é se os nudges são duradouros.[5] Uma possibilidade é que as pessoas inicialmente apresentem um comportamento-padrão por motivos como viés do statu quo,[6] preguiça, procrastinação etc., mas com o tempo melhorem e façam mudanças sensatas em suas escolhas iniciais. Nesse mundo, a concepção criada pelo arquiteto de escolhas tem um efeito apenas temporário. Mas se os efeitos dos nudges forem persistentes, essa concepção pode ser fundamental, durando décadas. A experiência sueca nos oferece a oportunidade única de apresentar alguns insights sobre o tema, pois é possível pesquisar o que aconteceu desde o lançamento do programa até o fim do ano de 2016.

Primeiro, algumas informações básicas. Após o lançamento do programa, com toda a pompa, o plano de previdência perdeu importância para a população. O governo reduziu significativamente sua publicidade, e os fundos privados também, porque a maioria dos cidadãos já havia aderido. Considerando que o grupo inicial em 2000, quando o plano foi lançado, incluía todas as 4,4 milhões de pessoas que estavam na força de trabalho na época, os grupos subsequentes consistiam apenas naqueles que ingressaram no sistema desde então — sobretudo indivíduos mais jovens, quando começaram a ter renda, e imigrantes. Em 2016, por exemplo, esse grupo tinha apenas 183 870 pessoas, número muito baixo para que os gestores de fundos considerassem economicamente atrativo fazer publicidade.

Com o tempo, na ausência de publicidade pública e privada, a população foi aos poucos deixando a questão de lado, e a opção-padrão surtiu seu efeito mais comum. Em 2003, apenas três anos após o lançamento do novo sistema, menos de um em cada dez (9,4%) dos novos participantes preferiu ser um selecionador ativo, parcela que caiu para apenas 3% em 2010 e ficou abaixo de 1% nos últimos anos.

Além disso, ao que parece, os participantes adotaram uma mentalidade do tipo "escolher e esquecer o assunto". Confrontados pela primeira vez com uma escolha, eles tomaram uma decisão, mas a maioria não a revisou depois. Isso fica claro quando observamos como as escolhas de portfólio dos indivíduos variam a depender de quando eles ingressaram no sistema. Para estudar a questão, vejamos o caso de Madeleine e Per, duas pessoas hipotéticas que estão poupando para a aposentadoria e nasceram em 1º de janeiro de 1982, tendo, portanto, dezoito anos quando o plano sueco foi lançado. Na época, ambos faziam faculdade, mas Madeleine tinha um emprego de meio período quando começou o curso, por isso pôde ingressar no sistema de pensões, ao passo que Per só começou a trabalhar em 2002. Ambos viram toda a publicidade que tomou conta do país no lançamento do sistema, mas só Madeleine foi estimulada a fazer uma escolha na época. Per nunca pensou no assunto. Para estimar o efeito diferencial da exposição aos anúncios de acordo com a importância que tinham para cada indivíduo, podemos comparar pessoas na situação de Madeleine com pessoas na situação de Per, avaliando as escolhas dos jovens que ingressaram em 2000 com as dos que ingressaram nos dois anos seguintes.

As análises estatísticas mostram que, depois considerar as outras características observáveis, as chances de se tornar um selecionador ativo eram cerca de seis vezes maiores para pessoas no grupo de 2000 do que para aquelas nos dois anos posteriores ao lançamento do programa, 2001 e 2002. Assim, os anúncios afetaram sobretudo aqueles imbuídos de uma mentalidade de "decisão" quando os anúncios foram veiculados.

Outra questão interessante é o que acontece depois. As pessoas mantêm suas escolhas iniciais ou as revisam ao longo do tempo? Uma forma de encarar essa questão é se perguntar que proporção de pessoas mudou de ideia, passando de delegador a selecionador ativo e vice-versa. É possível estudar a escolha dos 4,4 milhões de suecos que aderiram a planos no ano 2000 e acompanhar o comportamento desse grupo desde o lançamento do programa até 2016.*

Pouco mais de um quarto (27,4%) dos delegadores iniciais mudaram de ideia e decidiram se tornar selecionadores ativos.[7] A maior parte dessas mudanças ocorreu durante a primeira década após as escolhas iniciais. O que levou os delegadores a se tornarem selecionadores ativos? Algumas dessas mudanças foram "estimuladas" por terceiros que se ofereceram para dar conselhos de investimento aos participantes. Isso foi muito comum nos primeiros anos, quando os consultores podiam eles próprios fazer mudanças em nome dos clientes com um código PIN. (Depois o bom senso prevaleceu, e essa regra foi alterada.) Assim, esses 27% representam um limite superior no número de delegadores que decidiram, de forma independente, começar a gerenciar o próprio portfólio. Todo o resto dos delegadores manteve o padrão pelo menos durante os dezesseis anos que observamos.

Talvez de maneira surpreendente, o impacto da propaganda para encorajar a escolha ativa foi ainda mais persistente. Apenas 2,9% das pessoas que escolheram ser selecionadoras ativas na leva inicial, em 2000, mudaram e se tornaram delegadoras. Uma vez selecionador ativo, sempre selecionador ativo!

Até aqui, vimos que não é comum mudar de opção, deixar de ser um selecionador ativo e se tornar um delegador, e vice-versa. A maioria das pessoas escolheu ou uma estratégia ou outra e se ateve a ela. Além de tudo, o grupo que estamos chamando de selecionadores ativos não era lá muito ativo. Lembre-se de que demos a eles esse rótulo com base em uma única decisão

* Uma ressalva: aqueles que escolhiam o fundo-padrão (os delegadores) podiam mudar e se tornar selecionadores ativos a qualquer momento, mas, no início, se você não escolhia o fundo-padrão logo de cara, não podia mudar para ele mais tarde. Essa regra foi alterada em 2009, e a partir de então mudanças em ambas as direções passaram a ser permitidas e gratuitas.

(sob a influência de grandes campanhas publicitárias) de escolher por conta própria onde investir. Mas esse foi praticamente o último momento em que eles foram "ativos". Nesse grupo, a mediana de negócios em todo o período de dezesseis anos avaliado foi de apenas um — nível de atividade semelhante ao dos investidores americanos nos planos 401(k).

Uma pergunta que surge naturalmente neste momento é: o que seria necessário fazer para atrair a atenção da grande maioria dos investidores que se comportava de forma passiva? Alguma coisa seria capaz de despertá-los, tirá-los do estado de estupor? Dois acontecimentos nos dão a chance de pensar essa questão: um que afetou o fundo-padrão e outro que dizia respeito a um dos fundos individuais do sistema de pensões.

O fundo-padrão sofreu mudanças ao longo do tempo. Embora sempre tenha sido um fundo de tarifas baixas com diversificação global, já mencionamos que, quando foi lançado originalmente, ele tinha algumas características peculiares, como a tendência a investir em ações suecas e alguns pequenos investimentos em fundos de hedge e capital de risco. Em 2010, o fundo mudou e se tornou basicamente um fundo de índice global (investindo em todo o mundo), e as tarifas foram reduzidas para 0,11%.*

Em 2010, o governo sueco aprovou uma mudança muito mais radical: decidiu permitir que o fundo-padrão empregasse alavancagem financeira, a critério de seus administradores. Com a lei, passou-se a permitir uma alavancagem de até 50%. Isso significa basicamente que os gerentes de fundos foram autorizados a fazer empréstimos para comprar ainda mais ações, e eles tiraram vantagem da mudança. Uma alavancagem de 50% significa que, se o mercado subisse 10%, o fundo cresceria 15%. Mas o inverso também era verdadeiro: se os preços caíssem, o fundo cairia 50% mais. Isso é muito arriscado!

Qualquer investidor preocupado com esse aumento no risco tinha uma excelente alternativa: a opção de mudar sem nenhum custo para um fundo idêntico ao fundo-padrão, mas sem a alavancagem. O problema é que quase

* O fundo também conta com um recurso de reequilíbrio relacionado à idade do participante que diminui a quantidade de ações na carteira dos mais idosos. O motivo pelo qual o fundo-padrão deve ser composto (pelo menos) de 100% de ações é que ele engloba uma porção pequena do sistema de previdência social (2,5% de imposto sobre o salário, de um imposto total de 16%). O restante desses 16% é considerado mais como um investimento de renda fixa.

ninguém fez isso, o que é surpreendente, tendo em conta que um estudo com investidores suecos mostrou que os usuários do fundo-padrão se consideravam relativamente mais avessos ao risco do que a média e afirmaram desejar um investimento seguro.[8] Parece provável que eles simplesmente não tenham percebido (ou entendido) a mudança no fundo.

O outro evento que testou os limites da inércia do investidor se deu em janeiro de 2017, quando uma importante revista de negócios sueca relatou que o CEO da Allra, uma das empresas participantes do sistema previdenciário, havia comprado a casa mais cara da Suécia no ano anterior. Ah, e um helicóptero também. Dica profissional: se você pretende roubar dinheiro de seus investidores, provavelmente não é boa ideia ficar alardeando sua riqueza. Menos de um mês depois, um dos principais jornais suecos publicou uma série de artigos relatando práticas possivelmente fraudulentas cometidas pela Allra. Semanas após a publicação, a Agência Sueca de Pensões decidiu proibir as pessoas de trocarem *para* os fundos da Allra, enquanto se conduzia uma investigação de fraude. É preciso enfatizar que os investidores ainda podiam *sair* da Allra para outros fundos a qualquer momento e sem nenhum custo.*

Antes das denúncias de fraude, a Allra participava do sistema previdenciário com quatro fundos. Um total de 123 217 investidores tinha escolhido esses fundos, com cerca de 2 bilhões de dólares em ativos investidos. Era de se esperar que grande parte dos chamados selecionadores ativos tirasse seus investimentos da Allra com base em notícias confiáveis de uma possível fraude. Na verdade, dava até para imaginar que todo mundo sairia correndo do fundo. Mas nada disso aconteceu. Na semana seguinte à publicação das alegações de fraude, apenas 1,4% dos investidores da Allra venderam suas ações. E mesmo após a firma de contabilidade Deloitte denunciar a Allra às autoridades (e em seguida renunciar ao posto de empresa encarregada da auditoria), só 16,5% dos investidores optaram por transferir seu dinheiro para outro fundo.

O que concluímos desse episódio? Na época do escândalo — início de 2017 —, a quantidade de fundos no sistema havia crescido e chegado a quase novecentos, número obviamente alto demais. Na verdade, a Suécia estava se aproximando rapidamente da situação absurda em que haveria mais fundos

* Outra coisa que chamou atenção foi o fato de um renomado advogado sueco, ex-ministro da Justiça do país, ter atuado como presidente do conselho administrativo da Allra.

oferecidos do que novos participantes se tornando selecionadores ativos. Acreditamos que a maioria concorda que é fundamental que cada investidor invista em apenas um fundo. Além de tudo, para um país pequeno como a Suécia é claramente impossível monitorar de forma adequada um número tão grande de fundos. Foram jornalistas, e não reguladores, que descobriram o escândalo envolvendo a Allra.

LIÇÕES

A experiência sueca ilustra o poder da inércia em vários níveis. Os cidadãos que foram estimulados pelo governo e pelos anúncios a se tornarem gestores de suas próprias carteiras se mantiveram firmes nessa abordagem, mas depois se tornaram extremamente passivos. Mesmo um grande escândalo envolvendo uma empresa administradora de fundos não disparou o alarme. Da mesma forma, não surpreende que os participantes do fundo-padrão também não tenham percebido uma grande mudança na composição do fundo. É interessante notar que os legisladores não estão dispostos a repensar o projeto do sistema à luz do que aconteceu. Os criadores do plano não pretendiam oferecer novecentas opções de fundos, e obviamente ninguém acharia uma boa ideia se quase todos os novos investidores (sobretudo jovens entrando no mercado de trabalho) escolhessem o fundo-padrão. É claro que esses fatos não passaram despercebidos pelo governo. O número de fundos foi reduzido para pouco menos de quinhentos, e o parlamento sueco está atualmente considerando fazer mais algumas reformas, ainda que sem repensar toda a estrutura de forma radical. As características até mesmo de novos programas governamentais podem ser surpreendentemente aderentes. (E, aproveitando que estamos falando de tradições mais antigas, já mencionamos que a Suécia, um país ultramoderno, ainda tem uma monarquia, a qual parece valorizar? Os humanos são interessantes.)

Nesse contexto, defendemos a ideia de poder contar com uma opção-padrão sensata. Mas, se dependesse de nós, faríamos mudanças no plano sueco, incluindo uma redução drástica no número de fundos e a eliminação da alavancagem no fundo-padrão. (Talvez sejamos cautelosos, mas achamos que se há um fundo alavancado no mix, os investidores deveriam ter que selecioná-lo ativamente.) Também fazemos uma recomendação que deveria ser prática comum a todos os planos de investimento: um reinício. Assim como você deve reiniciar o computador regularmente, achamos saudável que os investidores sejam incentivados a, de vez em quando (uma vez a cada vinte anos não nos parece ser uma frequência alta o suficiente), começar tudo do zero. O ideal seria que eles fizessem isso sem serem lembrados do que possuem na carteira. (Não há tarifas ou custos de transação envolvidos nessa troca.) Se a melhor explicação para o motivo de alguém estar fazendo determinada coisa é que, muito tempo atrás, fez uma escolha de investimento mal informada, possivelmente com base num conselho de Harrison Ford, talvez seja hora de reconsiderar.

Vale ressaltar que fazer isso exigiria escolher um padrão para os muitos que provavelmente não responderiam ao pedido de reinicialização. Não há como escapar disso.

Quanto à questão mais geral, sobre a aderência dos nudges, pensamos que os resultados apresentados neste capítulo são ilustrativos, mas recomendamos cautela ao extrapolá-los para os nudges em geral. A longevidade dos nudges é inevitavelmente uma questão empírica, e é de se esperar certa variação ao comparar diferentes populações e contextos. Os nudges variam: podem ser regras-padrão, lembretes de texto, avisos explícitos, tamanho e cor de uma fonte etc. E os ambientes variam muito no que diz respeito ao nível de atenção que as pessoas vão dar à tarefa. Os participantes são como Vladimir e Estragon, de *Esperando Godot*, ou se comportam como motoristas que mudam de faixa a todo momento? Após receberem nudges, certos grupos demográficos podem se comportar de maneira diferente de outros, porque são mais propensos a prestar atenção, porque têm mais tempo disponível, porque são mais ou menos escolarizados ou simplesmente porque se importam mais.

Advertências explícitas podem ou não exercer um efeito de longo prazo; as pessoas podem se acostumar com elas, reduzindo seu impacto. Nesse caso, os arquitetos de escolhas talvez queiram revezá-las, trocando-as de tantos em tantos meses (como a Food and Drug Administration planeja fazer com os avisos nos maços de cigarro). Se todo mês as pessoas recebem uma mensagem de texto avisando que determinada conta está vencida, talvez o lembrete funcione todas as vezes, a menos que as pessoas parem de prestar atenção porque estão recebendo notificações demais. Parece que os nudges terão vida mais longa quando as pessoas estiverem no piloto automático; nesse caso, as regras-padrão provavelmente serão bem rígidas. No espaço sideral, um objeto que é empurrado em certa direção segue nessa mesma direção até que seja empurrado para outro lado. Os participantes do plano de previdência sueco se comportam como esses objetos.

11. Pegue mais empréstimos hoje: Hipotecas e cartões de crédito

A essa altura já vimos que os humanos sofrem com problemas de autocontrole – têm vieses em relação ao presente, o que significa que dão um peso exagerado a coisas que podem ter agora em comparação com coisas que só podem obter mais tarde. Esse é o grande problema a ser superado para ajudá-los a poupar para a aposentadoria. Quando uma família investe num plano de aposentadoria, está adiando o consumo hoje para ter uma vida melhor depois, talvez muitas décadas mais tarde. Para poder se aposentar, os membros da família precisam descobrir como manter os gastos atuais abaixo da renda. Infelizmente, porém, muitas famílias têm dificuldade com um problema mais básico: todo mês gastam mais do que ganham. Pegam empréstimos para gastar mais hoje, e a verdade é que nunca foi tão simples e fácil pegar dinheiro emprestado.

Embora os agiotas tenham uma longa história (anterior mesmo a *O mercador de Veneza*, de Shakespeare), o acesso generalizado ao crédito nasceu na década de 1920, quando se tornou comum os comerciantes oferecerem aos consumidores a oportunidade de parcelar o pagamento de eletrodomésticos, automóveis e outros itens caros. As taxas de juros eram altas, e os vendedores mantinham a propriedade das mercadorias como garantia do empréstimo até que os pagamentos fossem concluídos. A disponibilização de crédito para a compra de eletrodomésticos novos e sofisticados era como colocar tigelas de castanhas-de-caju por toda a casa, e muitas famílias não resistiam à tentação de gastar. A Grande Depressão do fim dos anos 1920 e da década de 1930 foi um choque para aqueles que perderam o emprego e tiveram eletrodomésticos confiscados.

Até hoje as vendas de automóveis são financiadas da mesma forma como se faziam os antigos crediários, tendo em vista que os credores têm direito a confiscar o carro até que o empréstimo seja pago; mas o advento dos cartões de crédito deu aos consumidores uma nova maneira de satisfazer seus desejos imediatos. Hoje em dia é quase fundamental uma pessoa ter cartão de crédito ou débito para participar da economia. Os cartões são usados para comprar passagens aéreas, fazer check-in em hotéis e adquirir inúmeros outros tipos de serviços. Cria-se aqui um círculo vicioso: um histórico de uso responsável do cartão de crédito é um dos fatores mais importantes da pontuação de crédito de uma família, que determina se ela pode obter uma hipoteca e que taxa de juros irá pagar. Com o tempo – e talvez esse tempo chegue antes do que se imagina –, as moedas físicas vão desaparecer, ou quase isso, e todos passarão a usar cartões ou algum outro mecanismo de pagamento eletrônico. Claro que você pode usar os cartões de crédito e débito só porque é conveniente e evitar os juros pagando a fatura integral todos os meses, mas isso requer um nível considerável de autocontrole. Atualmente, os americanos devem mais de 1 trilhão de dólares em dívidas de cartão de crédito, e os Estados Unidos estão longe de serem os únicos a ver um crescimento desse tipo de empréstimo – na China, as dívidas no cartão de crédito são ainda maiores.

Para quem quer comprar uma casa, pagar o valor total à vista geralmente não é uma opção, porque o custo é alto e equivale a vários anos de renda familiar. Assim, a opção é fazer uma hipoteca. Atualmente a dívida hipotecária nos Estados Unidos está acima de 15 trilhões de dólares.[1] A existência de uma dívida hipotecária tão grande não é necessariamente motivo de alarme, porque os mutuários também têm o patrimônio investido na casa como ativo, mas muitos obtêm empréstimos dando de entrada menos de 5% do preço total de compra. Isso significa que, se os preços dos imóveis caírem, eles podem se "afogar"; o valor que vão dever é maior do que o da própria casa.

Embora existam diversas maneiras de tomar dinheiro emprestado – de casas de penhores a agiotas, de financeiras a empréstimos estudantis –, neste capítulo nos concentraremos em hipotecas e cartões de crédito, porque são formas de empréstimo que existem em todo o mundo e oferecem maneiras interessantes de aplicar as ferramentas da arquitetura de escolhas. Na discussão sobre esses mercados, fazemos uma distinção que consideramos útil para refletir sobre a tomada de decisão do consumidor em geral: se o aspecto mais importante da experiência do consumidor depende do processo de *escolha* ou de *uso*. Um exemplo pode ajudar a explicar o que queremos dizer. Vejamos a compra de uma TV ou de um monitor novo. Estamos falando de produtos cuja experiência do usuário depende quase inteiramente de sua escolha. Características como tamanho, resolução e brilho determinam a satisfação do consumidor, mas, depois de configurar e ajustar o aparelho, não há praticamente mais nada a fazer. Até mesmo nós aprendemos a usar o botão de ligar e desligar no controle remoto.

Agora comparemos a compra de um aparelho de TV com a de uma raquete de tênis. Sunstein, que é um bom tenista, tem suas preferências sobre qual raquete usar, mas ainda não existe uma raquete que permita que Thaler o vença. Na verdade, lá atrás, quando eles costumavam jogar juntos em Chicago, certa vez Sunstein conseguiu vencer Thaler (facilmente) mesmo depois que as cordas de sua raquete arrebentaram. Da mesma forma, Rafael Nadal ou Roger Federer poderiam usar uma raquete velha de madeira com cordas de mais de trinta anos de idade, e ambos venceriam Sunstein sem suar a camisa (vergonhosos 6-0, 6-0, 6-0). No tênis, a forma como a raquete é usada é mais importante do que a raquete em si.

Embora o contraste não seja tão gritante, as hipotecas são mais como monitores, e os cartões de crédito mais como raquetes de tênis. Se você escolher uma boa hipoteca e (muito importante) pagar as contas em dia, provavelmente não terá problemas.* O mesmo aconteceria com os cartões de crédito se as pessoas pagassem a fatura integral todos os meses. Você pode até escolher um cartão que lhe permita personalizá-lo com uma foto do seu cachorro, e mesmo assim não sofrerá muito se pagar a fatura integral todos os meses. Infelizmente, porém, muitos usuários de cartão de crédito têm dívidas enormes em vários cartões. Nesse caso, a forma como o consumidor o utiliza é mais importante do que o cartão em si. Com essa distinção em mente, nossa discussão sobre

* Existe uma exceção importante: por vezes surgem boas oportunidades de refinanciamento de hipoteca em que as taxas de juros caem em comparação com as taxas originais. Os proprietários atentos aproveitam essas oportunidades e põem em prática o tipo de conselho que defendemos para os cartões de crédito. No entanto, Thaler quer que Sunstein termine de ler o capítulo, portanto essa complexidade será ignorada.

hipotecas se concentrará em formas de ajudar as pessoas a fazer escolhas melhores, enquanto na discussão sobre os cartões de crédito nos concentraremos em ajudá-las a se tornarem usuárias mais inteligentes.

HIPOTECAS

No passado, adquirir uma hipoteca era muito fácil. A maioria delas tinha uma taxa fixa para a vida do empréstimo, que nos Estados Unidos costumava ser de trinta anos. A maioria dos mutuários dava pelo menos 20% de entrada. Nesse regime, comparar os empréstimos era muito fácil — bastava escolher o que tivesse a menor taxa de juros, uma tarefa fácil, visto que todos os credores são obrigados a divulgar as taxas de juros da mesma maneira, usando a taxa anual.

Hoje, no entanto, é muito mais complicado fazer uma hipoteca. Os mutuários podem escolher entre vários empréstimos com taxa fixa (nos quais a taxa de juros não muda ao longo da vida do empréstimo), mas também podem optar entre vários empréstimos com taxa variável (nos quais a taxa de juros pode variar de acordo com uma fórmula vinculada a mercados de títulos específicos). Os mutuários também podem considerar produtos um tanto exóticos, como empréstimos nos quais pagam apenas com juros. Nesse caso, eles não pagam a dívida principal, o que significa que o empréstimo só é liquidado se venderem a casa (com lucro, se tiverem sorte), ganharem na loteria, refinanciarem o empréstimo ou venderem a casa e pagarem o empréstimo. Muitas hipotecas de taxa variável são ainda mais complicadas, porque têm uma taxa inicial mais baixa por um período de um ano ou dois; depois desse período, a taxa (e os pagamentos) sobe, às vezes de forma dramática. (Taxas iniciais exploram o viés do presente.) Depois há a questão das tarifas, que podem variar muito e incluir pontos (por exemplo, pagamentos fixos que o mutuário precisa fazer para ter uma taxa de juros mais baixa) e multas para quem pagar o empréstimo com antecedência. E há muito mais. Com tanta complexidade, a escolha de uma hipoteca faz com que a escolha de uma carteira de investimentos para a aposentadoria pareça brincadeira de criança.

Um fator que pode parecer reconfortante é que o mercado de empréstimos hipotecários é extremamente descentralizado e competitivo. Alguns economistas argumentam que mercados altamente competitivos evitam que os consumidores façam más escolhas. Mas esse argumento é falho, tanto em termos lógicos quanto empíricos, e uma das razões para isso é a difusão de várias formas de sludge que dificultam a escolha. Por exemplo, se algumas características da hipoteca estiverem "encobertas"[2] — como discutimos no capítulo sobre sludge —, os consumidores podem não perceber quanto estão pagando de fato. Nesses casos, a existência da concorrência não garante que os produtos melhores ou mais baratos ganhem a corrida pelos clientes. Na verdade, as empresas têm liberdade total para explorar a atenção limitada das pessoas, e aquelas que jogam limpo podem acabar perdendo para uma concorrência menos escrupulosa. Explorar vieses comportamentais pode ser uma estratégia vencedora.

No caso de certos produtos, aquilo que se vê é aquilo que se obtém, e a concorrência geralmente funciona de forma correta. Se as quatro esquinas de um cruzamento de duas ruas tiverem postos de gasolina, e os preços estiverem visíveis, é certo que eles não irão variar muito. Mas se em vez de postos de gasolina houver quatro bancos que oferecem hipotecas, não há por que acreditar que os custos dos empréstimos irão convergir. Mesmo que os bancos anunciassem as taxas de juros de determinada hipoteca em letreiros enormes, os custos ocultos não seriam aparentes para os consumidores. É mais fácil comparar os preços dos combustíveis do que os custos das hipotecas.

Uma possível solução para o problema da complexidade é a contratação de consultores especializados, e, de fato, em muitos mercados complexos, existem carreiras voltadas a oferecer ajuda especializada — como é o caso dos planejadores financeiros pessoais e corretores de imóveis. No mercado hipotecário, esses especialistas são os corretores de hipotecas. O problema, nesses ambientes, é que o conselheiro pode ter um conflito de interesses, e isso, por sua vez, talvez impeça o cliente de receber bons conselhos. Os corretores imobiliários só são pagos se as casas são vendidas, o que significa que têm um forte incentivo para estimular o cliente a fazer a compra. Mesmo o corretor que é pago para representar o comprador recebe uma porcentagem do preço de venda, por isso é natural que ele procure mostrar a seus clientes imóveis no limite superior da faixa de preço que eles pretendem comprar. Não estamos dizendo que todos esses especialistas são espertalhões! (A irmã de Sunstein é corretora de imóveis, e é honesta. Sério!) Só estamos afirmando o óbvio: um mercado de aconselhamento não garante que o conselho será bom. Basta ver que ainda existem videntes espalhados por aí. Então, sim, existem especialistas honestos e experientes nas áreas mais complexas, mas, para compradores não sofisticados, é difícil saber ao certo o valor de um conselho, tendo em vista que o mercado é tão obscuro que cria uma demanda por profissionais com experiência na área.

No caso dos corretores de hipoteca, há evidências consideráveis de que pelo menos alguns não agem de acordo com os melhores interesses dos clientes. Para entender o motivo desse comportamento, lembre-se: os corretores de hipotecas recebem uma taxa que depende do valor do empréstimo e de sua lucratividade ao credor; portanto, quanto melhor o negócio para o mutuário, menos ganha o corretor. A crise financeira de 2008 foi causada por muitos fatores, e um deles foi a prática generalizada entre os mutuários de contrair empréstimos com entradas pequenas e taxas iniciais baixas que aumentariam substancialmente em um ou dois anos. Muitas vezes, eles não conseguiam arcar com os pagamentos mais altos, então contavam com a possibilidade de refinanciar o empréstimo quando a taxa inicial dava um salto. Com isso, o corretor lucrava outra vez. Quando o preço do imóvel caía, o mutuário devia mais dinheiro do que a casa valia, e muitas vezes não pagava.

A economista Susan Woodward descobriu vários outros aspectos preocupantes desse mercado.[3] Levando em conta o risco e outros fatores, ela estudou quais tipos de tomadores de empréstimos conseguiam os melhores negócios. Eis algumas de suas principais descobertas:

- Os mutuários negros e latinos pagam mais por seus empréstimos após o ajuste de risco.
- Mutuários que moram em bairros onde os adultos têm apenas ensino médio pagam mais por empréstimos do que aqueles que moram em bairros onde os adultos têm ensino superior.
- Pesquisar vale a pena. A comparação de mais duas corretoras de hipoteca economiza uma média de quase 1400 dólares em tarifas para o comprador do imóvel.
- Os empréstimos concedidos por corretores de hipotecas são mais caros do que os concedidos diretamente por entidades fornecedoras de crédito.
- As fontes de complexidade, como os pagamentos fixos e os custos de fechamento (que tanto dificultam a comparação entre empréstimos), são caras para o cliente, e o custo adicional é maior quando o empréstimo é concedido por corretores, em comparação com empréstimos diretos.

A partir desses dados, podemos extrair algumas lições gerais. Quando os mercados são mais complexos, consumidores com pouca instrução são especialmente prejudicados. Esses mesmos consumidores também têm mais chance de receber maus conselhos de pessoas que em tese deveriam aconselhá-los a fazer boas escolhas. Nesse mercado, corretores de hipoteca que trabalham com clientes ricos são mais propensos a estabelecer uma reputação de negociantes honestos. Por outro lado, corretores que trabalham para pessoas mais pobres muitas vezes estão mais interessados em ganhar dinheiro fácil. Assim, o problema que estamos descrevendo é, em parte, de desigualdade.

Mas o que fazer para ajudar? Temos três grupos de sugestões de arquitetura de escolhas. A primeira proposta é explicitar os atributos encobertos. Isso evita que as tarifas e os custos permaneçam ocultos. Por exemplo, as empresas hipotecárias podem ser obrigadas a divulgar — em uma única página (ou talvez meia página) — uma lista de "principais custos", incluindo todas as informações que não sejam banais. Esses custos devem ser somados, e o ideal é que sejam incorporados à taxa de juros cotada, para facilitar as comparações.

Nossa segunda proposta, mais ambiciosa, eliminaria a necessidade da primeira, e se baseia no conceito de um formulário-padrão. Voltando à comparação de postos de gasolina e bancos oferecendo hipotecas numa mesma encruzilhada, a ideia é facilitar a comparação. Para isso, os reguladores poderiam instituir um número relativamente pequeno de tipos de hipotecas que cada empresa seria obrigada a incluir entre as opções. Talvez houvesse duas variedades, uma com taxa fixa e outra com taxa variável, cada uma oferecida com quinze e trinta anos de duração — portanto, quatro opções ao todo. Vamos chamar essas opções de "hipotecas fáceis". Nelas, todos aqueles trechos com letras miúdas seriam iguais e estabelecidos pelo regulador, que para isso consultaria especialistas da área e especialistas em defesa do consumidor. O ideal é que não houvesse outras taxas além da taxa de juros informada, e as fórmulas usadas nas hipotecas de taxa ajustável seriam idênticas. Isso incluiria a taxa de juros à qual os empréstimos seriam atrelados, até que ponto essas taxas poderiam mudar e com que frequência isso poderia acontecer.[4]

Nessa configuração, os mutuários em busca de um empréstimo fácil teriam apenas que decidir entre uma hipoteca de taxa fixa ou variável e um prazo de quinze ou trinta anos. Em qualquer caso, eles poderiam simplesmente escolher a hipoteca com a taxa anual mais baixa, e com a certeza de estar fazendo o melhor negócio. Mesmo que as taxas de juros variem de acordo com a classificação de crédito ou com a entrada, o mutuário ainda pode pesquisar em sua categoria apropriada e rapidamente encontrar a melhor oferta.

Sendo paternalistas libertários, não concordamos com a proibição de outros tipos de hipotecas, mesmo aquelas com possíveis armadilhas, como taxas iniciais baixas. (Podemos voltar atrás se ficar comprovado que certas armadilhas provavelmente prejudicam os consumidores e que os nudges não são suficientes para ajudá-los.) Ao mesmo tempo, esses empréstimos viriam com um aviso de que não fazem parte da lista de hipotecas fáceis e que o cliente deve ter cautela. Entendemos por que algumas pessoas preferem ir mais longe e simplesmente proibir certos produtos, considerados "perigosos para a saúde financeira", mas ao mesmo tempo compreendemos que tais hipotecas podem ser boas escolhas para certos mutuários. Assim como em todas as áreas regulatórias, é preciso tomar decisões sobre até que ponto intervir nas escolhas de compradores e vendedores. Pelo menos nosso modelo cria um mercado em que é fácil comprar. Seria o equivalente a entrar numa mata para fazer uma caminhada e seguir uma trilha.

Nossa terceira proposta pode não ser necessária se a primeira e a segunda forem adotadas, mas nem sempre os governos seguirão nossas sugestões, então vamos ser generosos e dar a eles outra opção. Aqui, usaríamos a ferramenta da divulgação inteligente. Os termos de uma hipoteca normal são tão complicados que nem os especialistas podem ter certeza de tudo o que consta em contrato. Por diversas vezes reguladores tentaram criar formulários mais simples, e gostamos dessa ideia de modo geral. Mas mesmo o formulário simplificado pode ser difícil de compreender, e, ainda que nossa primeira proposta seja adotada, detalhes importantes podem acabar enterrados no meio dos trechos em letras miúdas. A solução é disponibilizar *todos* os detalhes em formato eletrônico estruturado, atualizado continuamente num banco de dados on-line que chamaremos de Arquivo Hipoteca.

Uma tarefa difícil até para um especialista pode ser fácil para um computador munido de ferramentas modernas, como o *machine learning*. Assim, se existisse um Arquivo Hipoteca, poderia haver um mercado robusto para motores de escolha de hipotecas, algo semelhante ao que acontece com os sites de viagens. Os mutuários introduziriam suas informações, como pagamento inicial e pontuação de crédito, e o motor de escolha procuraria as melhores opções disponíveis, inclusive ajudando a escolher entre taxa fixa e variável e duração da hipoteca. É claro que trocar especialistas humanos por robôs não garante que o conselho seja imparcial. Os robôs podem ser programados para sugerir hipotecas de credores que patrocinem a empresa que fornece o motor de busca. Mas achamos que eles têm uma grande vantagem sobre os consultores humanos: são muito mais fáceis de auditar.

Normas sensatas exigiriam que os motores mantivessem um registro de suas recomendações (preservando a privacidade dos dados pessoais) e as disponibilizassem aos reguladores, caso solicitado. Também é possível que agregadores de mecanismos de escolha como o Kayak acabassem por surgir, como surgiram no setor de viagens. Isso permitiria que os próprios consumidores auditassem os resultados com facilidade, especialmente no caso das hipotecas fáceis. E uma última vantagem das buscas on-line que estamos tentando incentivar: é muito provável que elas ajudem mulheres e grupos minoritários. Um estudo sobre compra de automóveis revelou que mulheres e negros pagam mais ou menos o mesmo que homens brancos quando compram um carro pela internet, mas pagam um valor superior na concessionária, mesmo quando outros fatores são levados em conta, como a renda.[5]

CARTÕES DE CRÉDITO

Os cartões de crédito têm duas funções. Primeiro, fornecem um meio de pagamento além do dinheiro vivo. Segundo, fornecem uma fonte imediata de liquidez se você quiser gastar mais do que tem atualmente em dinheiro vivo. Os cartões de débito servem apenas à primeira função, pois estão vinculados a uma conta bancária e não permitem empréstimos — a menos que estejam vinculados também a uma linha de crédito. (Aviso: alguns cartões de débito oferecem linhas de crédito com taxas altas. Se usar um cartão de débito para pegar dinheiro emprestado, verifique se as taxas são mais baixas do que seriam com um cartão de crédito.)

Os cartões de crédito são uma bênção. Pagar com cartão de crédito é, muitas vezes, mais rápido que pagar em espécie e nos salva de ter que ficar contando moedas; o cartão nos livra do aborrecimento de ter que revirar os bolsos atrás da quantia exata e de guardar moedas em casa. Isso sem contar que, com ele, acumulamos milhas! Esses fatos não passaram despercebidos aos consumidores americanos. Em 2018, o usuário médio de cartão tinha quatro cartões de crédito.[6] Mas, se não tomarmos cuidado, o cartão de crédito pode acabar se transformando num vício. Vejamos os dados abaixo, relativos aos Estados Unidos:

- Quarenta e três por cento dos saldos não são totalmente quitados a cada mês, ao passo que 31% são integralmente quitados (o restante não tem saldo ou está inativo).
- A dívida total em cartões de crédito no país era de 1,1 trilhão de dólares em fevereiro de 2020.
- O saldo médio da dívida pendente de uma família americana foi de cerca de 6 mil dólares em 2019 em 3,1 cartões de crédito em média. O total de pagamentos de juros foi de 121 bilhões de dólares, com a maioria das taxas de juros oscilando entre 14% e 18% ao ano.
- Em 2018, cerca de 9% dos titulares de cartões de uso geral e cerca de 4,5% dos titulares de cartões de marca própria tiveram pelo menos uma grande inadimplência nos doze meses anteriores.
- Além dos juros, os usuários perdem muito dinheiro com tarifas. Elas chegam a 5,5% dos saldos de fim de ano. Desse total, quase metade são tarifas atrasadas.

Em muitos outros países você vai encontrar números parecidos, e a situação parece estar piorando com o passar do tempo. Voltando aos problemas de autocontrole discutidos no capítulo 2, dá para entender como os cartões de crédito criam grandes dificuldades para certas pessoas. Antes que eles existissem, as famílias eram praticamente forçadas a pagar antes de adquirir o produto. É por isso que as pessoas aderiam a clubes de poupança de Natal e potes de dinheiro rotulados conforme a finalidade ou o beneficiário. Agora, se você não tem dinheiro para abastecer o carro, pode usar o cartão de crédito. Os cartões inibem o autocontrole de outras maneiras. Um estudo realizado pelos professores de marketing Drazen Prelec e Duncan Simester revelou que as pessoas estavam dispostas a pagar o dobro para adquirir ingressos para uma partida de basquete se pudessem pagar com cartão de crédito em vez de dinheiro.[7] E o valor que elas gastam para ganhar as tais milhas é incalculável. Quando atingem o limite de gastos de um cartão, começam a usar outro ou abrem uma nova conta em algum lugar que ofereça cartões de crédito "pré-aprovados".

O modo tradicional de lidar com questões como essa é a regulamentação completa. Em 2009, por exemplo, o Congresso americano promulgou a Lei de Prestação de Contas, Responsabilização e Transparência dos Cartões de Crédito, com o objetivo de proteger os humanos de vários riscos e custos, entre os quais tarifas exorbitantes e multas por atraso. Utilizando elementos da ciência comportamental, a lei incluiu vários nudges na forma de exigências de divulgação, de forma a garantir que os atributos encobertos não fossem mais tão encobertos. Por exemplo, os extratos do cartão de crédito são obrigados a oferecer informações claras sobre as consequências de fazer apenas o pagamento mínimo por longos períodos. Certos tipos de tarifas também foram proibidas, e nesse sentido a lei vai muito além do nudge. Mas mesmo quando isso acontece ela é projetada para proteger os humanos dos próprios erros, com base na teoria de que as instituições financeiras tiram vantagem de vieses comportamentais (em especial os vieses da atenção limitada e do otimismo irreal). A boa notícia é que a lei economiza cerca de 11,9 bilhões de dólares dos consumidores anualmente.[8] Mais uma vez, seus efeitos distributivos parecem bons: essa economia está concentrada entre aqueles que têm classificação de crédito baixa.

No entanto, como acontece com qualquer regulamentação de produtos complexos, os vendedores sempre podem pensar em novas maneiras de enganar os compradores. Podemos e devemos usar as ferramentas do paternalismo libertário para oferecer aos consumidores mais ajuda na tomada de boas decisões. Devemos pensar em mais e melhores formas de exigências de divulgação, com foco em proteger aqueles na base da pirâmide econômica. No caso dos cartões de débito, podemos adotar medidas para evitar que os consumidores caiam no cheque especial, contraindo empréstimos a juros elevados. Com base em elementos da psicologia comportamental, o Banco Central americano criou regulamentos que proíbem os bancos, por exemplo, de oferecerem o cheque especial como opção-padrão sempre que um cliente abre uma nova conta. É uma iniciativa sensata, mas, como vimos, as opções-padrão nem sempre são aceitas.[9] No momento de abertura da conta, o banco pergunta ao cliente se ele deseja receber um empréstimo caso sua conta fique no negativo. Poucos humanos vão perguntar detalhes dessa oferta aparentemente generosa com a qual os bancos ganham muito dinheiro.

Ao mesmo tempo, o cheque especial pode ser útil para alguns. Poder sacar no caixa eletrônico mesmo com saldo negativo é bastante conveniente, e as tarifas para os cheques sem fundos são altas. Existe um equilíbrio difícil de se alcançar aqui. Mas o Banco Central americano deveria no mínimo pensar em novos nudges para proteger os clientes de programas concebidos supostamente para protegê-los, mas que na prática os prejudicam.

Assim como as hipotecas, consideramos os cartões de crédito uma área propícia ao uso da divulgação inteligente. Sugerimos que as operadoras de cartão sejam obrigadas a publicar todas as suas regras e tarifas num banco de dados on-line semelhante ao Arquivo Hipoteca. Assim como acontece com as hipotecas, isso permitiria que os motores de busca e escolha ajudassem as pessoas a tomar melhores decisões no momento de escolher um cartão.

Eis um exemplo: uma das maneiras que as empresas de cartão de crédito encontraram para aumentar sorrateiramente os preços foi reduzindo o número de dias entre a emissão da fatura e a data de vencimento. Se você não pagar até a data, incorrerá não só em multa, mas também em juros sobre todas as compras que fizer no mês seguinte, ainda que pague a fatura integralmente. Para alguém que usa muito o cartão de crédito, como um empresário que viaja a trabalho, atrasar um único pagamento grande por apenas um dia pode resultar numa despesa extra de centenas de dólares.

A maior vantagem da divulgação inteligente, porém, é o fato de que ela ajuda a mudar comportamentos. Voltemos à diferença entre aparelhos de TV e raquetes de tênis: a forma como o consumidor usa o cartão de crédito é mais importante do que o cartão escolhido. Já vimos que uma família americana média que utiliza cartões de crédito costuma ter quatro cartões e mais de 6 mil dólares em saldos pendentes. Isso significa que eles estão gastando *muito* dinheiro em juros e tarifas — e, em grande parte dos casos, bem mais do que precisariam.

Podemos ver um exemplo da maneira inadequada como as famílias lidam com as dívidas de cartão de crédito observando como elas escolhem alocar o dinheiro que pagam entre os vários cartões. Digamos que Dan deve 2 mil dólares no cartão de crédito A, que cobra 18% de juros, e mil dólares no cartão de crédito B, que cobra 23% de juros. Ele pode desembolsar seiscentos dólares este mês para reduzir a dívida do cartão de crédito. Os pagamentos mínimos exigidos pelos dois cartões são de quarenta e vinte dólares, respectivamente. Quanto ele deve pagar a cada empresa de cartão de crédito?

Uma equipe de economistas estudou essa questão usando dados do Reino Unido e depois replicou os resultados usando dados americanos.[10] Antes de vermos o que a maioria das pessoas faz, primeiro vejamos o que Dan *deveria* fazer. Com certeza ele deve realizar pelo menos o pagamento mínimo de cada cartão, tendo em vista que as penalidades por não pagar esse valor minúsculo são altas. Depois, a melhor estratégia para Dan é usar todo o resto do dinheiro para pagar a operadora com taxa de juros mais alta. É uma regra bastante simples: *pague o mínimo em cada cartão, depois pague o cartão com a maior taxa de juros*. O problema é que os pesquisadores descobriram que apenas cerca de 10% da amostra segue essa regra.

Então o que as pessoas fazem? Elas seguem muitas heurísticas — entre as quais a de pagar o mesmo valor em cada cartão —, porém a estratégia mais comum é tentar equilibrar os saldos. Assim, no exemplo que demos, Dan pagaria quatrocentos dólares ao cartão A e duzentos ao cartão B. A impressão é de que as pessoas não percebem as diferenças nas taxas de juros, que podem ser de seis pontos percentuais ou até mais. Quanto mais cartões uma família tiver, mais esse erro custará. Mas também é claro que quanto maiores os saldos devedores, maiores os custos.

Devemos enfatizar que esse erro específico é apenas a ponta do iceberg. As famílias podem utilizar muitas outras formas de lidar com a questão — a mais óbvia, não acumular tantas dívidas. Entre outras possibilidades de economizar está sacar as economias para pagar dívidas. As famílias muitas vezes dispõem de recursos numa conta-corrente ou poupança. Nesse tipo de conta elas não ganham basicamente nada, enquanto podem ao mesmo tempo ter dívidas enormes de cartão de crédito.[11] Se essa é uma escolha boa ou ruim vai depender de questões complicadas de contabilidade mental e autocontrole. Ter uma contabilidade mental para momentos de aperto financeiro é uma decisão sensata, e algumas famílias usam o limite de saldo do cartão como um dispositivo de autocontrole para limitar os gastos. O mesmo tipo de problema surge quando se pega um empréstimo em outro lugar a juros mais baixos, como acontece no caso de refinanciamento de imóveis ou contra ativos do plano 401(k).

Vamos admitir que, se as pessoas não conseguem resolver o simples problema de otimizar o pagamento de suas faturas de cartão de crédito, é improvável que estejam acertando as outras coisas — e a mais importante delas é fazer o pagamento mínimo em dia, sem atraso. Esse problema pode ser resolvido usando o débito automático da fatura, mas apenas cerca de 15% das pessoas usam esse serviço para pagar as contas.[12] É claro que, considerando as multas elevadas que os bancos costumam cobrar por cheques sem fundos, usar o débito automático pode não ser a melhor escolha se você não guarda muito dinheiro na conta bancária.

Esperamos que esteja claro o motivo de enfatizarmos que o maior problema com os cartões de crédito é a forma como são usados. Nessa área, ser distraído e não saber fazer contas custa muito caro. E embora o débito automático possa resolver o problema de memória, uma estratégia ainda melhor seria entregar a gestão da dívida do cartão a alguém que saiba fazer contas e não tenha problemas de memória. Como dizem, hoje em dia existe um aplicativo para tudo. Um que nos agrada em particular é o Tally.[13] (Para ser transparente: o Tally foi criado por Jason Brown, que, quando era aluno da Booth School of Business da Universidade de Chicago, teve aulas com Thaler. Não temos nenhuma participação financeira em sua empresa.)

Eis o que aconteceria se Dan, que devia um total de 3 mil a duas operadoras de cartão de crédito, usasse o Tally: após fazer uma breve verificação de crédito, o Tally pagaria automaticamente os 3 mil da dívida de cartão de crédito de Dan e assumiria a responsabilidade de gerenciar suas contas. Em seguida, o Tally passaria a monitorar todas as atividades nesses cartões e na conta-corrente de Dan e garantiria que todas as contas fossem pagas em dia. E o mais importante: todo mês o Tally estimularia Dan a pagar sua dívida mais rápido, recomendando quitar um valor maior da dívida com base na quantia que ele tem disponível e em despesas futuras. Por usar o serviço, o Tally cobraria de Dan juros sobre o dinheiro emprestado, porém mais baixos do que os cobrados pelo cartão de crédito.

O Tally também faria Dan economizar muito dinheiro ao evitar que ele tivesse que pagar alguma tarifa extra por atraso ou algum saldo em aberto no fim do mês, porque é nesse momento que usar o cartão de crédito fica muito caro. Se seu saldo estiver zerado e você comprar algo por mil dólares, só terá que pagar juros no cartão de crédito na data de vencimento da próxima fatura, o que pode demorar até 55 dias. Mas se você pagar apenas um centavo a menos do que o valor total em algum mês, os juros começarão a acumular naquela compra de mil dólares a partir do dia em que você a comprou. Dolorido, hein?

Mas como o Tally consegue fazer tudo isso? Jason é um cara legal, mas o Tally é um negócio, não uma instituição de caridade. A resposta é que os cartões de crédito cobram taxas de juros muito altas até para pessoas com histórico muito bom. Assim, o Tally pega dinheiro emprestado a taxas mais baixas diretamente dos bancos em nome do usuário e recebe uma pequena comissão do próprio banco.

Mesmo que você sempre tenha pagado a conta do cartão de crédito em dia e guarde muito dinheiro no banco, se vacilar e perder um pagamento sequer, pagará juros altíssimos. Por incrível que pareça, 20% de toda a receita de multas por atraso vem de pessoas com crédito na praça,[14] porque mesmo as pessoas que ganham bons salários podem se distrair. Essa é uma das razões por que os cartões de crédito são um negócio tão lucrativo. Se você consegue manter um saldo razoável na conta-corrente, mas tende a ser distraído como nós, coloque tudo o que for possível no débito automático.

No início deste capítulo, introduzimos a distinção entre escolher e usar, e sugerimos que escolher é mais importante para hipotecas, mas usar é mais importante para cartões de crédito. No caso das hipotecas, esperamos que a divulgação inteligente e os empréstimos fáceis levem a escolhas melhores, e pedimos às pessoas que usem o débito automático para não se esquecerem de pagar a hipoteca. No caso dos cartões de crédito, a divulgação inteligente permitiria também o surgimento de mecanismos de escolha, especialmente se os dados do usuário fossem incluídos na busca. Se você paga o cartão todos os meses, talvez sua maior preocupação seja acumular milhas, mas, se não tem muito dinheiro na conta, deve se preocupar com juros e tarifas.

Mas o Tally não é um motor de escolha. É um *motor de usuário*. Não seria bom se houvesse mais desses na vida? Embora gostemos de Jason e desejemos o melhor para ele, esperamos que muita gente imite seu modelo de negócios e faça concorrência com sua empresa. Qualquer um que possa ajudar as pessoas a reduzir o custo de seus hábitos em relação ao cartão de crédito merece aplausos. E embora nosso mantra continue sendo "facilite", uma das melhores maneiras de facilitar é automatizar.

12. Seguros: Não faça tempestade em copo d'água

Existe um livro popular de autoajuda intitulado *Não faça tempestade em copo d'água... e tudo na vida são copos d'água*. O livro transmite uma mensagem sensata: não devemos nos estressar com aborrecimentos menores. Esse certamente é um bom conselho que deve ser aplicado a quase todos os aspectos da vida. (Mesmo coautores que trabalham juntos há décadas às vezes esquecem isso.) Embora o livro seja sobre bem-estar emocional, e não sobre planejamento financeiro, o título serve como um excelente guia para a aquisição de seguros.

Os economistas concordam a respeito da maneira correta de pensar sobre seguros. O princípio fundamental é se proteger de contratempos raros, mas importantes, que podem levar à ruína financeira. Os tipos de riscos para os quais devemos fazer seguro são os residenciais – contra enchentes ou incêndios –, de problemas graves de saúde, morte ou invalidez de uma pessoa com renda familiar e de automóvel. Qualquer um desses acontecimentos pode colocar uma família em dívida por anos ou até mesmo levá-la à falência. Faz sentido pagar uma empresa para dividir esses riscos. Não devemos fazer seguro contra a possibilidade de nosso time perder a final do campeonato, de a cafeteira pifar ou mesmo de amassarmos o carro numa vaga de estacionamento à noite.

É claro que o que constitui uma perda "grande" depende da situação financeira de cada um. Bilionários não precisam de nenhum tipo de seguro, ao passo que famílias pobres estão numa situação precária. Mas o princípio-chave permanece o mesmo. Um conselho muito bom é: "Não faça seguro de pequenas coisas". Mas as pessoas parecem não segui-lo. Na verdade, às vezes as pessoas não fazem seguro de coisas importantes! Pessoas que vivem em áreas que costumam alagar muitas vezes não fazem seguro contra enchentes e acabam varridas do mapa por um daqueles aguaceiros que só caem de cem em cem anos, mas que na prática parecem acontecer a cada dez anos. Essas perdas são trágicas. Mas neste capítulo nos concentramos no erro cometido no outro lado do espectro das perdas – o erro de fazer seguro para coisas pequenas. Vamos mostrar que isso pode ter um custo anual muito alto para as famílias.

As primeiras formas de seguro cobriam os tipos de risco que vale a pena segurar. Os comerciantes faziam seguro para cobrir o risco de um veleiro não entregar sua carga por qualquer motivo.[1] O seguro contra incêndio se tornou comum após o Grande Incêndio de Londres em 1666.[2] Como os contratos de seguro podem ser complicados e repletos de detalhes em letras miúdas, você não se surpreenderá ao saber que os humanos costumam ter dificuldade para escolher uma apólice. E se surpreenderá menos ainda ao descobrir que achamos que certas melhorias na arquitetura de escolhas também podem ajudar.

Mesmo que você tenha pagado a hipoteca, é sensato fazer um seguro residencial contra incêndios ou enchentes. A casa é o bem mais valioso de muitas famílias, e você deve garantir que a apólice cubra o custo de substituição de sua casa (não do terreno) em caso de perda total. No entanto, assim como muitos outros tipos de seguro, as apólices de seguro residencial geralmente têm uma franquia, que é a parte de qualquer perda que o segurado precisa pagar. É importante entender como as franquias funcionam, porque escolher a franquia errada é o deslize mais comum que os consumidores cometem ao adquirir qualquer tipo de seguro. Se você está cansado de ler sobre erros financeiros, pode pular o resto deste capítulo se prometer cumprir a seguinte regra de ouro: *ao adquirir um seguro, escolha sempre a maior franquia disponível.*

Claro, existem exceções a qualquer regra, e a essa também. Se a franquia for tão alta que coloque o cliente em sérias dificuldades financeiras, ele deve escolher uma franquia mais baixa; o problema é que em geral as pessoas escolhem uma franquia muito baixa. Na verdade, temos um nome para esse erro: *aversão à franquia*.

GARANTIAS ESTENDIDAS

O princípio geral do nosso conselho sobre franquias é que o ideal é "autossegurar" o maior número possível de riscos. Afinal, para a seguradora é caro vender a apólice e processar o pedido de seguro. Assim, o seguro de pequenos riscos é um mau negócio para o consumidor, razão pela qual você deve quase sempre recusá-lo.

Um exemplo: acabamos de pesquisar na internet e encontramos um bom forno de micro-ondas por cerca de cem dólares. O vendedor oferece uma garantia estendida por mais dez dólares. É um bom negócio? Para saber, basta se perguntar: quando foi a última vez que seu forno de micro-ondas parou de funcionar? No nosso caso, a resposta é nunca. Mas você pode se perguntar: e se um dos meus filhos fizer a besteira de colocar um objeto de metal dentro do forno e fritar a fiação? Duas coisas: primeiro, provavelmente o seguro não cobre esse tipo de situação. Leia os trechos em letras miúdas no contrato. E, segundo, são cem dólares. Não é troco de padaria, mas também não é o preço de uma casa nova. Se o micro-ondas pifar, compre um novo!

Para fazer sua vida mais feliz, sobretudo se seu cônjuge provavelmente o culpa pelas raras ocasiões em que teria sido melhor fazer um seguro, recomendamos criar uma conta mental especial que chamamos de "conta particular". Pode ser uma conta poupança no banco, um livro-razão ou até uma planilha eletrônica. Toda vez que você não fizer a garantia estendida ou o seguro de viagem, ou não acionar o seguro num carro alugado (que provavelmente é coberto pelo seu cartão de crédito), ou escolher uma franquia menor numa apólice de seguro, deposite o dinheiro que você poupou nessa conta. Nas raras ocasiões em que essas escolhas se revelarem ruins, basta deduzir o custo do seu saldo. Essa conta aumentará rapidamente se você seguir nossos conselhos sobre franquias.

AVERSÃO À FRANQUIA

Existem diversos tipos de seguro que utilizam o sistema de franquias. Nos Estados Unidos, por exemplo, elas estão presentes nos seguros residencial, de automóvel e de saúde. Num estudo intitulado "(Over)insuring Modest Risks" [Pagando caro demais por riscos pequenos], o economista Justin Sydnor defende que o cliente deve escolher a franquia mais alta.[3] Ele analisou os dados de 50 mil pessoas com seguro residencial no início dos anos 2000 numa companhia que oferecia essas apólices. (Tempos depois os resultados foram semelhantes em outros tipos de seguro.) Na época, a seguradora oferecia quatro opções de franquia: 100, 250, 500 e 1000 dólares. Poucos clientes selecionam a franquia de cem dólares (que é muito dispendiosa), então nos limitaremos a sugerir que você simplesmente evite essa opção.

A pergunta que queremos responder é se, para o segurado, é uma boa estratégia aumentar a franquia. Vamos dar um exemplo para ver como funciona essa análise. Em média, ao aumentar a franquia de quinhentos para mil dólares, o cliente economiza cerca de cem por ano em prêmios. Claro que, se ele acionar o seguro, terá que pagar até quinhentos dólares a mais. Então, ele teria que acionar o seguro uma vez a cada cinco anos para empatar. Entendeu? O problema é que, na média, as pessoas acionam o seguro com uma frequência muito mais baixa que essa. Na amostra de Justin Sydnor, apenas cerca de 5% dos segurados fazem sinistros todo ano. Portanto, aumentar a franquia é um bom negócio!

Se todos os segurados seguissem nosso conselho de aumentar a franquia e depositar as economias na conta particular, cada um deles adicionaria cem dólares por ano à conta e teria de resgatá-los apenas uma vez a cada vinte anos, mais ou menos. Outra maneira de ver a questão: depois de vinte anos, o segurado teria, em média, 1500 dólares (mais os juros) na conta particular. Nada mau para uma única escolha inteligente! Assim como no seguro de automóvel, é possível economizar no plano de saúde, nosso próximo assunto.*

* Outra descoberta interessante do artigo de Sydnor: ele encontrou diversas evidências de inércia. Com a inflação, as franquias subiram ao longo do tempo. Mencionamos que apenas cerca de 5% dos segurados selecionam a franquia de cem dólares, que é muito onerosa. Quem são essas pessoas? No geral, segurados de longa data que fizeram essa opção há muito tempo. Em média, os segurados mais novos têm franquias mais altas. Assim como no caso do sistema de previdência social sueco, isso ilustra o que pode acontecer quando os usuários fazem uma escolha e depois entram no piloto automático. Talvez agora seja um bom momento para ver quais são as franquias nas suas apólices de seguro e "abrir" a conta particular.

PLANO DE SAÚDE: ESCOLHAS QUE CERTAMENTE SERÃO RUINS

Você se lembra de Carolyn e do refeitório? Ao discutir esse exemplo, mencionamos que algumas pessoas pensam que os arquitetos de escolhas devem tentar criar o que pode ser considerado um ambiente de escolhas neutro, evitando nudges em qualquer direção. Afirmamos que, de modo geral, isso é impossível. Sempre que as pessoas fazem uma escolha, deve haver *alguma* estrutura subjacente. No entanto, graças à pesquisa dos economistas comportamentais Saurabh Bhargava, George Loewenstein e Justin Sydnor, temos boas evidências a respeito da influência dessa estrutura e da dificuldade de alcançar a neutralidade.[4] Também mostramos que um modelo aparentemente sensato pode gerar péssimas escolhas e, portanto, resultados onerosos.

A equipe estudou o que aconteceu quando uma grande empresa americana decidiu mudar a forma de apresentar as opções de plano de saúde que oferecia a seus funcionários. Ela passou a oferecer a eles o que chamamos de abordagem "salada" — a chance de escolher exatamente quais elementos desejavam incluir no plano. Uma característica importante desse estudo de caso é que os únicos fatores que diferiam entre as políticas eram relacionados a custos — todos os participantes teriam exatamente as mesmas opções e poderiam escolher onde e de quem receber atendimento, se precisavam de autorização para algum procedimento e assim por diante. Essas escolhas afetavam apenas o valor pago ao plano de saúde.

Os funcionários podiam escolher a franquia anual entre quatro opções (1000, 750, 500, 350 dólares), tinham três opções de gastos máximos acima da franquia (3000, 2500 e 1500 dólares), duas taxas alternativas de cosseguro na cobertura acima da franquia e antes de atingir o limite de desembolso (80% e 90%) e dois diferentes valores de coparticipação de consulta (15 dólares para atenção primária/40 dólares para especialistas ou 25 dólares para atenção primária/35 dólares para especialistas). Se você não entendeu todos esses termos, não se preocupe; você vai entender a história do mesmo jeito. Como qualquer uma das combinações possíveis era permitida, havia 48 planos disponíveis (4 × 3 × 2 × 2), cada um com seu preço.

A empresa fez um alarde ao apresentar o novo plano de saúde, e os funcionários foram incentivados a construir seu próprio plano, assim como os suecos foram incentivados a construir o próprio portfólio. No entanto, uma das opções — a de prêmio mensal mais baixo e maiores níveis de coparticipação do funcionário — foi selecionada como padrão para quem não exercesse a escolha ativa. Bem, vamos fazer um teste: qual porcentagem de funcionários você acha que escolheu o próprio plano?

Existem argumentos plausíveis que explicam por que alguém poderia pensar que muitas pessoas abririam mão de fazer a escolha ativa. Sunstein tem dor de cabeça só de ler o parágrafo que lista as 48 opções. Por outro lado, escolher o padrão parece antinatural. É mais ou menos como ir a uma festa à fantasia vestindo a roupa normal de fim de semana. Mesmo assim, dê o seu palpite antes de continuarmos.

Antes de revelar a resposta, precisamos dizer que não é possível saber exatamente quantas pessoas simplesmente optaram por não participar porque, assim como no exemplo da Suécia, também era possível escolher ativamente o plano-padrão. Ao todo, apenas 14% dos funcionários se inscreveram no plano-padrão, e os autores do estudo acreditam que a maioria o escolheu ativamente. Eles estimam que apenas 2% dos funcionários escolheram o plano de forma passiva, simplesmente abrindo mão de fazer qualquer escolha. Quer esteja certa ou não, essa inferência nos apresenta outro exemplo em que a maioria das pessoas recusa a opção-padrão. E, assim como na Suécia, o plano-padrão era uma opção muito boa — como veremos, *comprovadamente melhor* do que muitas das opções feitas pelos funcionários.

Embora escolher um plano possa parecer uma tarefa assustadora, a empresa tomou certos cuidados para facilitar o processo. Segundo os autores do estudo, "os funcionários foram solicitados a construir os planos selecionando níveis, em sequência, dentro de quatro atributos relacionados à coparticipação de custos (por exemplo, respondendo a perguntas como: 'Qual franquia anual atende às suas necessidades?'), e estimulados a considerar a razão custo-benefício entre o preço e a cobertura (por exemplo, com mensagens do tipo: 'Lembre-se: uma franquia mais baixa significa que você pagará mais do seu salário para ter acesso ao plano'). Depois de criar o plano, os funcionários descobriam o valor da mensalidade e decidiam ou se inscrever ou criar um segundo plano usando o mesmo processo sequencial".

E como os funcionários se saíram na criação dos próprios planos de saúde? Não muito bem. Talvez alguém diga que é difícil julgar — afinal, quem pode saber se a salada de Sunstein é melhor que a de Thaler? Não podemos aplicar aqui o ditado "Gosto não se discute"? Não! Essa máxima não se aplica porque muitas das escolhas feitas pelas pessoas violaram um princípio fundamental de racionalidade, uma palavra que raramente usamos neste livro (até porque cria muitos problemas). Estamos falando do princípio da *dominância*: se a opção A for melhor que a opção B em pelo menos um aspecto e não for pior em nenhum outro, então deve-se preferir A a B. Se oferecermos a Sunstein duas latas idênticas de Coca Zero — sua bebida preferida — e uma for mais barata que a outra, então a opção mais barata domina a mais cara. Ninguém que compreende esse princípio o violaria de forma consciente. Mas, por incrível que pareça, *a maioria dos funcionários selecionou um plano que era dominado por outro*.

Reflita sobre esse resultado. A empresa deu a seus funcionários total liberdade de escolha e uma interface funcional para comparar opções, mas a maioria selecionou um plano inequivocamente pior do que pelo menos uma das opções rejeitadas. E essas más escolhas custaram caro. Os funcionários que selecionaram planos dominados acabaram pagando em média 28% a mais. Os autores intitularam seu artigo "Choose to Lose".

Todas as más escolhas tinham algo em comum: franquias baixas! Em muitos casos, os planos com franquia baixa eram dominados por um plano idêntico com franquia mais alta. Por exemplo, um plano tinha uma franquia anual de mil dólares e prêmio anual de 930 dólares. Ele dominava um plano com recursos idênticos, exceto uma franquia de quinhentos dólares e um prêmio de 1568 dólares. Faça as contas. Ao escolher o último, o funcionário paga 638 dólares para reduzir a franquia em quinhentos dólares, mantendo todo o resto igual. Custa pelo menos 138 dólares a mais, e, se ele acionar o seguro, os 638 dólares são economizados. Qualquer funcionário que tivesse seguido nossa regra de escolher a franquia mais alta teria evitado essa armadilha.

O fato de muitos planos com franquias baixas serem dominados por alternativas com franquias mais altas não é exclusivo dessa grande empresa. Um estudo de acompanhamento de Chenyuan Liu e Justin Sydnor usou uma pesquisa de planos de saúde numa grande amostra de empregadores dos Estados Unidos.[5] Eles procuraram empresas que oferecessem apólices de seguro comparáveis com franquias altas e baixas, e encontraram 331 empresas que atendiam a esses critérios. Se os trabalhadores desses planos tivessem seguido a regra de selecionar a franquia mais alta, estariam melhor em 62% das empresas, mesmo em anos de fortes despesas médicas. Em cerca de metade das empresas, o plano de franquia mais alta praticamente garantia custos mais baixos. As economias esperadas ao se escolher planos de franquia alta costumam superar quinhentos dólares por ano, e na maioria das vezes sem implicar aumento de risco financeiro. Estamos falando de uma possível injeção de quinhentos dólares por ano na conta particular.*

A aversão à franquia não aflige apenas os americanos; os holandeses sofrem do mesmo problema. Na Holanda, todos os cidadãos são obrigados a ter um plano de saúde, e (em 2020) todos os planos são obrigados a ter uma franquia de pelo menos 385 euros por ano,[6] mas as famílias podem optar por uma franquia de até quinhentos euros a mais. Grosso modo, aumentar a franquia em cem euros reduz o prêmio em cerca de cinquenta euros. Aparentemente, nossa regra da franquia (ainda) não é conhecida na Holanda, porque apenas cerca de 10% das pessoas escolhe uma franquia acima do mínimo.[7] No entanto, uma equipe de economistas de Berkeley e da London School of Economics descobriu que a maioria das pessoas ganharia com um aumento da franquia.[8] Isso se aplica até àquelas para quem a escolha deveria ser mais óbvia — as pessoas que muito provavelmente não vão gastar mais do que a franquia mínima e, portanto, correm pouco risco de ter que pagar mais. Mesmo nesse grupo apenas 15% escolhem uma franquia mais alta. Se fossem econos, todos a aumentariam.

* Uma boa pergunta a se fazer é: por que as empresas oferecem planos dominados? Não existe uma resposta definitiva para essa pergunta. A maioria das grandes empresas nos Estados Unidos é "autossegurada" — ou seja, elas arcam com todo o risco dos gastos com saúde dos funcionários e usam seguradoras apenas para organizar redes de assistência e administrar o acionamento do plano. Assim, os interesses dos empregadores e dos funcionários estão bem alinhados. Liu e Sydnor oferecem a seguinte explicação para o motivo de os planos de franquia alta serem tão baratos: "O mecanismo é que uma combinação de seleção adversa e risco moral pode criar uma disparidade maior nos custos médios (do ponto de vista da seguradora) para inscritos nos planos de franquia alta, em comparação com os inscritos nos planos de franquia barata, do que seria esperado simplesmente pela redução nos níveis de cobertura entre esses planos. As empresas parecem mais ou menos igualar as contribuições totais entre os diferentes tipos de planos de saúde oferecidos, o que significa que repassam essas grandes diferenças de custo médio para os funcionários inscritos nos planos de franquia alta. Isso pode proporcionar uma grande economia de dinheiro para aqueles que se inscrevem em opções de franquia alta, e, quando a diferença de franquias e limites de despesas pagas do próprio bolso entre os planos não for grande, a opção de plano de franquia alta pode se tornar financeiramente dominante".

Nos Estados Unidos, as famílias que optam por um plano com franquia alta têm a opção de criar algo melhor do que uma conta particular – que no fundo é apenas uma conta mental. Elas podem criar uma conta poupança saúde (CPS), cujas contribuições não são taxadas. Para incentivar os funcionários a escolherem um plano de franquia alta, muitos empregadores fazem contribuições para a CPS daqueles que o escolhem. Qualquer valor depositado na CPS que não seja gasto até o final do ano simplesmente se acumula para o ano seguinte, e, no fim, se transforma num plano de previdência para a aposentadoria. A existência dessas contas torna ainda mais difícil compreender por que os planos de franquia alta têm tão pouca aceitação, mesmo quando representam uma economia certa de dinheiro.

É possível que essa baixa adesão aos planos de franquia alta se explique em parte pelo fato de as pessoas não perceberem que a CPS é livre de sludge. A conta é aberta automaticamente pelo empregador, muitas vezes com saldo inicial já depositado em 1º de janeiro. Os segurados recebem um cartão de débito vinculado à conta e podem usá-lo para pagar qualquer conta ou compra médica. Não é preciso assinar nenhum papel nem pedir aprovação do plano. Os trabalhadores talvez estejam confundindo a CPS com um benefício mais antigo (mas ainda existente) chamado CGF, a conta de gastos flexíveis, que já mencionamos. Essas contas são um verdadeiro pesadelo, com sludge a cada passo do caminho. As notas precisam ser apresentadas e muitas vezes são rejeitadas sem motivo aparente. E o pior: o usuário precisa adivinhar quanto gastará com médicos no próximo ano, e pode perder dinheiro se não zerar a conta até 31 de março do ano seguinte. Essa cláusula acaba dando um impulso nas vendas das óticas, que recebem boa parte dos clientes cujas contas estão prestes a expirar.

Atualmente, as franquias podem passar de 4 mil dólares num plano familiar, portanto talvez alguém pense que a simples aversão ao risco poderia explicar por que mais pessoas não as escolhem; mas, no caso de planos dominantes, não há qualquer risco a assumir: as famílias pagam menos, não importa quanto consumam no plano de saúde! Considere o seguinte exemplo (simplificado):* o empregador oferece duas franquias, de mil e 4 mil dólares, e contribui com

* Estamos deixando outros custos de fora, como o do cosseguro, só para facilitar os cálculos. Num caso em que o plano de franquia alta domina o plano de franquia baixa, essa simplificação não afeta a análise.

mil dólares para a CPS de qualquer funcionário que opte pela franquia alta. O prêmio é trezentos dólares por mês mais baixo no plano de franquia alta, o que significa 3600 dólares por ano. Imagine que uma família coloque todo o dinheiro economizado em prêmios na CPS na sua conta particular. Isso significa que até o fim do ano 4600 dólares terão sido depositados na CPS, o suficiente para cobrir a franquia e, quase certamente, quaisquer outros gastos diretos.

Sugerimos que a família adote o seguinte plano de contabilidade mental: sempre que houver uma despesa médica, até atingir a franquia, ela deve pagar com o cartão de débito da CPS. Depois disso, o seguro assume. Observe que a família nunca tem que pagar nada do próprio bolso, a menos que — e isso é um grande *a menos* — surja uma grande despesa médica no começo do ano, e antes de a família receber o dinheiro extra dos anos anteriores. Para famílias que vivem com um orçamento apertado, esse pode ser um momento de crise. Mas é um problema fácil de solucionar.

Lembre-se de que os empregadores estão contribuindo para a CPS a fim de encorajar as famílias a aderirem ao plano de franquia alta. Se esse é realmente o objetivo, sugerimos que eles ofereçam um benefício adicional: empréstimos sem juros para quem tiver despesas médicas elevadas no início do ano. Se essa mudança for comunicada de forma adequada, poderá aumentar a aceitação entre funcionários de baixa renda que talvez estejam mais preocupados com a falta de liquidez. Como o plano de franquia alta é mais barato, essas são as famílias que mais têm a se beneficiar com o dinheiro extra.

Uma ressalva importante. Apesar de estarmos seguindo nossa regra geral na escolha das franquias, ainda não estamos seguros de que as franquias altas aumentam de fato a eficiência do sistema de saúde. Parece que os consumidores gastam menos quando precisam pagar uma franquia, mas não temos certeza se isso é algo positivo. O argumento usual para franquias altas é mitigar o que os economistas chamam de "risco moral" — a ideia de que, se não usarem a assistência médica, os pacientes acabarão gastando muito. Eles querem que os clientes "arrisquem a própria pele". Pense nas suas experiências em open bars ou restaurantes com bufê livre. O fato é que os clientes pensarão duas vezes antes de ir ao médico se tiverem que pagar. A questão é: eles vão cortar as coisas certas? Infelizmente, as evidências sugerem que não.

Os economistas Katherine Baicker, Sendhil Mullainathan e Joshua Schwartzstein argumentam que os criadores de planos de saúde precisam se preocupar não só com o risco moral, mas também com o que chamam de "risco comportamental".[9] Vamos lembrar que, para muitas condições médicas, um grande problema é o que os médicos chamam de "adesão" ou "conformidade". No caso de doenças como diabetes, hipertensão e colesterol alto, tomar os medicamentos prescritos é essencial para uma boa saúde, e não fazer isso pode resultar em emergências médicas dispendiosas. Num sistema bem estruturado, o preço desses medicamentos seria negativo, isto é, recompensaríamos os pacientes por tomarem os remédios prescritos. As evidências sugerem que, quando têm que pagar parte ou todo o custo dos medicamentos, os pacientes têm a mesma probabilidade de evitar a compra de medicamentos de alto valor — como insulina ou betabloqueadores — e a dos quase inúteis, como os que combatem o resfriado.

Um experimento conduzido por uma equipe de pesquisadores médicos liderados por Niteesh Choudhry é especialmente revelador.[10] Aleatoriamente, eles formaram dois grupos de pacientes que receberam alta após terem sofrido um ataque cardíaco: um grupo de controle, que teria a cobertura usual e deveria pagar o valor normal de doze a vinte dólares por estatinas, betabloqueadores e inibidores de ECA (reconhecidamente eficazes para esse tipo de pacientes), e um grupo de tratamento que recebia os medicamentos de graça. Em seguida, os pesquisadores acompanharam as taxas de adesão e os resultados clínicos ao longo do ano seguinte. Conforme prevê a teoria econômica, ao não pagarem pelos medicamentos, os pacientes do grupo de tratamento os consumiram com maior regularidade. Mas como esse comportamento afeta a saúde? Um experimento recente acompanhou novos inscritos no programa de benefícios de prescrição médica do Medicare.[11] Devido a uma peculiaridade no funcionamento do programa, os nascidos no início do ano (por exemplo, em fevereiro) têm mais chances de arcar com o compartilhamento de custos até o fim do ano do que os nascidos mais tarde (por exemplo, em setembro) — o que significa que eles pagaram mais do próprio bolso pelos remédios. Embora a mudança tenha sido pequena — cerca de dez dólares por medicamento —, os pacientes reduziram suas compras, como no estudo anterior. E, como a ciência médica poderia prever, aqueles que cortaram os medicamentos tiveram um risco de morte muito maior — cerca de 33% maior! E o pior: as pessoas com maior risco de desenvolver problemas como ataque cardíaco e AVC — justamente aqueles que a teoria econômica prevê que deveriam ser reduzidos ao mínimo – eram as mais propensas a abandonar os vitais medicamentos (como estatinas, betabloqueadores e inibidores de ECA) quando o preço subia. Nesse caso, cobrar por medicamentos de eficácia comprovada custa dinheiro (em termos de custos de saúde mais altos) e vidas. Assim, exigir que os pacientes coparticipem despesas médicas pode reduzir os gastos no curto prazo, mas ainda não se sabe ao certo se isso reduz os custos no longo prazo e se a ideia sequer é boa.

À luz de tudo isso, pensamos que a contabilidade mental da conta particular, somada à CPS, pode ser útil em duas frentes. Primeiro, pode ajudar as famílias a escolherem planos financeiramente melhores. Não adianta pagar oitocentos dólares para reduzir a franquia em quinhentos dólares. Quando incentivamos o uso da conta particular para "pagar" os custos relacionados à saúde que chegam antes de se atingir a franquia, nossa expectativa é de que as famílias não economizem nos serviços médicos necessários porque precisam pagar do próprio bolso; ao mesmo tempo, queremos desestimular gastos desnecessários, lembrando às pessoas que elas podem manter e investir o dinheiro na CPS para despesas médicas futuras ou gastá-lo na aposentadoria. Se isso funcionasse, seria um nudge útil, que estimularia o uso da contabilidade mental.

Embora nosso foco aqui tenha sido especificamente o sistema de saúde norte-americano, em outros países a dinâmica é semelhante, e nossa máxima de escolher a maior franquia pode ser aplicada em todo o mundo.

Parte IV

Sociedade

Na seção anterior, em que falamos de dinheiro, o nível de análise foi sobretudo individual ou familiar. Em alguns momentos até havia terceiros à espreita — como pacientes que deixam de tomar seus remédios e, com isso, aumentam o preço dos cuidados de saúde (ou o tempo de espera para ter acesso a um médico) para outras pessoas —, mas eles não eram o nosso foco. Nos dois capítulos seguintes, ampliamos o foco e abordamos dois temas nos quais o objetivo principal é encorajar as pessoas a realizar ações que ajudam principalmente os outros. Para usar a analogia da covid-19, estamos pedindo não que elas evitem multidões onde possam pegar a doença, mas que fiquem em casa se tiverem sido expostas a alguém que tenha testado positivo.

O primeiro tema é a doação de órgãos, no qual o objetivo é aumentar a oferta de órgãos àqueles que precisam de transplantes, respeitando o direito das pessoas de decidir sobre o próprio corpo mesmo após a morte. O segundo é a mudança climática, que claramente exige que todos nós façamos sacrifícios capazes de produzir benefícios compartilhados por todos, inclusive pessoas que ainda não nasceram. Felizmente, as ferramentas de arquitetura de escolhas podem ajudar em ambos os casos. Esperamos que nossa análise ofereça lições mais amplas voltadas ao uso dessas ferramentas para tratar de problemas nos quais as ações de indivíduos afetam terceiros, para o bem ou para o mal.

13. Doação de órgãos: A ilusão da solução-padrão

Os legisladores vêm se tornando cada vez mais sofisticados no uso da arquitetura de escolhas para fazer suas políticas alcançarem os objetivos. Portanto, é surpreendente que, numa área em que os detalhes da arquitetura de escolhas foram tão amplamente discutidos, a impressão seja a de que foram feitas escolhas erradas. O tema em questão é a doação de órgãos, ao qual dedicamos um capítulo na edição original deste livro. Assim como neste, ele aparecia no fim do livro, então talvez ninguém tenha lido. Ou talvez tenhamos feito um péssimo trabalho ao escrevê-lo. Ou vai ver ninguém pensou que precisaria efetivamente ler o capítulo, por julgar-se capaz de adivinhar nossa posição. Então, vamos fingir que aquele capítulo nunca existiu e nos dar uma segunda chance. Aqui vamos nós.

Quando começamos a trabalhar na edição original deste livro, elaboramos uma lista de possíveis tópicos que poderíamos incluir. A doação de órgãos foi um dos primeiros da lista. Achamos que seria um bom tema porque conhecíamos o resultado de um estudo conduzido por nossos amigos Eric Johnson e Dan Goldstein.[1] A questão que eles abordaram foi o efeito das regras-padrão sobre a vontade expressa das pessoas de serem doadoras de órgãos caso morram de repente. Johnson e Goldstein fizeram uma descoberta impressionante: em países nos quais as pessoas eram classificadas como doadoras voluntárias por padrão (os chamados países com consentimento implícito), poucos optaram por mudar de status. Mas em países nos quais elas precisavam agir para se tornar doadoras (consentimento explícito), a maioria não se inscreveu. A pesquisa incluía o que foi considerado o gráfico mais famoso das ciências sociais.

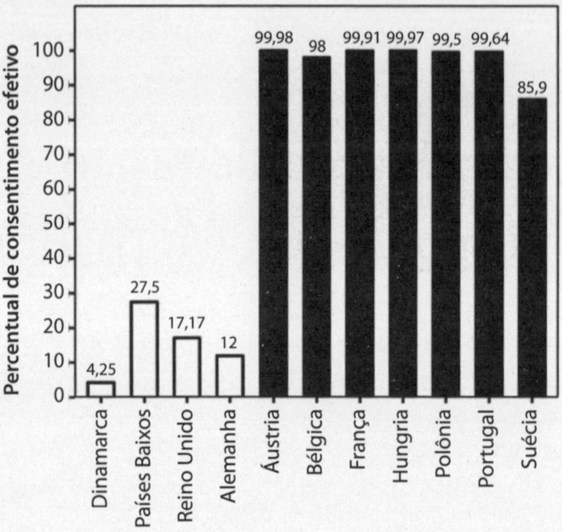

Figura 13.1. Percentuais de consentimento efetivo por país (Fonte: Johnson e Goldstein, 2013).

Embora não surpreendam quem leu o livro até aqui, os resultados são impressionantes. Apenas 12% dos alemães optaram por ser doadores de órgãos, enquanto mais de 99% dos austríacos não optaram em deixar de ser doadores — ou seja, quase todos os austríacos são doadores de órgãos. Incrível!

Naturalmente, imaginamos que em nosso capítulo sobre o tema defenderíamos a adoção de uma regra de consentimento implícito. E a maioria das pessoas que conhecem nosso livro, muitas das quais o leram, chegaram à mesma conclusão. Mas surpresa! Não foi essa a conclusão a que chegamos. Depois de investigar o assunto, defendemos uma política diferente, que chamamos de *escolha requerida*.

Para nosso desalento, de lá para cá, ao longo dos anos, vários países — como País de Gales, Inglaterra e Alemanha — consideraram ou fizeram a mudança para o consentimento implícito. Depois que essas leis são aprovadas, geralmente recebemos mensagens de parabéns pelo Twitter! É frustrante que, na questão da escolha das regras-padrão, os países estejam adotando o que consideramos ser o sistema errado. Mas por que isso aconteceu? Uma possibilidade é termos chegado à conclusão errada, portanto parte de nossa pesquisa de preparação para escrever esta nova edição foi mergulhar fundo no assunto e pensar cuidadosamente sobre os prós e os contras das várias opções de políticas. Para dar uma prova do que está por vir, achamos que houve certa confusão a respeito dos objetivos desejados desta política. O objetivo não é apenas escolher um sistema no qual as barras do gráfico sejam as mais altas possíveis. Um objetivo central é salvar vidas, disponibilizando mais órgãos. Mas esse não é o único objetivo; também é importante considerar interesses conflitantes, preferências e direitos.

Para ajudar a esclarecer como pensar sobre essa política, é fundamental distinguir três grupos importantes (e sobrepostos) de pessoas. Os primeiros são pessoas que precisam ou vão precisar de um órgão para viver. Vamos chamar esse grupo de pacientes. No segundo estão as pessoas que em algum momento da vida podem estar perto da morte e cujos órgãos podem ajudar a salvar vidas. São as pessoas a quem as regras-padrão se aplicam diretamente, e vamos chamá-las de doadoras em potencial. Nessa categoria estão todos os adultos saudáveis de um país, e as discussões sobre políticas naturalmente tendem a se concentrar neles. Uma informação útil: você tem cerca de três vezes mais chances de ser um paciente e precisar de um órgão do que de ser um doador de órgãos.

O terceiro grupo consiste em membros da família do minúsculo subconjunto de doadores em potencial que realmente morrem e têm órgãos saudáveis que podem ser usados. Chamaremos esse grupo de famílias. As famílias são relevantes porque as equipes de transplante normalmente conversam com os parentes mais próximos antes de remover os órgãos, em geral em circunstâncias muito difíceis, porque as pessoas se tornam candidatas a ser doadoras de órgãos devido a uma morte súbita, e essa morte pode ser de um filho, um cônjuge ou um companheiro de vida. A natureza dessas conversas varia muito de acordo com o país. Acreditamos que o papel dos membros enlutados da família costuma ser negligenciado nas discussões sobre políticas.

Embora o objetivo principal seja salvar o maior número possível de vidas de pacientes, a política também deve respeitar os direitos e as preferências dos doadores em potencial e das famílias. Esse é um caso em que a noção de véu da ignorância, do filósofo John Rawls, pode ser aplicada. Todos são doadores em potencial, mas também podem, em algum momento da vida, ser pacientes ou membros de uma família. Devemos criar uma política que seja melhor antes que alguém descubra que função(ões) pode(m) desempenhar.

Esmiuçamos esse problema não só porque ele é importante em si, mas porque nos oferece algumas lições gerais sobre o funcionamento das opções-padrão. Como vimos no caso das pensões, as pessoas que são automaticamente inscritas em alguma coisa não necessariamente são tratadas da mesma forma que as que optam por ingressar por conta própria. O mesmo problema ocorre aqui. Um doador em potencial que mora num país que aplique a regra do consentimento implícito e não tirou o nome da lista de doadores é tratado diferente de alguém que decidiu se tornar doador de órgãos num país onde o consentimento explícito é a lei. Essa distinção importante complica a análise. Somos a favor da política de escolha requerida porque não há evidências de que um sistema alternativo viável salvaria mais vidas (sendo portanto superior no tocante aos interesses dos pacientes) e porque pensamos que é a que mais respeita os direitos e os interesses dos doadores em potencial e das famílias. Ao mesmo tempo, somos a favor de mais nudges e de uma melhor arquitetura de escolhas para aumentar o número de situações em que a escolha obrigatória é requisitada.

ANTECEDENTES

O primeiro transplante bem-sucedido aconteceu em 1954, quando um homem doou um rim ao irmão gêmeo. O primeiro transplante de rim de um doador falecido aconteceu oito anos depois. Como se costuma dizer, o resto é história.

Desde 1988, mais de 819 mil órgãos foram transplantados nos Estados Unidos. Desse total, quase 80% foram doados por pessoas falecidas.[2] Infelizmente, a demanda por órgãos é muito maior que a oferta, o que significa que muitas vidas poderiam ser salvas se encontrássemos uma forma de disponibilizar mais órgãos. Em novembro de 2020 havia, só nos Estados Unidos, mais de 108 mil pessoas na lista de espera para receber órgãos — a maioria, rins. No mundo, esse número sobe para centenas de milhares.[3] Muitas (cerca de 60%) morrerão nessa condição, e embora o número de pessoas na lista tenha caído nos últimos anos, o número de transplantes continua muito inferior à demanda. Quase 35 mil pessoas na lista de espera atual aguardam mais de três anos por um transplante de órgão. O governo americano estima que, todos os dias, dezessete pessoas morrem esperando por um transplante.[4]

As principais fontes de órgãos são os pacientes declarados "em estado de morte encefálica", o que significa que sofreram uma perda irreversível de todas as funções cerebrais, porém são mantidos temporariamente vivos por respiração assistida. Nos Estados Unidos, há entre 12 mil e 15 mil possíveis doadores nessa categoria todo ano, porém menos de dois terços chegam a de fato doar os órgãos, seja por causa de condições médicas, como um câncer ou uma infecção, que impedem o transplante, ou porque o transplante não foi autorizado.[5]

Os doadores vivos são outra fonte de rins, o que só é possível porque cada pessoa tem dois. É ilegal pagar doadores vivos (embora alguns países permitam tacitamente um mercado ilegal desse tipo). No entanto, as pessoas doam seus rins e podem receber a promessa de prioridade na lista de espera, caso necessitem. Frequentemente os doadores vivos são amigos ou parentes do paciente que está recebendo o rim. Mas se o doador não for compatível com o donatário, o hospital pode estabelecer um sistema de correspondência – a coisa mais próxima que existe de um mercado. No tipo mais simples de acordo, se houver um paciente com sangue do tipo A que tem um doador voluntário que é do tipo B, o hospital procura um paciente que é do tipo B e tem um doador que é do tipo A. Então, organiza operações simultâneas. No entanto, não é fácil organizar esses tipos de negociações bilaterais, sobretudo para tipos de sangue mais raros. Alguns economistas, em especial Alvin Roth, ajudaram a resolver o problema criando mecanismos para facilitar cadeias mais elaboradas compostas de vários doadores e pacientes.[6] Existem também alguns bons samaritanos que doam rins só porque acham que é a coisa certa a fazer. Infelizmente, porém, o número de doações não atende à demanda.

Quando a demanda supera a oferta, como ocorre neste caso, os economistas costumam recomendar o uso de preços para acabar com a escassez. Gary Becker e Julio Jorge Elías, por exemplo, defenderam a criação de mercados de rins.[7] Esses mercados funcionariam alocando os rins disponíveis aos pacientes dispostos a pagar mais, da mesma forma que alocamos Maseratis e mansões em Saint-Tropez. Quanto mais os pacientes estiverem dispostos a pagar, mais pessoas fornecerão seus rins. E não são só os economistas que defendem essa visão. Alguns filósofos acreditam plenamente que as pessoas deveriam poder comprar e vender rins.[8]

Mas essa política não foi muito longe. O único país que permite um mercado legal de rins é o Irã.[9] Como Roth corretamente observa, a maioria das pessoas acha "repugnante" a simples existência de mercados de órgãos.[10] Para elas, os rins não deveriam ser alocados estritamente (ou mesmo parcialmente) com base na vontade (e na capacidade) de pagar por eles. Talvez o acesso a bens de luxo seja limitado aos ricos, mas a maioria das pessoas defende que operações que salvam vidas não deveriam ser. Assim, em vez disso, os países concluíram que a prioridade nas listas de espera por rins (e outros órgãos) deve ser determinada por fatores médicos, como a urgência do paciente, quanto tempo se espera que ele viva e o tempo em que já está na fila.

Tudo isso significa que, para atender à demanda por rins – e por outros órgãos, como coração e fígado, que uma pessoa viva não pode doar –, precisamos contar com os órgãos de doadores falecidos. Como pode fornecer até oito órgãos para transplante, todo doador é muito valioso.[11] As ações tanto dos doadores em potencial como de suas famílias, que costumam ser consultadas, são importantes para determinar quantos órgãos são extraídos. E é aqui que entram as regras-padrão. Quando um doador de órgãos em potencial é declarado morto, qual deve ser o procedimento? Existem inúmeras opções a se considerar.

EXTRAÇÃO DE ROTINA

A abordagem mais agressiva é a extração de rotina. Nesse regime, o Estado tem direito aos órgãos das pessoas mortas e pode extraí-los sem pedir permissão a ninguém. Embora possa parecer grotesca, a extração de rotina certamente salvaria o maior número de vidas de pacientes; portanto, se esse é o único objetivo, essa abordagem pode ser a melhor de todas. E teria esse efeito benéfico sem afetar ninguém que tivesse qualquer chance de sobreviver.

Essa abordagem não é usada por nenhum estado americano, mas em certos estados os médicos-legistas que realizam autópsias podem extrair as córneas de cadáveres sem pedir permissão a ninguém. Nos lugares onde essa regra é aplicada, o número de transplantes de córnea subiu vertiginosamente. Na Geórgia, por exemplo, a extração de rotina aumentou o número de transplantes de córnea de 25, em 1978, para mais de mil em 1984.[12] A prática generalizada de extração de rotina de rins evitaria milhares de mortes prematuras, mas atropelaria o que muitas pessoas consideram ser os direitos dos doadores em potencial. Muitas pessoas que concordariam em doar órgãos (incluindo nós dois, que de fato concordamos em ser doadores) se posicionariam contra uma lei que permitisse ao governo retirar partes dos corpos das pessoas sem seu consentimento explícito, mesmo que elas estejam prestes a morrer. Essa abordagem viola um princípio geralmente aceito: o de que, em linhas gerais, os indivíduos devem decidir o que será feito com o próprio corpo. Embora reconheçamos os possíveis benefícios dessa abordagem, consideraremos essas objeções decisivas para não seguir em frente com essa política.

CONSENTIMENTO IMPLÍCITO

Alguns países adotaram a política de *consentimento implícito* (ou consentimento presumido). Aplicando essa política a ferro e fogo, presume-se que todos os cidadãos são doadores consentidos, a menos que registrem explicitamente que não são doadores. Como sabemos com base no famoso gráfico da figura 13.1, poucas pessoas de fato optam por deixar de ser doadoras, portanto essa política tem um grande apelo. Do ponto de vista de salvar vidas, é provável que ofereça benefícios significativos. E, do ponto de vista dos direitos dos doadores em potencial, parece muito boa, afinal a pessoa pode optar por não ser doadora de órgãos. Por esses motivos, o consentimento implícito pode parecer inquestionável também em termos dos interesses das famílias.

Mas calma! Em qualquer contexto, o simples fato de quase todos concordarem com o padrão nos obriga a fazer uma pausa, ou pelo menos nos estimula a perguntar o que exatamente está acontecendo. Se as pessoas não estão optando por sair, isto é, abandonar a opção-padrão, pode ser por desatenção ou inércia, e não porque o padrão capte bem o que elas fariam se realmente tivessem que tomar uma decisão. Se a maioria das pessoas não está considerando cuidadosamente essa escolha ou nem sequer sabe da existência da política, então talvez não devêssemos nos sentir confortáveis para levar a sério as preferências que inferimos a seu respeito. Acreditamos que em países onde apenas um pequeno número de pessoas opta por não doar os órgãos não faz sentido dar grande peso à incapacidade das pessoas de desistir — não se deve considerar essa incapacidade um reflexo de suas verdadeiras convicções.

Para entrar nas minúcias dessa questão, vamos refletir um pouco mais sobre a ética da escolha de regras-padrão. Argumentamos que os arquitetos de escolhas devem se esforçar para escolher padrões que sejam consistentes com as escolhas que as pessoas fariam se dispusessem de todas as informações relevantes, não estivessem sujeitas a vieses comportamentais e tivessem tempo para tomar uma decisão cuidadosa. Considerando que, segundo as pesquisas, em muitos países a grande maioria dos cidadãos deseja doar órgãos, o consentimento implícito parece consistente com essa regra (e, novamente, parece uma forma de salvar a vida de outras pessoas; mais à frente voltaremos à palavra *parece*). Mas há outro fator a se considerar aqui: *Até que ponto devemos inferir as preferências de alguém a partir do momento em que ela deixa de realizar uma ação?* Em especial quando poucas pessoas optam por não aderir à política, existem duas explicações igualmente plausíveis: a falta de proeminência (elas não sabiam que tinham escolha e não eram obrigadas a doar órgãos) e o sludge (tirar o nome da lista de doadores é custoso).

Considerando que nem sempre a mudança para uma opção fora do padrão é um sinal claro de preferência, devemos ter cuidado ao escolher o padrão. Para ilustrar esse ponto, vamos comparar duas políticas em que a pessoa é automaticamente inscrita: consentimento implícito e inscrição automática num programa de poupança para a aposentadoria. Se uma pessoa é inscrita num plano de aposentadoria por padrão, é importante que ela seja claramente notificada de que isso aconteceu. Essa notificação clara é necessária para garantir seu real direito de optar por sair do programa. Mas, se só percebe isso algum tempo depois — ou apenas disse "ah, tanto faz", sem pensar muito, porque na verdade prefere não economizar para a aposentadoria —, a pessoa sempre pode optar por sair do programa, seja interrompendo as contribuições ou retirando todo o seu dinheiro da conta, quando possível. Talvez haja uma penalidade por saque antecipado, mas, seja como for, o dano que pode ser feito à pessoa que é automaticamente inscrita num plano do tipo é bastante limitado.

Por outro lado, existem pessoas que não querem de jeito nenhum que alguém toque em seu corpo após a morte, mas que talvez nem conheçam essa política em vigor e não tenham ideia do que precisam fazer para cancelá-la. Talvez lembretes possam ajudar essas pessoas, mas é possível que eles não sejam evidentes o bastante e elas acabem procrastinando. Se não querem doar os órgãos, devemos ignorar esse desejo? Como já dissemos, para muitas pessoas a resposta claramente é não. Testamentos são documentos legais que determinam como o dinheiro e outros bens são distribuídos entre os herdeiros. Se achamos que os mortos devem ter o direito de determinar como seu dinheiro é gasto, eles também não deveriam ter o direito de decidir o que fazer com o próprio corpo? Da mesma forma, respeitamos os desejos previamente declarados de pacientes em relação à forma como desejam ser tratados no fim da vida.

Mas agora pense nos interesses do terceiro grupo, dos familiares da pessoa falecida. Poucos países – na verdade talvez nenhum – de fato utilizam uma política estrita de consentimento implícito, em que os órgãos são extraídos sem a anuência da família. (Como veremos, esse ponto é crucial para nossa análise.) Em vez disso, os familiares são informados do desejo de usar os órgãos e, se eles se opuserem, nenhum órgão será extraído. Na verdade, muitos países que recentemente adotaram a política de consentimento implícito a chamam de política de consentimento implícito "suave", porque a lei exige que as famílias sempre sejam consultadas e seus desejos sejam respeitados. Na nossa opinião, essa política impõe punições cruéis e incomuns às famílias, que no geral estão lidando com a morte repentina de um ente querido. (Mortes acidentais, como as provocadas por acidentes de carro, são uma fonte frequente de órgãos jovens e saudáveis.)

O problema do consentimento implícito, a nosso ver, é que na prática é uma política de consentimento das famílias, e *as famílias têm poucas informações sobre os desejos dos doadores*. O fato de a pessoa não ter tirado o nome da lista de doadores criada automaticamente, resultado de uma política que ela talvez nem conheça, não nos oferece muitas pistas sobre o real desejo do indivíduo, especialmente se quase ninguém retira o próprio nome da lista e deixa de ser doador voluntariamente. Em muitos países com sistema de consentimento implícito não há um registro de pessoas que decidiram se tornar doadoras de órgãos. O País de Gales e a Inglaterra, que recentemente mudaram para o consentimento implícito "suave", são exceções, porque mantêm a lista existente de doadores de órgãos registrados e estão incentivando as pessoas a se inscreverem. Ainda assim, nosso medo é de que, com o passar do tempo, as pessoas não se registrem como doadoras por acharem que a política de consentimento implícito significa que elas já estão registradas por padrão. Por que devo me dar o trabalho de me registrar se meu consentimento é implícito?

Outro ponto digno de nota: se um país adotasse uma regra rígida de consentimento implícito e quase todos aceitassem o padrão, a extração de rotina e o consentimento implícito seriam, na prática, políticas quase idênticas. É intrigante que duas políticas sejam tão semelhantes, mas uma seja considerada grotesca, e outra, cuidadosa e moderna. É claro que, nessas circunstâncias, o consentimento implícito salvaria muitas vidas de pacientes se as taxas de exclusão não aumentassem (uma suposição que pode não se sustentar na vida real). É verdade que, ao contrário do que ocorre na extração de rotina, no consentimento implícito os doadores em potencial podem optar pela exclusão, pelo menos em tese. Se eles tiverem essa oportunidade e se for fácil tirar o nome da lista de doadores, então a objeção ética perde força.

Também vale notar que existem muitas diferenças entre a inscrição automática em programas de pensão para a aposentadoria e a inscrição automática como doador de órgãos. O objetivo da primeira é ajudar os funcionários a economizar; o objetivo da segunda é salvar a vida de terceiros. Muitos acreditam que, nos casos em que a saúde de terceiros está em jogo, justifica-se um nudge mais forte ou até mesmo uma determinação. Também acreditamos nisso! Mas, no contexto em questão, presumimos que os doadores em potencial devem ter o direito de fazer o que quiserem com o próprio corpo e que a arquitetura de escolhas não deve violar esses desejos. Felizmente, existem outras opções a se considerar.

CONSENTIMENTO EXPLÍCITO

No consentimento implícito todos são automaticamente inscritos e precisam agir para excluir o nome da lista de doadores. A alternativa óbvia a essa possibilidade é a que preconiza que ninguém está inscrito, a não ser que se inscreva ativamente. A mais comum é a chamada regra de consentimento explícito, na qual as pessoas devem tomar medidas concretas para declarar que desejam ser doadoras. Em geral, hoje em dia isso significa se inscrever pela internet como doador voluntário. É claro que muitas pessoas que se dizem dispostas a doar órgãos não dão os passos necessários para concretizar isso, e esse é o ponto principal do gráfico de Johnson-Goldstein.

Por exemplo, de acordo com uma pesquisa recente conduzida pela Gallup, mais de 90% dos americanos disseram apoiar ou apoiar fortemente a doação de órgãos para transplante, mas apenas 55% declararam ter se registrado como doadores.[13] É claro que talvez as pessoas não digam a verdade nas pesquisas, mas também é possível que tenham atenção limitada, que procrastinem, que sejam prejudicadas pela inércia e que os passos concretos necessários para se registrar como doador de órgãos estejam impedindo que possíveis doadores realizem esse desejo. Nesse caso, a abordagem de consentimento explícito talvez não reflita a forma como os doadores em potencial responderiam caso se concentrassem na pergunta, recebessem todas as informações necessárias, tivessem certeza de que o fato de serem doadores voluntários não afetaria negativamente seu tratamento nos hospitais e não procrastinassem. Se a abordagem do consentimento explícito não for acompanhada de "adornos" — ou seja, se não for complementada de alguma forma —, fatalmente não conseguirá capturar as verdadeiras preferências dos doadores em potencial. Talvez eles precisem de um nudge.

ESCOLHA REQUERIDA

Como induzir mais pessoas que desejam ser doadoras de órgãos a de fato se cadastrarem como doadoras? Criar uma política que tenha como padrão incluí-las automaticamente nessa lista é uma forma de fazer isso, mas, como vimos, tem suas desvantagens. Felizmente, as regras-padrão não são as únicas ferramentas disponíveis para os arquitetos de escolhas. Chamamos nosso modelo preferido de *escolha requerida*, porque ele aumenta o consentimento explícito usando um esforço conjunto para estimular as pessoas que querem ser doadoras a se registrar. Uma função fundamental da escolha requerida é superar a procrastinação, a inércia e a atenção limitada.

O primeiro passo nesse sentido é nossa receita usual: facilite. Veja se existe alguma forma de se registrar como doador pela internet. Faça isso agora! Antigamente, era comum exigir que as pessoas tivessem essa informação na carteira de identidade ou de motorista, ou um cartão especial de doador. Essas barreiras foram eliminadas pela modernidade e por leis sensatas. É a redução de sludge na prática!

O próximo passo é chamar a atenção das pessoas, e é aí que entra a parte "requerida". Não podemos presumir que todos se darão o trabalho de se inscrever, mesmo que o processo seja fácil, então por que não pedir a eles que se inscrevam quando tivermos a atenção deles? Nos Estados Unidos, essa tarefa fica a cargo dos estados, que perguntam se o motorista quer ser doador quando vai renovar a carteira, embora em alguns lugares isso não aconteça com muita frequência. Depois de tirar uma foto e pagar a taxa, um funcionário pergunta se a pessoa quer ser doadora de órgãos. Se ela quiser, será incluída no registro geral, e sua carteira informará que é doadora.* Isso está sendo feito com uma frequência cada vez maior na renovação on-line das carteiras de motorista. Atualmente existem cerca de 170 milhões de doadores registrados nos Estados Unidos, e quase todos foram registrados pelo Departamento de Transportes.[14]

A última etapa é garantir que os desejos do doador sejam respeitados. Nos Estados Unidos, cada estado aprovou uma "lei de consentimento" que exige exatamente isso. Se um indivíduo se cadastra como doador, isso constitui uma permissão legal para a doação após a morte. A lei fornece imunidade às equipes médicas que agem com base nessa autoridade legal. Embora as famílias que se opõem à doação possam atrapalhar, a clareza jurídica ajuda a equipe de doação que está conversando com os familiares a dizer que eles são obrigados, por lei, a respeitar o desejo do ente querido falecido. Essa é uma grande vantagem para as famílias — elas não precisam mais tomar uma decisão num momento de grande incerteza e estresse. Essa decisão também é boa para os pacientes. Nos Estados Unidos, o índice de "aproveitamento" de doadores registrados que morrem e são clinicamente adequados para a doação de órgãos é de quase 100%.

Ainda assim, achamos que é possível melhorar a arquitetura de escolhas no caso da doação de órgãos. Compreendemos a abordagem usada, de perguntar às pessoas se desejam ser doadoras sempre que renovam a carteira de motorista; aplaudimos essa abordagem no que diz respeito às pessoas que disseram não no passado, mas podem ter mudado de ideia, mas nos perguntamos se as autoridades deveriam continuar perguntando às pessoas que aceitaram ser doadoras da última vez que renovaram a licença. Talvez seja mais sensato presumir que o sim da última vez continua valendo, não é? Além de tudo é possível que a pessoa que já aceitou doar no passado, quando questionada novamente, possa entender a repetição da pergunta como um sinal negativo — por exemplo, de que seus órgãos talvez não sejam mais utilizáveis ou de que as

* Um ponto sutil a considerar: num lugar que use esse sistema, as pessoas que concordaram em se tornar doadoras da última vez que renovaram a carteira devem ser questionadas novamente? Ou deve-se presumir que a resposta não mudou? Da última vez em que Thaler renovou a carteira, o atendente deu um leve nudge: "O senhor continua sendo doador de órgãos, certo?".

autoridades achem que estão cometendo um erro com essa política e queiram voltar atrás. Concordamos que as pessoas que disseram sim uma vez têm o direito de mudar de ideia, mas não sabemos ao certo com que regularidade elas devem ser questionadas novamente.

Além disso, o Departamento de Transportes pode não ser o melhor lugar para tomar uma decisão sobre a doação de órgãos, tendo em vista vez que é possível se inscrever como doador a qualquer momento. Em Israel, por exemplo, os eleitores foram solicitados a se tornar doadores no momento em que votam — uma ideia inteligente e uma inovação bem-sucedida. Em alguns estados americanos (por exemplo, Nova York), você também pode se inscrever como doador ao se registrar para votar, outra boa ideia.[15] Uma terceira opção é fazer essa pergunta no formulário de declaração do imposto de renda.

As pessoas também podem ser incentivadas a se registrar de outras maneiras — por exemplo, através de campanhas na mídia. Um excelente exemplo é o do Sport Club do Recife, time de futebol do estado de Pernambuco. Nos jogos em casa, o time mostrava um vídeo incentivando a torcida a se inscrever e ganhar um cartão de doador com o escudo do time.* Vale a pena assistir. Uma mulher que recebeu um novo coração promete que seu novo órgão só baterá pelo Sport! Segundo os responsáveis, mais de 50 mil pessoas se inscreveram. Esperamos que outras equipes esportivas ou, melhor ainda, outras ligas sigam o exemplo.

A Bélgica, e a região de Flandres em particular, foi pioneira nesse tipo de recrutamento. Em 2018, o programa de televisão *Make Belgium Great Again* dedicou um episódio à doação de órgãos, apelando para o emocional da população e conclamando-a a agir. O programa também se coordenou com 240 municípios em toda a região de Flandres, que abriram escritórios no domingo seguinte para permitir que as pessoas entrassem e preenchessem o formulário de doação de órgãos. A iniciativa resultou em mais de 26 mil novos registros, um feito surpreendente, considerando que antes o número de novos doadores de órgãos na região era de 7 mil a 8 mil por ano.[16]

O programa também exibiu um episódio especial em 2020 para conscientizar a população sobre a possibilidade de fazer o registro on-line, e, junto com o episódio, lançou uma campanha especial na cidade flamenga de Kortrijk. Ao

* Assista em: <youtu.be/E99ijQScSB8>. Outro anúncio que adoramos, e que é um pouco mais ousado: <youtu.be/BH04JOjzYu4>.

longo da noite, as ciclovias passaram a exibir mensagens escritas em spray: "Ligue para 0491 75 71 63 e faça o maior negócio da sua vida". Quando as pessoas ligavam, ouviam uma mensagem do prefeito e do apresentador do programa incentivando as pessoas a se inscreverem pela internet. A Bélgica também permitiu que os cidadãos se registrassem como doadores de órgãos durante as eleições municipais, e o governo introduziu ainda o Federal Truck – um caminhão que percorreu o país entre 2015 e 2019 para educar crianças em idade escolar sobre o transplante de órgãos e estimular discussões familiares sobre a doação. Com esforços do tipo, não surpreende que o país tenha conseguido mais do que triplicar o número de pessoas registradas como doadoras desde 2009, enquanto o número das que optaram por não doar permaneceu estagnado.[17]

Por fim, uma última grande iniciativa – um verdadeiro nudge do bem –, que temos o prazer de dizer que veio da Apple, cujo fundador, Steve Jobs, se beneficiou de um transplante de fígado. Quando os americanos compram um novo iPhone ou configuram o aplicativo de saúde da Apple pela primeira vez, são solicitados a se registrar como doadores de órgãos pelo Donate Life. Desde o início do programa, em 2016, até agora, a iniciativa gerou mais de 6 milhões de registros.

ESCOLHA OBRIGATÓRIA

Existe outra opção, que é *exigir* que todos declarem se querem ser doadores de órgãos. A viabilidade de exigir isso de toda uma população varia de acordo com o país. Nos Estados Unidos, não existe uma maneira óbvia de entrar em contato com todos, porque nem todos têm carteira de motorista ou passaporte. No entanto, é possível exigir que quem for tirar a carteira de motorista responda se será doador de órgãos, em vez de apenas pedir que o indivíduo responda. Seria mais fácil implementar esse plano de forma universal em países onde todos são obrigados a ter uma carteira de identidade nacional que é renovada com frequência razoável. (Esse não é o tipo de pergunta cuja resposta dada aos dezoito anos deve ser considerada final e definitiva.) Se o objetivo é salvar vidas, a escolha obrigatória pode parecer um pouco melhor do que a escolha requerida, porque mais pessoas farão uma escolha; e, do ponto de vista da proteção dos direitos dos doadores em potencial e das famílias, essa opção pode parecer pelo menos tão boa quanto a escolha requerida. Mas será que é mesmo?

Para responder a essa pergunta, precisamos fazer outra: qual é a diferença entre a escolha requerida e a escolha obrigatória? Ela é sutil, e, na verdade, o que chamamos de escolha requerida há muito tempo é chamado de escolha obrigatória na literatura sobre doação de órgãos, o que gera confusão. Então, vamos tentar ser claros. Imagine que o pedido de carteira de motorista possa ser feito pela internet. Se for necessário responder à pergunta sobre a doação de órgãos, então a inscrição não será considerada concluída a menos que a pergunta seja respondida. Se a resposta for apenas requerida, as pessoas podem simplesmente optar por não responder.* Isso é uma vantagem, porque se a pessoa não registra a resposta não significa que não quer doar os órgãos. Não é uma decisão. Isso nos permite perguntar à família no momento da morte. Existem pessoas que querem que a família decida, sobretudo em certas culturas. Se forçarmos um sim ou não, estamos eliminando um dos melhores aspectos de uma arquitetura de escolhas na qual a adesão não é automática, que é a possibilidade de pegar diferentes caminhos para chegar ao sim.

O que é melhor, uma exigência ou uma requisição? A resposta não é tão óbvia. Uma exigência pode ser útil se as pessoas não estiverem prestando atenção, mas também é possível obter o mesmo efeito com um lembrete. Por exemplo: "Você não respondeu à pergunta sobre doação de órgãos. Gostaria de fazer isso antes de finalizar?".

Na condição de paternalistas libertários, tentamos resistir à imposição de ordens sempre que possível, e temos razões sólidas para nos opor a exigências nesse caso. Uma delas são as evidências de que a escolha obrigatória pode ser um tiro pela culatra — isto é, inferior à escolha requerida quando se trata de salvar vidas. Quando o Texas implementou um sistema de escolha obrigatória, apenas 20% dos cidadãos concordaram em ser doadores.[18] A Virgínia teve um resultado semelhante, embora menos drástico — apenas 31% concordaram em

* Atualmente o estado de Nova York usa uma abordagem híbrida bastante peculiar. A pergunta sobre doação de órgãos deve ser respondida para que a inscrição seja finalizada, mas uma das opções oferecidas na seção de doação de órgãos é "pular esta pergunta". Não sabemos ao certo como categorizar esse método. É de fato uma obrigação, se uma das opções é "pular esta pergunta"? Achamos melhor considerar um forte aviso ou lembrete.

ser doadores.[19] E também há evidências experimentais dos economistas Judd Kessler e Alvin Roth de que menos pessoas aceitam se cadastrar quando a escolha é forçada. Eles resumem bem sua conclusão no título do artigo: "Don't Take 'No' for an Answer", ou "Não aceite um 'não' como resposta".[20]

A reação contrária dos cidadãos é outro motivo que nos leva a preferir o tipo de escolha requerida adotado na maioria dos estados americanos. Aqueles que optam por não responder à pergunta não são registrados como doadores de órgãos, mas ainda assim recebem a carteira de motorista. Esses estados monitoram apenas as pessoas que optaram por ser doadoras, e não as que escolheram não ser. Estamos falando de um registro de doadores, e não das decisões de doação, e essa é uma distinção fundamental. Isso gera uma questão interessante sobre a escolha obrigatória. As respostas negativas seriam registradas oficialmente? Parece que essa seria uma implicação lógica da exigência. Em caso afirmativo, essa informação seria considerada uma recusa legal aos olhos da lei e, portanto, compartilhada com as famílias. Manter um registro dos que não desejam ser doadores certamente diminuiria as doações.

Se a imposição de escolhas obrigatórias salvasse mais vidas, esse certamente seria um ponto forte a favor dessa arquitetura; nesse contexto, porém, as evidências sugerem que se deve preferir a escolha requerida à escolha obrigatória.

INCENTIVOS

Embora as sociedades (exceto o Irã) tenham descartado a ideia de compensação financeira a doadores vivos, é possível aumentar o número de doadores com incentivos adicionais. Por exemplo, doadores de rins vivos agora têm direito a compensação por todas as despesas de saúde e (até certo limite) aos salários perdidos por causa do transplante.[21] Israel implementou uma interessante política de incentivos nessa linha e nos fornece algumas lições bastante úteis.

Embora em Israel você precise se cadastrar ativamente na lista de doadores de órgãos, os parentes próximos é quem tomam a decisão final sobre a doação, portanto obter a permissão deles é fundamental. (Não existe uma "lei de consentimento".) Tendo isso em mente, o parlamento israelense aprovou em 2008 uma lei que dava prioridade aos candidatos da lista de espera que haviam se registrado como doadores de órgãos pelo menos três anos antes de entrarem na lista de espera. Em seguida, deu prioridade ainda maior aos candidatos da lista de espera com parentes de primeiro grau que tivessem doado órgãos no momento da morte.* Esse segundo fator significa que os parentes que estão tomando a decisão final podem se beneficiar diretamente ao aprovar a doação de órgãos. Cingapura também oferece incentivos, mas eles focam na perda. Eles têm uma versão bem dura de consentimento implícito, e quem não deseja ser doador precisa fazer um cadastro. Mas quem não é doador vai para o fim da lista de espera se precisar de um órgão.**

A política israelense parece estar fazendo a diferença. No período de cinco anos após a mudança, o índice de autorização de familiares aumentou de 45% para 55%.[22] A campanha também aumentou o número de doadores registrados. Vale lançar um olhar mais atento para essa política, sobretudo em países com índices baixos de registro de doadores de órgãos. (Lembre-se de que, nos Estados Unidos, cerca de 55% da população adulta é registrada como doadora de órgãos.)

VIDAS SALVAS?

Recentemente vários países mudaram de sistemas de consentimento explícito para consentimento implícito, e alguns estados americanos também vêm considerando essa política. As mudanças são geralmente justificadas com base no fato de que a política de consentimento implícito salva vidas. A questão não é simples, mas achamos que as evidências para se chegar a essa conclusão não são convincentes. Além disso, achamos que existe confusão sobre várias questões levantadas ao longo deste capítulo.

Para começar, achamos que as pessoas chegaram a conclusões equivocadas a partir do famoso gráfico de Johnson-Goldstein. A conclusão comprovadamente correta a se tirar dele é que os padrões exercem um grande impacto nas preferências registradas. Ao longo do livro apresentamos evidências que

* A maior prioridade é dada aos que doaram em vida, política também adotada em outros lugares.

** A China oferece um incentivo mais direto para os parentes autorizarem a doação de órgãos: dinheiro. Não temos conhecimento de nenhuma avaliação desta política, e deixamos claro que ela seria ilegal nos Estados Unidos.

apoiam essa conclusão, e esse exemplo continua sendo um dos melhores testes empíricos dessa descoberta. Mas é errado concluir que adotar uma política de consentimento implícito e alcançar uma taxa baixa de desistentes necessariamente salvará vidas.

Essa seria uma conclusão razoável se os países estivessem implementando uma regra de consentimento implícito rígida — sem consultar as famílias. O consentimento do doador seria literalmente presumido. Essa política eliminaria por completo o tempo e o esforço necessários para obter a permissão das famílias num processo em que cada segundo é fundamental e acabaria com o risco de as famílias impedirem a doação. No entanto, descobrimos que poucos países implementam essa política de fato. Só para dar um exemplo, na Itália, um país que adota a política de consentimento implícito, o site oficial diz o seguinte sobre o papel das famílias (tradução nossa): "Caso o falecido não deixe qualquer declaração sobre a doação de órgãos, a doação só é permitida se os parentes (na seguinte ordem: cônjuge, companheiro, filhos em idade adulta e pais) não se opuserem. No caso de menores, serão sempre os pais que decidirão; se um dos dois for contra, a doação não será realizada".[23]

Mesmo em países que adotaram legalmente a política de consentimento implícito rígido — como Áustria e Cingapura —, na prática os médicos consultam as famílias antes de extrair os órgãos. Na Suécia, outro país que supostamente adotou a política rígida de consentimento implícito, as famílias podem anular a doação, a menos que em vida o morto tenha optado ativamente por ser doador. Essas políticas são compreensíveis. Numa situação de forte emoção, na qual não se tem certeza sobre os desejos do falecido, os médicos relutam em pressionar os familiares sobre a doação de órgãos, mesmo que legalmente tenham o direito de extraí-los. Além de tudo, extrair os órgãos sem o consentimento da família pode acabar gerando um efeito negativo contra a doação de órgãos em geral.

Na Inglaterra e no País de Gales, países que adotaram recentemente a política de consentimento implícito, e também em muitos outros países, a lei estipula que a política é de consentimento implícito suave. Família e amigos próximos sempre são consultados antes de os órgãos serem usados, e, se não for possível entrar em contato com ninguém, a cirurgia não será realizada. Considerando-se essas regras e costumes, fica mais difícil enxergar como uma política de consentimento implícito salvaria mais vidas.

Para esclarecer nosso ponto de vista, vamos classificar as pessoas de acordo com o sistema de seu país (adesão automática ou adesão não automática) e suas preferências, conforme indicado pela ação (uma preferência expressa) ou inação (sem preferência expressa). A tabela 13.1 mostra quatro possibilidades.

Tabela 13.1
Preferências implícitas de ação e inação em esquemas de doação de órgãos*

	SEM PREFERÊNCIA EXPRESSA	COM PREFERÊNCIA EXPRESSA
País adota adesão automática (consentimento implícito)	**A** Incerto: pergunte à minha família	**B** Não doe meus órgãos
País adota adesão não automática (consentimento explícito)	**C** Incerto: pergunte à minha família	**D** Sim, doe meus órgãos

O sistema-padrão faria muita diferença se os grupos A e D (que estão implícita ou explicitamente concordando em ser doadores de órgãos) fossem tratados da mesma maneira, ou mesmo de forma semelhante, mas a verdade é que eles são tratados de maneira muito diferente. Com a lei de consentimento nos Estados Unidos, os que estão no Grupo D (doadores registrados) são tratados da maneira que mais contribui para a doação de órgãos: a lei apoia o desejo ativo do doador. Mas os do Grupo A, que simplesmente não se registraram como não doadores, são tratados da mesma forma que os do Grupo C, que não se inscreveram como doadores. Existe uma lógica nisso: *tratar da mesma forma os que não indicaram ativamente uma preferência, independentemente do sistema*. E segundo aquele famoso gráfico, sabemos que isso se aplica à maioria das pessoas!

* Os leitores mais astutos podem criticar esta tabela simplificada. Há dois grupos notavelmente ausentes. Vamos chamá-los de A* e C* — os que se registrariam ativamente como doadores ou não doadores se pudessem. Na verdade, isso seria possível se o país mantivesse um registro nacional de doadores e não doadores. Atualmente cada vez mais países vêm mantendo esse registro, mas os países com consentimento explícito têm menos probabilidade de manter um registro de não doadores, enquanto os países com consentimento implícito raramente registram quem está ativamente disposto a doar os órgãos (com algumas notáveis exceções, como a Bélgica, o País de Gales, o Reino Unido e a Holanda). Isso ocorre porque os países mantêm registros de doadores voluntários, e não de decisões de doação.

Por outro lado, os desejos dos grupos B e D costumam ser aceitos, uma vez que seus membros fizeram escolhas ativas. Uma vantagem da arquitetura de adesão não automática é uma outra oportunidade para o sim — se o indivíduo não se registrar, será solicitada permissão à família. Alexandra Glazier, especialista em doação de órgãos, refere-se a isso como "uma segunda chance".[24] Já no consentimento implícito, sobretudo na ausência de uma lista de doadores registrados, só existe uma chance de receber o sim, e ela vem das famílias.

Na prática, tudo isso significa que o termo "consentimento implícito" é enganoso. O consentimento de ninguém é implícito. Acreditamos que parte do fascínio pelas leis de consentimento implícito se baseia na confusão sobre as implicações de se alterar o padrão. O consentimento implícito certamente salvaria vidas se fosse implementado a ferro e fogo, permitindo a extração de rotina de qualquer doador que não tivesse se descadastrado. Mas, como enfatizamos, não encontramos *nenhum* país que faça isso na prática, mesmo que, como na Áustria e em Cingapura, tecnicamente a lei o exija.

Ainda assim, essa é uma questão empírica. Mudar para o consentimento implícito salva vidas? Muitos estudos tentaram responder a essa pergunta comparando o número real de órgãos transplantados de diversos países, mas as conclusões variam. Uma razão para a falta de clareza é que o número de países estudados é inferior a cinquenta — ou seja, a amostra é muito pequena, e os países estudados têm diferenças importantes que podem afetar a doação de órgãos. Para citar apenas um exemplo, os católicos tendem a ser favoráveis à doação, e países predominantemente católicos são mais propensos a adotar o consentimento implícito. Logo, se esses países têm índices mais elevados de doação de órgãos, isso se deve à religião ou a uma política pública? Sim, as análises multivariadas podem tentar desvendar a resposta, mas é por isso que o problema da amostra pequena é importante.*

Um problema ainda mais básico para as análises empíricas é decidir quais países devem entrar para a lista dos que aplicam a regra do consentimento implícito. Vejamos o caso da Espanha, que há muito tempo lidera o mundo na doação de órgãos. A Espanha geralmente entra na lista de países que adotaram o consenti-

* Nota de rodapé para viciados em estatísticas: muitos estudos usam diversas observações de cada país, mas isso apenas cria a ilusão de uma amostra maior. As múltiplas observações para um único país não são independentes. Assim, não servem como base para conclusões.

mento implícito, em parte porque foi um dos primeiros a promulgar uma lei nesse sentido, em 1979. Mas um ano depois essa lei foi alterada para deixar claro que as famílias sempre devem ser consultadas. O consentimento do doador nunca é implícito, e não existe nenhum registro nacional de pessoas que optam por não doar os órgãos. Assim, a Espanha é um país cuja adesão ao transplante se dá pelas famílias. Não há o menor sentido em dizer que essa velha lei tem qualquer relação com o impressionante histórico de transplantes de órgãos do país.

Rafael Matesanz, criador da Organização Nacional de Transplantes da Espanha, e Beatriz Domínguez-Gil, atual diretora-geral, afirmam claramente que o sucesso do país não pode ser atribuído a essa lei: "Pelo contrário: a infraestrutura, a organização em torno do processo de doação e a inovação contínua são os aspectos fundamentais para o sucesso da Espanha".[25] Um aspecto central do "modelo espanhol" é a rede de coordenadores de transplantes do país, que conta com três camadas. Em nível local, cada hospital nomeia um coordenador para se encarregar da tarefa, um médico que é responsável por garantir a detecção precoce e o encaminhamento de candidatos a doadores de órgãos no hospital onde trabalha. A equipe médica envolvida em transplantes de órgãos também é especificamente treinada em todo o processo de doação, e as mortes que ocorrem nas unidades de tratamento intensivo são rotineiramente auditadas por especialistas externos e internos para determinar se os doadores em potencial foram perdidos e descobrir como melhorar ainda mais o sistema. Também há um esforço para garantir que os hospitais sejam adequadamente reembolsados pelos custos da doação de órgãos, de modo que não haja incentivo financeiro para diminuí-la.[26]

Categorizar incorretamente a Espanha como um país de adesão automática pode distorcer os testes empíricos, porque se trata do país com o maior número de doadores falecidos per capita do mundo. A questão, porém, é que como poucos países, ou mesmo nenhum, realmente levam a ferro e fogo a regra do consentimento implícito, nem sequer temos certeza do que significa um país pertencer a essa categoria. Acreditamos que o fato de um país ter promulgado uma lei muito tempo atrás que não está sendo implementada ao pé da letra (por causa de regulamentos ou costumes) é mais um sinal de que ele tem (ou teve) uma atitude favorável em relação à doação de órgãos do que uma estrutura legal capaz de superar o problema de obter permissão dos familiares de pacientes com morte encefálica.

Existem estudos que analisam o antes e o depois da mudança de política, mas eles também não são definitivos. Quando o Brasil introduziu o consentimento implícito em 1997, o governo deixou de investir em outros aspectos da infraestrutura, e então reverteu a situação um ano depois. Após a mudança de política no País de Gales, houve um aumento nas doações de órgãos de doadores falecidos, mas há muitos complicadores aqui. No momento em que introduziu o sistema de adesão automática, o País de Gales empreendeu diversas outras atividades, entre as quais uma campanha de 2 milhões de libras na mídia, treinamento de equipes e esforços contínuos para incentivar as pessoas a se inscreverem no registro de doadores voluntários.* De 2016 a 2020, mais de 150 mil pessoas se registraram como doadoras de órgãos no País de Gales, em comparação com menos de 17 mil registros de pessoas que optaram por não doar.[27] Fatores desse tipo dificultam a tarefa de atribuir o aumento na doação de órgãos a qualquer causa específica. Na verdade, é possível que, se o País de Gales tivesse dedicado todos os seus esforços a essas outras atividades, em vez de se concentrar numa mudança de política, tivesse alcançado um sucesso igual ou até mesmo maior.

Uma forma simples de avaliar o processo da doação de órgãos num estado ou país é avaliar o número de órgãos doados a cada 10 mil mortes. Isso equilibra o fato de que certos lugares têm taxas de mortalidade mais altas que outros. Usando essa medida, os Estados Unidos, com seu sistema de adesão não automática e escolha requerida, tem um dos índices de doação mais altos do mundo, e alguns estados têm índices superiores aos da Espanha.[28] Na verdade, Alexandra Glazier e Tom Mone estimam que as doações são 27% mais altas em estados americanos com sistema de adesão não automática do que em estados com adesão automática. Ao avaliar os benefícios em potencial de uma mudança de sistema, é importante considerar os possíveis riscos. Os países que observaram um benefício aparente na mudança para o consentimento implícito começaram com taxas de doação muito abaixo do desempenho atual dos Estados Unidos. Além disso, a pesquisa do Instituto Gallup de 2019 que mencionamos anteriormente revelou que até 37% dos entrevistados nos

* Aplaudimos de pé o fato de que a Inglaterra e o País de Gales continuem, ainda hoje, solicitando que as pessoas se registrem. Isso só mostra que eles perceberam que uma lei de consentimento implícito sozinha não resolve o problema.

Estados Unidos dizem que optariam por se registrar como não doadores caso o país adotasse um sistema de consentimento implícito — número que pode incluir pessoas que reagem mal quando suas preferências sobre qualquer tema são presumidas.[29] Se esse número estiver correto, ao mudar para o sistema de consentimento implícito, os Estados Unidos poderiam ter uma forte redução no número atual de transplantes.

RESUMINDO

Neste capítulo enfatizamos que, embora os padrões possam ser uma ferramenta poderosa, alterá-los não é a resposta para todos os problemas. O tema da doação de órgãos ilustra bem esse ponto. O fator decisivo é que os doadores em potencial não são os únicos atores relevantes na questão. O desafio é que as famílias fazem parte do processo, o que torna o consentimento implícito uma ferramenta muito mais fraca do que pode parecer. Como vimos, os demais aspectos dos processos organizacionais são os ingredientes secretos para o sucesso. São esses procedimentos que a Espanha vem administrando tão bem. Eles combinam uma arquitetura de escolhas organizacional e estratégias de comunicação bem projetadas a serem usadas no momento de abordar as famílias. Esses fatores se mostraram mais importantes do que a escolha de um padrão.

Nos Estados Unidos, esse trabalho é realizado em nível regional por 58 organizações de aquisição de órgãos, que são responsáveis por conduzir as doações de falecidos em seus respectivos territórios.[30] Por exemplo, o Gift of Lif Donor Program, uma organização de aquisição de órgãos com sede na Filadélfia, responsável pelo leste da Pensilvânia e por todo o estado de Delaware, é reconhecido por ter um dos melhores desempenhos, e não surpreende que os estados da Pensilvânia e de Delaware tenham consistentemente altas taxas de doação de órgãos. Infelizmente, o pool de doadores em potencial varia de acordo com a região, e os procedimentos usados pelas organizações de aquisição de órgãos são bastante obscuros (pelo menos para nós), o que dificulta identificar quais práticas específicas dessas organizações levam a índices de doação mais altos.

Nesse contexto, os objetivos devem ser salvar a vida dos pacientes, respeitar os direitos dos doadores em potencial e fazer o possível para proteger os interesses das famílias. Tendo isso em mente, acreditamos que os estados e países devem concentrar seus esforços em duas prioridades ao lidar com esse problema. Primeiro, devem aprender as melhores práticas da Espanha e de outros lugares; segundo, devem experimentar maneiras alternativas de obter mais inscrições para a lista de doadores voluntários, descobrindo os momentos e locais ideais para fazer o pedido, oferecendo incentivos a quem ingressar na lista e veiculando campanhas na mídia. Mudar a regra-padrão pode ser apenas uma distração desses caminhos mais promissores.

14. Salvando o planeta

Vem pra cá, pessoal
Por onde quer que vocês andem
E admitam que as águas
Em volta de vocês subiram
E aceitem que logo
Vão estar encharcados até os ossos
Se vocês acham que vale a pena salvar o seu tempo
Então é melhor começar a nadar pra não afundar como pedra
Porque os tempos, eles estão mudando
Bob Dylan, "The Times They Are A-Changin'"

Qualquer um que esteja prestando um pouco de atenção sabe que o mundo vem passando por uma crise relacionada às mudanças climáticas. Aos poucos o planeta está ficando mais quente e o clima está ficando mais volátil, e isso acarreta uma série de efeitos nocivos à saúde pública e ao bem-estar. As populações dos países pobres são especialmente vulneráveis, mas quem mora nos países ricos também corre sérios riscos. Tempestades violentas e incêndios colossais não poupam ninguém.

Por se tratar de um problema tão grave, era de se esperar que todos se unissem e trabalhassem juntos para reagir. E, de fato, alguns países adotaram iniciativas ousadas, incorrendo em custos significativos para reduzir as emissões de gases do efeito estufa. Mas, até agora, o progresso tem sido limitado. Uma das principais razões são esses mesmos custos significativos; uma grande redução nas emissões desses gases não sai de graça.

Para simplificar, nosso foco aqui será a redução das emissões de carbono, mas infelizmente é inevitável que o mundo tenha que encontrar uma forma de lidar com os efeitos das mudanças climáticas ao longo do tempo. As temperaturas, o nível do mar, a intensidade das tempestades e os incêndios florestais aumentarão nas próximas décadas, mesmo que a taxa de crescimento das emissões sofra uma redução drástica. Será preciso adotar certas políticas para se adaptar a esses efeitos adversos, e elas devem incorporar as melhores práticas de arquitetura de escolhas e uma série de nudges. A adaptação é basicamente um meio de reduzir os danos causados pelas mudanças climáticas. Por exemplo, muitas intervenções podem tornar os incêndios florestais menos frequentes e/ou mais fáceis de controlar. A construção de paredões pode reduzir o risco de enchentes causadas pelo aumento do nível do mar, e, se pudermos passar a construir casas em locais onde as enchentes são menos prováveis, melhor ainda. É possível desenvolver alimentos mais resistentes à seca provocada pelo calor, mas talvez os agricultores precisem de estímulo para mudar para essas culturas. Você entendeu a ideia. Uma compreensão profunda da arquitetura de escolhas poderia estimular muitas reformas no intuito de reduzir os danos provocados por um planeta mais quente.

UMA TEMPESTADE PERFEITA

Algumas lições básicas da economia comportamental ajudam a explicar por que os países não estão se esforçando mais. Infelizmente, estamos no meio de uma tempestade perfeita, uma confluência de fatores que dificultam a ação coletiva. Eis os principais obstáculos:

1. *Viés do presente*. Como vimos, as pessoas tendem a se preocupar muito mais com o agora do que com o depois. Embora há décadas os cientistas estejam alertando sobre os perigos das mudanças climáticas, em geral os riscos mais sérios são vistos como algo distante, perdido no futuro, talvez

a décadas de distância. As pessoas têm contas para pagar agora! É verdade que em todo o planeta elas *já* estão enfrentando riscos e problemas relacionados às mudanças climáticas, mas, em momentos importantes, muitos líderes e eleitores enxergam as mudanças climáticas como um desafio para as gerações futuras, e as gerações futuras não votam. Aqui existe um grande contraste em relação ao que aconteceu com a covid-19: o preço pago em termos de problemas de saúde e mortes é sentido já, no presente, conforme vemos amigos, familiares e líderes políticos adoecendo.

2. *Proeminência.* Somos capazes de enxergar certos tipos de poluição atmosférica e detestamos olhar para o céu e pensar que estamos respirando um ar imundo. Ver o ar e a água sujos é assustador. Em muitos países, entre os quais os Estados Unidos, a população exigiu (e muitas vezes conseguiu) ar e água mais limpos. Por outro lado, os gases causadores do efeito estufa são invisíveis. Se você não consegue vê-los, talvez não se preocupe com eles.

3. *A ausência de um vilão específico.* Certas ameaças têm um perpetrador fácil de identificar – um vilão cujos atos terríveis chamam a atenção. Não é difícil mobilizar a atenção do público e obter recursos para combater terroristas, especialmente se eles são liderados por pessoas de destaque e determinadas a executar ataques. As mudanças climáticas, por outro lado, não têm rosto. São o produto das ações de inúmeras pessoas – de todos nós, durante muito tempo. Após os ataques do 11 de Setembro, a existência de um vilão específico (Osama bin Laden em particular) ajudou a alimentar uma resposta agressiva, embora já na época fosse possível argumentar que as mudanças climáticas representavam uma ameaça maior do que o terrorismo, em termos de vidas perdidas. Hoje em dia é muito mais fácil defender esse argumento.

4. *Danos probabilísticos.* É fácil perceber que certas ações causam danos – por exemplo, quando uma pessoa bate em outra ou quando uma empresa despeja materiais tóxicos num lago. Os danos causados pelas mudanças climáticas são muitas vezes probabilísticos, o que dificulta chegar a um consenso. Quando vemos um aumento no número de furacões, incêndios ou nevascas em alguma parte do mundo, nos perguntamos: as mudanças

climáticas são mesmo responsáveis por isso? Só para deixar claro: a ciência está avançando rapidamente nesse campo,[1] e muitos cientistas enfatizam corretamente que as mudanças climáticas de fato aumentam a frequência e a gravidade esperadas de furacões e incêndios. Ainda assim, talvez não se possa afirmar com todas as letras que um acontecimento qualquer em particular seja causado pelas mudanças climáticas. Para quem busca mobilizar as pessoas, isso é um problema. E até uma linguagem mais cuidadosa e apropriada às vezes é explorada pelos céticos.

5. *Aversão à perda*. Já falamos sobre a aversão à perda — a ideia de que as pessoas têm uma visão mais negativa em relação a perdas previstas do que uma visão positiva em relação a ganhos correspondentes. Os esforços para reduzir as emissões de gases do efeito estufa exigem a imposição de perdas imediatas. Se todos tiverem que pagar um novo "imposto climático", a aversão à perda entrará em ação. É verdade que as mudanças climáticas em si também impõem perdas — mas a pior parte dessas perdas acontecerá no futuro, e nem sabemos ao certo sua magnitude.

Não estamos dizendo que esses problemas são insuperáveis! Em todo o mundo, ativistas do clima, sobretudo jovens — mas não só eles —, têm agido, e isso ajudou a estimular uma forte atividade regulatória. (Os seres humanos podem superar o viés do presente; geralmente se preocupam com as gerações futuras; as perdas provocadas pelas mudanças climáticas são cada vez mais proeminentes, e muitas já estão sendo vivenciadas; as pessoas contratam seguros e sabem que eles são bons para evitar danos probabilísticos; e somos capazes de identificar os grandes poluidores.) Mas dois problemas adicionais se aplicam às mudanças climáticas — aliás, se aplicam à proteção ambiental em geral — e ajudam a explicar por que é tão difícil chegar a uma resposta apropriada ao problema.

Em primeiro lugar, as pessoas não recebem um feedback claro sobre as consequências ambientais de suas ações. Se o seu uso de energia produz poluição do ar ou da água ou gera emissões de carbono, talvez você não esteja consciente desse fato, pelo menos não de forma contínua. E, mesmo que seja informado da relação de causa e consequência, é possível que seu comportamento não se altere. As pessoas que usam o ar-condicionado o dia inteiro pensarão, a cada momento, ou mesmo uma vez por dia sequer, nos custos que essa decisão impõe aos outros? E, mesmo sabendo que contribui para as mudanças climáticas, você vai passar a usar menos o seu carro ou comprar um carro elétrico? Talvez sim, talvez não. O mesmo se aplica a outras decisões que a maioria das pessoas não vincula claramente às mudanças climáticas, como os alimentos que comem ou que materiais são usados nos produtos que compram.

Em segundo lugar — e mais importante — está o "problema do carona". O progresso no combate às mudanças climáticas depende das ações de muitos países e seus cidadãos. Se uma família, uma grande empresa ou mesmo um país reduz suas emissões, está definitivamente fazendo progresso. Mas se outras famílias, empresas e países aumentam suas emissões, o mundo pode acabar regredindo, dando um passo à frente e em seguida dois atrás. Um exemplo: é possível que líderes americanos tenham pensado: por que deveríamos reduzir nossas emissões se a China e a Índia não estão fazendo isso? Por que gastar uma nota preta e ajudar o resto do mundo se outros países se recusam a mudar e, portanto, nos prejudicam? Já os governos da China e da Índia talvez tenham pensado: por que reduzir nossas emissões de gases agressivamente, tendo em vista que, para começo de conversa, foram outros países mais ricos que criaram o problema? (Voltaremos em breve a esse ponto.)

Isso é o que muitas vezes chamamos de "tragédia dos comuns". Cada produtor de leite tem um incentivo para acrescentar vacas ao seu rebanho, porque ele obtém os benefícios das vacas adicionais enquanto sofre apenas uma fração dos custos; mas, coletivamente falando, o excesso de vacas vai acabar arruinando o pasto. Os produtores de leite precisam encontrar uma forma de evitar essa tragédia. Problemas semelhantes afligem a indústria pesqueira e ajudam a explicar a poluição do ar e as mudanças climáticas, que por vezes são descritas como uma tragédia dos comuns bastante "perversa", devido à gravidade da ameaça e ao grande número de pessoas e países envolvidos.[2] Quando ocorre a tragédia dos comuns, o remédio-padrão é a coerção, que deve ser aceita por todos. Por exemplo, os produtores de leite podem concordar em limitar o número de vacas que acrescentarão aos seus rebanhos e punir quem violar o acordo. As normas também podem ajudar,[3] e os arquitetos de escolhas podem ajudar a criar essas normas, embora isso leve tempo.

Agora, se você está aqui na expectativa de ler que não precisa se preocupar com esse assunto porque nudges de baixo custo darão conta do recado, sinto muito, mas vamos decepcioná-lo. Como sempre enfatizamos, nem todos os problemas podem ser resolvidos com intervenções leves. Se um terremoto cria um tsunami que manda uma onda gigantesca em direção à sua cidade, não achamos que você deva dizer à onda que 99% das ondas morrem antes de chegar à praia. Fugir para as colinas é uma ideia melhor.

Infelizmente, não temos a opção de fugir das mudanças climáticas, mas, ao contrário do que acontece com um tsunami, temos um pouco mais de tempo para agir. E embora seja verdade que os nudges não resolverão esse problema de vez, eles podem ajudar, e o fato é que precisamos de toda ajuda possível. Também vale a pena pensar nas mudanças climáticas como um problema de arquitetura de escolhas global. As descobertas da psicologia e da economia comportamental podem nos ajudar a entender como progredir nessa área.

CRIANDO COOPERAÇÃO

Embora o termo "tragédia dos comuns" tenha sido popularizado por Garrett Hardin num famoso artigo publicado em 1968, o conceito é conhecido pelos cientistas sociais há muito mais tempo.[4] Paul Samuelson, um ícone da economia, escreveu sobre o que chamou de problemas de "bens públicos" num artigo de três páginas (!) publicado em 1954.[5] Ele definiu um bem público como aquele que todos podem consumir sem diminuir o prazer dos outros. O ar fresco da montanha é um bom exemplo. Por mais que você respire fundo no topo da montanha, haverá ar suficiente para todos.

A análise de Samuelson baseava-se numa suposição geralmente aceita pelos economistas da época: a de que as pessoas agem como os econos, sendo racionais e egoístas.* Nesse contexto, isso significa que elas entendem a situação em que se encontram (embora Samuelson tenha descoberto isso sozinho) e agem para maximizar o próprio bem-estar, ignorando as preferências de todos

* Neste capítulo, faremos vista grossa à proibição que nos impusemos de usar a palavra *racional* e usaremos o termo apenas no sentido de que as pessoas fazem as contas corretamente. Também usamos a palavra *egoísta* porque é um conceito completamente diferente. Pode ser perfeitamente racional que as pessoas se preocupem com o bem-estar dos outros. Os modelos econômicos tradicionais geralmente supõem que nos preocupamos apenas com nós mesmos e talvez com nossos familiares próximos, ou pelo menos com a maioria deles.

os outros. Com base nessas premissas, os bens públicos impõem um problema real, porque ninguém estará disposto a contribuir com nada para criá-los. É fácil ver como isso se aplica aos indivíduos: se você faz escolhas ecologicamente corretas, todos compartilham dos benefícios, então talvez você não faça essas escolhas. Felizmente, os humanos são menos egoístas do que os econos, e algumas pessoas e governos assumem a responsabilidade de agir, embora não tanto quanto gostaríamos.

Essa análise é ainda mais importante quando aplicada a grandes empresas, como as de serviços públicos ou automóveis, que são responsáveis por grande parte das emissões globais de carbono. Em geral, seu principal objetivo é ganhar dinheiro. Ao reduzir a poluição, é possível que não colham muitos benefícios (a menos que os consumidores as recompensem). É claro que empregadores e empregados são afetados pelas mudanças climáticas, mas uma análise restrita à maximização do lucro pode não exigir grandes reduções nas emissões de gases do efeito estufa. Estamos cientes de que, ainda assim, muitas empresas estão tomando medidas importantes (e custosas) para reduzir suas emissões. As pessoas que comandam as empresas têm consciência — e podem receber nudges de funcionários, investidores, clientes e, talvez principalmente, dos próprios filhos. Mas os investidores continuam se preocupando com o lucro, e isso cria um verdadeiro desafio.

O problema do carona é ainda mais importante no nível governamental, porque a única maneira de progredir o necessário no combate às mudanças climáticas é por meio de ações coordenadas de governos de todo o mundo. Imagine que os países são como os fazendeiros que decidem quantas vacas colocar a mais no pasto. A questão é que, a menos que enfrentem muita pressão interna ou externa — ou que tenham uma liderança fortemente comprometida em resolver o problema —, China, Índia e Estados Unidos talvez relutem muito em reduzir suas emissões por conta própria; e talvez precisem de um acordo obrigatório. (Devemos enfatizar que, em certos períodos, os três países se esforçaram muito para reduzir as emissões, agindo, em grande parte, por conta própria; a questão é que, por causa do problema do carona, é difícil fazer com que eles — e o mundo como um todo — tomem as ações que são necessárias.)

Cientistas sociais estudaram um interessante jogo experimental que ilustra algumas nuances dessa situação. Esse jogo pode nos fornecer insights úteis a respeito de vários acordos internacionais, inclusive o Acordo de Paris, assinado em 2015. É o jogo dos bens públicos. Para ver como funciona, finja que está participando dele junto com nove estranhos que nunca conhecerá. Cada um de vocês recebe cinco cédulas de um dólar junto com uma mensagem dizendo que podem ficar com o dinheiro e levá-lo para casa. No entanto, você também pode escolher doar anonimamente qualquer valor desse total para um "pote de bens públicos". A cada dólar doado por você ou qualquer outra pessoa, os cientistas vão colocar outro dólar no pote, e ao fim o valor total será dividido igualmente entre os dez jogadores. Se ninguém contribuir com nada, cada jogador levará cinco dólares para casa. Se os dez colocarem todos os cinco dólares no pote, todos levarão dez dólares para casa.

Quanto você coloca no pote? Se for mais fácil pensar no assunto de outra forma, multiplique os valores por cem ou mil.

Enquanto você decide, vamos fazer as contas. Se você contribuir com um dólar, o pote dos bens públicos aumentará em dois dólares, dos quais você receberá sua parte (10% do total, ou vinte centavos). Isso significa que quanto mais você contribui para o bem público, menos dinheiro você leva para casa. Mas, antes de decidir não contribuir com nada, tenha em mente que, quanto mais todos contribuem, mais todos recebem. E se os dez derem todo o dinheiro, todos dobrarão o valor em alguns minutos!

Qual foi sua decisão? Você vai ser um econo egoísta, um humano generoso ou um meio-termo?

Versões desse jogo foram jogadas centenas, senão milhares de vezes, e ao que parece as pessoas não são tão egoístas quanto os economistas pensavam, portanto a previsão de que ninguém doará nada é equivocada. Em média, os grupos contribuem com metade do dinheiro. Essa é a notícia (razoavelmente) boa. A má notícia surge quando repetimos o jogo várias vezes: o percentual de contribuição cai gradualmente para cerca de 15%. Grosso modo, as pessoas são *cooperadoras condicionais*. Estão dispostas a contribuir para o bem público contanto que os outros façam o mesmo; mas, se os outros estão de carona, ganhando sem contribuir com nada, aos poucos as contribuições secam. Curiosamente, quando se permite que os participantes conversem uns com os outros antes de tomarem a decisão, os índices de contribuição aumentam.[6] Os participantes fazem discursos em prol da cooperação, se comprometem a doar, e, mesmo que a promessa seja só da boca para fora, ainda ajuda a aumentar os índices de contribuição e mantê-los estáveis ao longo do tempo.

Esse jogo simples ilustra o que aconteceu em algumas das tentativas menos bem-sucedidas de alcançar a cooperação internacional na luta contra as mudanças climáticas. Assim como nos experimentos que permitem a comunicação entre os participantes, as conversas internacionais começam com uma linguagem utópica e idealista sobre a necessidade de cooperação e sobre como estamos todos juntos nesse barco, produzindo um apelo universal: se todos contribuirmos, poderemos dar às gerações futuras uma chance de continuar habitando nosso planeta com um clima hospitaleiro. Isso pode ajudar. Mas em algum momento os países discutem sobre o que cada um precisa fazer para mitigar o problema (reduzindo suas emissões) e começam a discutir possíveis planos de longo prazo e seu nível de comprometimento. Como mostra o difícil debate que levou ao Acordo de Paris, é aqui que a coisa fica complicada. Cada país tem seu próprio ponto de vista. *Quanto cada um vai colocar no pote dos bens públicos?*

Vamos ver uma versão bem simplificada da ciência das mudanças climáticas. Desde que os humanos habitam a Terra, ou pelo menos desde que aprendemos a fazer fogo, emitimos gases do efeito estufa. Esses gases permanecem na atmosfera por muito tempo. Os países desenvolvidos na América do Norte e na Europa contribuíram com uma grande porcentagem do total acumulado, porque as invenções modernas – como eletricidade, transporte, fábricas, aquecimento, refrigeração etc. – emitem uma grande quantidade desses gases. Os Estados Unidos continuam sendo o principal emissor no acumulado, com cerca de um quarto do total global desde 1751.[7] (A cada ano sua participação cai um pouco.)

Enquanto isso, nas negociações internacionais, países historicamente mais pobres e atrasados, como China, Índia e Brasil, com frequência argumentam que os países ricos enriqueceram usando muita energia. Eles consideram essa situação extremamente injusta e não querem ser obrigados a encarar, de uma hora para outra, limites rígidos para suas emissões. É verdade que, já em 2006, a China havia superado os Estados Unidos como o maior emissor do mundo, ocupando até hoje esse papel.[8] No entanto, a China argumentou que seria injusto ter de enfrentar restrições idênticas às de países que ficaram ricos emitindo gases do efeito estufa ao longo dos séculos.

Podemos passar o resto dos nossos dias no planeta discutindo o que seria justo nessa situação, mas não resta dúvida de que é difícil chegar a um acordo. As questões filosóficas são extremamente complexas. Os humanos demonstraram ter vieses egoístas no momento de julgar o que é justo.[9] Para ver esse comportamento de perto basta observar um casal em litígio fazendo a divisão de bens. Quando se trata das mudanças climáticas, não faltam exemplos de julgamentos egoístas sobre o que é justo em todos os lados das negociações internacionais, e isso tem sido um grande obstáculo ao progresso.

A literatura da economia comportamental nos oferece uma ideia sobre um possível caminho. Lembre-se: aqueles que jogam o jogo dos bens públicos são cooperadores condicionais; só cooperam se os outros cooperarem. Numa série de experimentos, os economistas comportamentais Ernst Fehr e Simon Gächter mostraram que a cooperação em jogos repetidos de bens públicos pode crescer se os jogadores puderem punir *à sua própria custa* os que não cooperam.[10] Funciona assim: se o Jogador A percebe que o Jogador D (cuja identidade é secreta) não está contribuindo, A pode punir D. Para cada dólar que A está disposto a pagar, o pagamento de D é reduzido em três dólares. Observe que A não ganha nada diretamente ao punir D — na verdade ele paga pelo privilégio de punir quem não coopera. Como resultado, os econos nunca puniriam ninguém nesse jogo. Mas os humanos bem-intencionados (ou possivelmente maldosos) punem! Acontece que a criação de um mecanismo que nenhum econo usaria aumenta muito a cooperação. Na verdade, com essas regras em vigor, a cooperação *aumenta* à medida que o jogo é repetido — exatamente o oposto do que é observado nas regras normais.

Acreditamos que essas descobertas fornecem uma base comportamental útil para uma ideia proposta por William Nordhaus, especialista em clima e ganhador do Prêmio Nobel de Economia. Nordhaus sugeriu que os países formassem o que ele chama de Clube do Clima.[11] Assim como acontece em outros tipos de clubes, como os de tênis, seus membros teriam direito a certos benefícios (uso das quadras), mas também precisariam concordar com as regras do clube (não arremessar a raquete, pagar a mensalidade em dia). O não cumprimento das regras pode fazer com que você seja expulso do clube. A chave para a ideia do Clube do Clima, no entanto, é que os países que não concordem em aderir e seguir as regras estejam sujeitos a punições por outros membros do clube (talvez por meio de uma tarifa).

Estamos entusiasmados com o conceito de Clube do Clima, mas temos algumas dúvidas sobre o nome. "Clube do Clima" é um nome bonitinho, e talvez não pareça sério o suficiente para receber a adesão dos países. Os países gostam de tratados e acordos, não de clubes, e o fato é que rótulos são importantes.

No entanto, o conceito é bastante sugestivo — digno de atenção e fundamentado em boas pesquisas no campo das ciências sociais. Na verdade, a ideia está intimamente relacionada ao que aconteceu em Paris em 2015 para produzir o Acordo de Paris, que entrou em vigor em 2016. Ao participar do Acordo de Paris, a maioria dos países passou a fazer parte de um grupo semelhante a um Clube do Clima. Seus signatários concordaram em fazer "contribuições determinadas a nível nacional" — contribuições que, espera-se, tornem-se cada vez mais ambiciosas ao longo do tempo. Após a eleição de Joe Biden em 2020, os Estados Unidos retomaram imediatamente seu importante papel no Acordo de Paris, e esperamos que haja um progresso real nesse sentido. Dedos cruzados.

Mas como os países devem cumprir seus compromissos? Como podem reduzir as emissões conforme o que determina o acordo? Para essas perguntas existem muitas respostas possíveis, e o ideal é que o primeiro passo envolva incentivos monetários.

MELHORES INCENTIVOS

Quando os incentivos não estão bem alinhados, é papel do governo tentar realinhá-los e corrigir o problema. Na verdade, embora os economistas costumem ser um grupo adepto da controvérsia, nesse tópico eles são quase unânimes: se achamos que estamos emitindo quantidades excessivas de gases do efeito estufa (ou qualquer outro poluente), devemos garantir que os tomadores de decisão enfrentem os custos disso, o que lhes dará os incentivos corretos para reduzir os níveis de emissão.[12] No campo ambiental, duas abordagens amplas foram propostas.

A primeira é criar impostos ou multas para quem polui. Exemplo: um imposto sobre as emissões de gases do efeito estufa. A segunda abordagem é o sistema cap-and-trade. Nele, quem polui recebe (ou vende) um número limitado de "direitos de poluir", e esses direitos são negociados num mercado. Se os poluidores poluírem mais do que o limite, estarão violando a lei. Embora cada abordagem tenha seus adeptos, não nos posicionaremos sobre qual é a melhor. Essa é uma pergunta difícil, que dá pano para manga mesmo entre pessoas sensatas. Cada método aborda o problema de uma forma.

Se a ferramenta escolhida pelos governos for um imposto, então eles vão tentar estabelecer um valor que incentivará as pessoas a reduzir suas emissões. Algumas das mudanças desejadas levarão tempo. Se o preço da gasolina quadruplicar amanhã, muitas pessoas não poderão mudar imediatamente seu jeito de viver e trabalhar, e tantas outras não mudarão de imediato a forma de se deslocar. Mas um aumento no preço do carbono inevitavelmente altera o comportamento e leva as empresas a mudar a forma como produzem e o que produzem. Na Europa, as pessoas dirigem carros menores e mais econômicos do que os americanos, em parte porque há décadas cobram impostos mais altos sobre o combustível. Criar um imposto para estabelecer incentivos também tem a vantagem de trazer receitas para os governos que estão com grandes déficits no combate à recessão e à covid-19. Uma vantagem de um imposto sobre carbono é que ele criaria incentivos para inovar — por exemplo, produzindo fontes de energia mais baratas que gerem pouca ou nenhuma emissão de carbono. Em muitos países, incentivos — entre os quais impostos — têm contribuído para estimular a inovação no campo da energia solar, eólica e outras formas de energia renovável, e também ajudaram a estimular o surgimento e o uso de veículos elétricos.

Não vamos entrar nas minúcias de como estruturar um imposto sobre carbono e o que fazer com a arrecadação. Somos a favor de uma estrutura que garanta que a carga tributária não tenha efeitos adversos sobre os pobres. Para garantir a progressividade e superar a aversão à perda, acreditamos que um imposto sobre carbono deve fazer parte de um pacote de ajuda econômica, de modo a garantir que as pessoas de baixa renda não saiam perdendo por causa desse imposto (pelo menos em média). Por exemplo, talvez seja possível reunir o imposto sobre carbono com uma combinação de pagamentos feitos à população pobre que é prejudicada por esse imposto e também com programas governamentais que beneficiem essas pessoas ou que sejam voltados para as camadas mais populares — internet gratuita de alta velocidade, por exemplo. Como as pessoas mais ricas se envolvem em ações que resultam em mais emissões de carbono, no geral elas pagariam mais do que sua parcela per capita da conta total, mas também defendemos que o imposto sobre carbono seja explicitamente progressivo (por exemplo, tributando mais as emissões de casas maiores e carros mais caros). Em alguns casos os impostos podem ser negativos, como no caso de subsídios. Atualmente os Estados Unidos subsidiam a compra de carros elétricos e sistemas domésticos de criação de energia solar, por exemplo. O fato de o imposto aumentar as receitas cria oportunidades para o uso criativo desse dinheiro. O governo define o valor do imposto e deixa o mercado reagir, sem regular o nível agregado de emissões. Com o tempo, se as emissões não caírem o suficiente para atingir as metas, ou se a crise climática se tornar ainda mais urgente (infelizmente isso é muito possível), as alíquotas poderão ser ajustadas.

Alguns ambientalistas têm os dois pés atrás com impostos sobre carbono. Eles querem reduções fortes e imediatas no nível de emissões e duvidam que os impostos nos ajudem nisso. Na nossa opinião, esse ceticismo não se justifica. Se você deseja reduções fortes e imediatas, sem dúvida os impostos podem nos levar até lá – tudo depende do tamanho desses impostos. Quanto maior o imposto, maior a redução nas emissões. Diante da magnitude do problema, um imposto baixo seria difícil de defender. Embora muitas pessoas, e alguns países, adotem a meta de zerar as emissões de carbono até uma data específica, o mundo não pode, e não deve, tentar reduzir as emissões globais a zero para o ano que vem; a humanidade não está pronta para abrir mão imediatamente de transporte e eletricidade, por exemplo (sacrifícios que podemos ter que fazer para chegar a zerar as emissões da noite para o dia). Mas podemos reduzir significativamente as emissões com um imposto que se torne cada vez mais rígido com o passar do tempo. Essa medida poderia reduzir as emissões de carbono em uma ou duas décadas.

Em teoria, o imposto deveria ser igual ao "custo social do carbono", uma unidade de medida que coloca um valor monetário nos impactos causados pelas mudanças climáticas às atividades econômicas, ao bem-estar social e aos ecossistemas. É claro que pessoas razoáveis discordam sobre como se deve calcular esse número, e que várias suposições, nem sempre baseadas em evidências claras, precisam ser feitas antes de se chegar a uma estimativa. Em 2016, os Estados Unidos escolheram um custo social do carbono de cerca de cinquenta dólares por tonelada, e esse valor influenciou as avaliações de vários outros países. Muitos especialistas agora acham que cinquenta dólares é muito baixo e que, à luz das novas descobertas científicas, da incerteza constante e do risco de uma catástrofe, os países deveriam escolher um valor muito mais alto. Mas este não é o melhor lugar para entrar nas nuances desse cálculo. Vamos apenas dizer que, se escolhermos uma data-limite para alcançar a neutralidade nas emissões de carbono, é possível conceber uma série de impostos que nos ajudem a chegar lá.

Atualmente a Suécia tem o carbono mais caro do mundo, cerca de 130 dólares por tonelada métrica.[13] Desde que o imposto foi criado, em 1991, com um valor de cerca de 28 dólares por tonelada métrica, que progrediu gradualmente até alcançar o nível atual, a Suécia teve um aumento de 83% no PIB real — comparável ao de outros países membros da OCDE — e uma redução de 27% nas emissões.[14] Embora o imposto tenha aumentado o preço da gasolina, a reação a ele promoveu mudanças comportamentais bem maiores do que o esperado.[15] Daqui é possível tirar uma lição geral: se um imposto é entendido como uma resposta a um problema sério, é possível que as pessoas tenham uma reação ainda maior do que teriam ao incentivo puramente econômico. Talvez elas entendam que é bom reduzir as emissões de gases do efeito estufa — e podem estar dispostas a fazer isso mesmo que não seja do seu interesse econômico. Assim são os humanos.

Também vale sublinhar um ponto na experiência da Suécia que talvez tenha sido ignorado. Desde 1991, o imposto sobre carbono do país quase *quintuplicou*. A ideia básica de começar com um imposto sobre carbono baixo e aumentá-lo com o tempo faz muito sentido em termos comportamentais e foi adotada ou considerada em vários países, entre os quais a Alemanha. Talvez devesse se chamar Mais Verde Amanhã. Atentos ao viés do presente e à aversão à perda, os formuladores de políticas (e as empresas privadas) podem impor custos relativamente baixos hoje, ou em breve, e se comprometer a aumentar esses custos ao longo do tempo. Num ensaio abrangente e esclarecedor sobre o uso da economia comportamental no combate às mudanças climáticas, Helga Fehr-Duda e Ernst Fehr afirmam: "O princípio básico de se comprometer com uma política hoje, mas atrasar suas consequências, é muito usado por políticos, por exemplo, para aumentar a idade da aposentadoria sem perder eleitores".[16] Eles acrescentam que esse princípio pode ser aplicado em diversas áreas, inclusive na política de mudanças climáticas. Em países onde a ideia de um imposto verde sofre forte oposição política e nos quais alternativas menos eficientes são mais populares, o Mais Verde Amanhã pode ser o melhor caminho a seguir.

Cap-and-trade

Em contraste, um sistema cap-and-trade começa especificando o nível desejado de emissões (o cap) e então permite que os mercados determinem o preço das licenças de emissão. Se a tecnologia baratear a produção de energia limpa, o preço das licenças cairá. Na verdade, um dos principais objetivos do cap-and-trade é criar um incentivo para produzir energia limpa.

No sistema cap-and-trade, uma importante preocupação relativa à distribuição é como alocar os níveis iniciais de licenças para poluir. Uma fábrica que exala fumaça preta há anos deve receber um grande número de licenças, as quais poderia vender ao parar de poluir? Uma preocupação em relação a esse tema é que, como essas leis não são aprovadas de imediato, os poluidores demoram a reduzir a poluição, esperando receber mais licenças de início. Mais uma vez, vamos evitar essas questões, não porque não sejam importantes, mas porque são complicadas e não queremos nos distrair do foco principal do livro. (Assim como o ar puro, a atenção é um recurso escasso.)

Os leitores podem nos perguntar por que estamos dando tanta ênfase aos incentivos econômicos nesse domínio, tendo em vista que apresentamos possíveis desvantagens de fazer os pacientes pagarem parte de suas despesas relacionadas à saúde por meio de franquias e coparticipação. É uma pergunta justa. Incentivamos os clientes de serviços de saúde a evitar o excesso de consultas médicas e medicamentos prescritos com base em evidências que sugerem que as pessoas não conseguem fazer muito bem esses trade-offs. Um economista diria que elas não conhecem sua própria "função produção" de saúde. Não estamos defendendo que pessoas que tiveram um ataque cardíaco parem de tomar os remédios porque o carro quebrou e elas não sabem se o medicamento para hipertensão está ajudando.

No nível do consumidor, pelo menos a relação entre consumo de energia e comportamento é um pouco mais transparente. Ligar o ar-condicionado no verão ou o aquecedor no inverno tem efeitos claros, efeitos que, aliás, poderiam ser ainda mais nítidos e transparentes. Voltaremos a isso. Em outras áreas, os preços podem ajudar a sinalizar as emissões implícitas, associadas ao consumo, que não têm uma relação tão óbvia com as mudanças climáticas. Por exemplo, a criação de gado é uma das formas de produção de alimentos que mais geram gases do efeito estufa. (As "emissões" do gado são prejudiciais ao meio ambiente, e toda a área de pasto poderia ser usada de maneira mais amigável ao meio ambiente.) Se o preço da carne subir, até mesmo os humanos americanos vão passar a comer menos hambúrgueres.

O motivo mais importante de sermos a favor de incentivos econômicos para lidar com esse problema é o fato de que grande parte dos comportamentos que precisam mudar vem das empresas. Se as empresas tiverem que encarar um alto custo para emitir carbono, terão todos os incentivos para inovar em todas as frentes possíveis, desde a fabricação de automóveis elétricos até a produção de hambúrgueres feitos a partir de vegetais. Alguns deles, aliás, são surpreendentemente saborosos. Experimente!

Ao explorar incentivos econômicos, focamos em impostos e no cap-and--trade, mas existem outras formas de alinhar incentivos. Em muitos países, líderes políticos (e alguns pesquisadores climáticos) pediram a utilização de subsídios, que em algumas circunstâncias podem ter os mesmos efeitos que os impostos, sendo no entanto muito mais palatáveis para o público, porque oferecem ganhos e não impõem perdas. Nos Estados Unidos, por exemplo, os carros elétricos receberam subsídios, enquanto os impostos sobre a gasolina permaneceram baixos em comparação com a maioria dos países. Isso reflete uma decisão política. As circunstâncias em que os subsídios são um instrumento de política apropriado criam questões complexas, que não serão abordadas aqui. Embora acreditemos que os subsídios possam desempenhar um papel importante, eles são inerentemente um remendo, e que não restem dúvidas: alguém precisa pagar por eles.

O PARADOXO DA ENERGIA

Apesar de todos esses pontos a favor dos incentivos econômicos, um número cada vez maior de pesquisas econômicas e psicológicas fundamentadas em descobertas comportamentais sugere que ordens e obrigatoriedades também podem ser uma boa abordagem no combate aos problemas ambientais — aliás, muito melhor do que os economistas pensavam. E, por questão de praticidade, nos Estados Unidos e em muitos outros países, as casas legisladoras não têm se mostrado dispostas a aprovar um imposto abrangente sobre as emissões de carbono ou um sistema cap-and-trade. Isso levou os governos que se preocupam com as mudanças climáticas a usar outros métodos. A maioria dos economistas acha que esses métodos são claramente os segundos melhores. Talvez sim, talvez não.

Como regulamentações podem funcionar melhor do que incentivos? Um ponto de partida é o fato de que, ao comprar veículos e eletrodomésticos, os consumidores podem não levar em conta as economias em potencial que teriam caso adquirissem automóveis ou eletrodomésticos mais eficientes no uso de combustível ou energia elétrica. Esse é o *paradoxo da energia*:[17] os consumidores, que são humanos, se recusam a gastar cem dólares a mais numa máquina de lavar mais eficiente no uso da energia elétrica, que poderia economizar muito mais do que esse valor em poucos anos. E se os consumidores ignoram os benefícios econômicos da redução do consumo de combustível ou do aumento da eficiência no uso da energia elétrica, então uma obrigatoriedade poderia, em princípio, gerar grandes benefícios econômicos, muito superiores aos produzidos apenas pela redução de externalidades.

De fato, muitas pesquisas indicam que os consumidores prestam pouca atenção a esses benefícios, e análises de agências governamentais sugerem que as economias decorrentes das obrigatoriedades ligadas à eficiência no uso de energia ou combustível são reais e enormes. Nesse caso, é correto acrescentar, entre os benefícios da redução de emissões de gases do efeito estufa e de outros poluentes atmosféricos, a economia financeira do consumidor. Como resultado, o total economizado com leis e ordens agressivas para a redução do uso de combustível e de energia energética pode ser muito maior que os custos. Em tese, é possível até que os benefícios líquidos sejam muito superiores aos proporcionados pelos incentivos econômicos, que de fato podem combater as externalidades, mas não proporcionam economia ao consumidor.

Talvez você esteja pensando que se os consumidores não levam em conta as economias em potencial, então eles deveriam ser estimulados, não coagidos. E, de fato, muitos países caminharam nessa direção, apontando a economia de dinheiro para defender obrigatoriedades. Algumas delas têm base na psicologia comportamental e são concebidas especificamente para atingir os humanos. Aplaudimos essas medidas (e teremos mais a dizer sobre elas). Ainda assim, temos a mesma suspeita de muitos analistas que acreditam que, embora ajudem, esses nudges não corrigem a falha dos consumidores em avaliar de forma adequada a questão dos ganhos econômicos. No entanto, não temos a intenção de defender fortemente esse ponto de vista, muito menos de resolver a questão.[18] No mínimo, achamos que vale a pena reconhecer a possibilidade de que regras e obrigações gerem grande economia para os consumidores e ao mesmo tempo protejam o planeta. Um exemplo ilustrativo são os códigos de edificações. Se as construtoras acreditam (talvez com razão) que os consumidores não vão querer pagar mais por uma casa com maior eficiência energética, investirão menos em coisas como isolamento térmico, que é muito mais barato de incluir quando a casa está sendo construída do que depois.

Governos, por favor, tomem nota disso. (E consumidores, por favor, levem em conta esses ganhos.)

FEEDBACK E INFORMAÇÕES

Conforme já enfatizamos, o passo mais importante para lidar com os problemas ambientais é acertar os preços (ou seja, os incentivos), e embora tenhamos esperança de que os países acabem compartilhando dessa mesma visão, percebemos que em muitos deles essa é, e provavelmente continuará sendo, uma pílula política muito difícil de engolir. Nos Estados Unidos, pelo menos, os candidatos à presidência não estão dispostos a fazer campanha com a promessa de aumentar o preço da gasolina e dos serviços públicos. Na campanha presidencial americana de 2020 enxergamos um bom sinal: Joe Biden se disse a favor de um imposto sobre as emissões de carbono (até hoje ele foi o único candidato presidencial democrata a defender isso). Mas em muitos países, inclusive os Estados Unidos, um grande obstáculo à melhoria dos incentivos é o fato de que os custos da poluição estão ocultos, enquanto o preço na bomba de gasolina ou na conta de serviços públicos é bastante visível.

É por isso que defendemos uma abordagem do tipo "mãos à obra" no combate às mudanças climáticas. Regulamentações sensatas, que vão muito além de nudges, podem ser impostas em muitas áreas, mas também existe uma grande variedade de intervenções bastante úteis que se qualificam como nudges e que devem fazer parte das ferramentas de combate às alterações do clima. Esses passos não vão eliminar os riscos das mudanças climáticas por si sós, mas vão ajudar; e, como o ex-presidente Obama gosta de dizer sobre iniciativas que pouco afetam problemas de grande escala: "Qualquer melhoria é sempre boa".

Existe um tipo de iniciativa sensata que melhora o feedback recebido pelos consumidores sobre as consequências de suas ações. Estamos falando da divulgação de informações mais claras e de melhor qualidade. Essa estratégia pode melhorar a operação dos mercados e do governo; também tende a ser barata. Muitos temem que a divulgação por si só seja ineficaz e não surta efeito suficiente. Muitas vezes essa visão é correta, mas há ocasiões em que a informação pode ser um motivador surpreendentemente poderoso.

Uma grande história de sucesso relacionada a requisitos de divulgação é a Lei do Planejamento de Emergência e do Direito de Saber da Comunidade, promulgada pelo Congresso americano em 1986 após um acidente químico industrial ocorrido numa fábrica americana em Bhopal, na Índia.[19] Essa lei, entendida como um passo modesto e incontroverso, era basicamente uma medida informativa, com o objetivo de dar à Agência de Proteção Ambiental e às comunidades locais uma noção de quais materiais perigosos poderiam estar à espreita sem ser detectados. Mas a lei acabou fazendo muito mais do que isso: a exigência de divulgação do Inventário de Emissões Tóxicas está entre as histórias de sucesso mais inequívocas de toda a legislação ambiental.

Para criar o Inventário de Emissões Tóxicas, empresas e indivíduos devem informar ao governo nacional as quantidades de produtos químicos potencialmente perigosos que foram armazenados ou liberados no meio ambiente. Essa informação fica imediatamente disponível no site da Agência de Proteção Ambiental para quem quiser consultar. Hoje em dia, dezenas de milhares de instalações divulgam informações detalhadas sobre centenas de produtos químicos que liberam, totalizando milhões de toneladas de descarte de produtos químicos tanto no local quanto fora dele. Empresas que trabalhem com produtos químicos perigosos também devem informar aos bombeiros a localização, o tipo e a quantidade de produtos químicos armazenados, além de divulgar informações sobre possíveis consequências adversas à saúde.

O fato surpreendente é que, sem exigir nenhuma mudança específica por parte das empresas, a lei teve efeitos benéficos, estimulando grandes reduções nas emissões de produtos tóxicos nos Estados Unidos.[20] Essa consequência imprevista sugere que, por si só, a exigência de divulgação pode, por vezes, causar reduções significativas nas emissões. A exigência de divulgação é usada em diversas outras áreas ambientais e países, desde um empreendimento italiano de limpeza e reciclagem de resorts à beira-mar até um índice climático para municípios suecos.

Mas por que exatamente o Inventário de Emissões Tóxicas teve esses efeitos positivos? Uma das principais razões é o fato de a mídia e os grupos preocupados com o meio ambiente chamarem a atenção para infratores graves, produzindo uma espécie de "lista proibida ambiental".[21] Esse é um bom exemplo de nudge social. Poucas empresas querem aparecer com destaque na lista do Inventário de Emissões Tóxicas. A publicidade negativa pode resultar em diversos tipos de prejuízo, incluindo uma queda no valor das ações.[22] Assim, as empresas que entram na lista têm fortes incentivos para reduzir a emissão de poluentes. E o melhor: as empresas se esforçam para não entrar na lista. O resultado é uma espécie de competição na qual as empresas adotam medidas cada vez melhores para não dar a impressão de que estão contribuindo de maneira significativa para a poluição. Se as empresas forem capazes de reduzir as emissões a um baixo custo, elas o farão, simplesmente para evitar a publicidade negativa.

DIVULGAR AS EMISSÕES DE GASES DO EFEITO ESTUFA

Com esse exemplo em mente, consideramos que existe um nudge óbvio que todos os países deveriam adotar para lidar com as mudanças climáticas. Os governos deveriam criar um inventário de gases causadores do efeito estufa (IGCEE), exigindo que todos os grandes emissores divulgassem seus dados. O IGCEE permitiria que as pessoas vissem as várias fontes de gases do efeito estufa em suas comunidades e em outros lugares e acompanhassem as mudanças ao longo do tempo. De posse dessa lista os governos poderiam agir, considerando medidas legislativas. É inevitável que grupos interessados, entre os quais a mídia, apontem o dedo para os maiores emissores. É claro que um inventário desse tipo pode não produzir grandes mudanças por si só, mas esse nudge não seria especialmente caro e quase certamente ajudaria. (Compilar informações sobre emissores de poluentes também é um pré-requisito necessário para aprovar incentivos econômicos.)

Já estão surgindo os primeiros progressos nessa iniciativa. Vários países exigem algum tipo de IGCEE, entre os quais os Estados Unidos. O Acordo de Paris também exige que as partes divulguem um IGCEE nacional. Mas, desde

2011, bem antes do Acordo de Paris, a Agência de Proteção Ambiental americana passou a fazer essa exigência, com a esperança explícita de estimular os maiores emissores de poluentes a fazerem reduções reais. Essa mesma ideia ganhou força na forma de programas voluntários no setor privado; o Carbon Disclosure Project (CDP), por exemplo, fornece uma plataforma de divulgação global padronizada que investidores, empresas, cidades, estados e regiões têm usado para documentar e gerir seus impactos ambientais. O CDP divulga informações de mais de 8400 empresas e oitocentas cidades.[23]

Não temos conhecimento de um estudo cuidadoso sobre o impacto real dos IGCEEs. Pelo menos nos Estados Unidos, a divulgação parece não ter exercido um grande impacto, como o Inventário de Emissões Tóxicas, talvez porque não tenha sido proeminente o bastante para o público ou porque "emissões de gases do efeito estufa" não soa tão assustador quanto "emissões de produtos tóxicos". Mas isso pode estar mudando. Enquanto atualizávamos este livro, grande parte da Costa Oeste americana sofria com terríveis incêndios florestais e ar carregado de fumaça. A Austrália viveu eventos semelhantes e impossíveis de ignorar. Ao mesmo tempo, houve um número recorde de tempestades tropicais no Atlântico, tantas que a agência que dá nomes às tempestades em ordem alfabética ficou sem letras e teve que mudar para o alfabeto grego, chegando ao iota.[24] Eventos climáticos extremos estão se tornando cada vez mais comuns, mas é possível fazer muita coisa no intuito de chamar a atenção das pessoas para as tendências das emissões, inclusive mostrar quem faz parte do problema e quem está criando soluções.

AUTOMATICAMENTE VERDE

Se o objetivo é deixar o meio ambiente mais limpo, uma ideia simples é *tornar a opção sustentável a opção mais fácil*. E se o objetivo é facilitar, o melhor é automatizar.

Em muitos países, cada vez mais os "padrões verdes" estão sendo adotados e substituindo os padrões mais sujos. Um exemplo: detectores de movimento que apagam as luzes quando as pessoas parecem não estar na sala. Essa invenção cria o equivalente a um padrão "desligado". Também é possível evitar ligar o ar-condicionado na temperatura mínima, criando uma configuração-padrão que gere economias significativas, desde que as temperaturas não fiquem tão desconfortáveis a ponto de ser preciso alterá-las.

Tanto as políticas quanto a tecnologia estão criando e disponibilizando padrões verdes. Conforme já vimos, a inércia é uma força poderosa. Além disso, a criação de um padrão verde é uma espécie de sinal — diz às pessoas qual é a coisa certa a fazer. Ao rejeitá-lo, elas podem sentir um peso na consciência, e as evidências sugerem que muitas vezes de fato sentem. Existe uma lição geral aqui. Soluções arquitetônicas que facilitem ou automatizem decisões podem exercer um impacto muito maior do que pedir às pessoas para fazer a coisa certa.

Agora pensemos numa questão muito maior: a escolha entre fornecedores de serviços públicos em locais onde isso é possível. Em geral, o padrão não costuma ser ecologicamente correto; há lugares em que até o carvão é usado. Para usar energias renováveis (como solar ou eólica), as pessoas devem buscar informações e escolhê-las ativamente (caso possível). A maioria não se dá esse trabalho, mas qual seria o efeito de mudar para um padrão sustentável, para que as pessoas sejam automaticamente verdes? A evidência existe e é muito clara: muito mais pessoas acabam usando energia renovável. E elas se mantêm usando a energia limpa, mesmo que seja um pouco mais cara.

Um estudo controlado randomizado realizado na Alemanha nos oferece resultados impressionantes, testando especificamente o efeito de uma regra-padrão no uso de energia renovável.[25] O estudo envolveu quase 42 mil domicílios e durou 4,5 semanas. Os domicílios foram aleatoriamente designados a um dos dois seguintes tratamentos. No primeiro, as pessoas foram questionadas se queriam passar a usar energia renovável; no segundo, foram automaticamente inscritas numa empresa fornecedora de energia renovável, mas questionadas se queriam deixar de usar os serviços da empresa. Em ambos os tratamentos a energia renovável era um pouco mais cara.

A regra-padrão teve um efeito enorme. No grupo que precisava optar por se inscrever na empresa que oferecia energia renovável, apenas 7,2% dos domicílios fizeram essa opção. Por outro lado, uma notável maioria de 69,1% dos domicílios transferidos automaticamente para o provedor de energia renovável se mantiveram com a empresa. E o melhor: esse efeito foi robusto depois de ajustadas a qualidade do serviço do contrato escolhido, o valor da taxa mínima e o valor do kilowatt/hora. Na Alemanha, atualmente muitos fornecedores de energia estão inscrevendo automaticamente os domicílios em provedores de energia renovável.[26] As evidências de campo — baseadas não em experimentos, mas no que está de fato acontecendo — mostram que esse nudge realmente funciona (na Alemanha, na Suíça e em outros lugares). A maioria das pessoas está optando por não parar de usar a energia limpa. Como resultado, o ar é muito mais puro, e as emissões de gases do efeito estufa são bem menores.

NORMAS E TRANSPARÊNCIA

Dissemos muitas vezes que as pessoas não sabem quanta energia estão usando. Elas também não sabem como seu uso de energia se compara ao de seus vizinhos. A Opower, empresa agora de propriedade da Oracle, criou o Home Energy Report, um nudge que dá aos clientes uma noção clara de como sua conta de serviços públicos se compara ao padrão da vizinhança e o que fazer para economizar.[27] O Home Energy Report já está sendo usado pelo público geral, e podemos descobrir se de fato funciona. O melhor estudo sobre o tema é do economista Hunt Allcott, que estima que o efeito do envio desses relatórios é uma redução do consumo em cerca de 2%.[28] Isso é muito ou pouco? Dois por cento pode não parecer grande coisa, mas, como dissemos, toda economia ajuda, sobretudo no uso de energia, que representa grande parte das emissões (cerca de 20% nos Estados Unidos).[29] Além disso, Allcott concluiu que essa redução é mais ou menos a mesma que seria obtida por um aumento temporário de preços de 11% a 20%. O mais importante disso tudo é que essa redução é alcançada a custo zero, já que a informação é incluída na fatura regular recebida pelo cliente. Mais intervenções de baixo custo como essa, por favor!

Eis uma ideia relacionada à que acabamos de descrever: programas de participação voluntária concebidos para ajudar não consumidores individuais, mas empresas, sejam elas grandes ou pequenas. Com esses programas, os formuladores de políticas públicas não exigem que ninguém faça nada, apenas perguntam às empresas se elas estariam dispostas a seguir certos padrões, de modo a surtir efeitos positivos no meio ambiente. A ideia básica é que, mesmo num livre mercado, muitas vezes as empresas não usam os produtos mais novos, e às vezes o governo pode ajudá-las a ganhar dinheiro e ao mesmo tempo reduzir a poluição.

Entre os problemas discutidos neste livro, o das mudanças climáticas é o mais sério e também o mais difícil de resolver. Explicamos por que o mundo ainda não conseguiu solucioná-lo. Para os indivíduos, as mudanças climáticas são a mãe de todos os problemas do carona, agravados por vieses comportamentais, e o mesmo vale para os países. Mas o fato é que uma forte redução nas emissões será essencial para países pobres e ricos, e isso cria verdadeiros desafios para os negociadores internacionais. Para obter essas reduções, precisaremos mudar os incentivos, pelo menos no intuito de estimular os tipos de inovação tecnológica necessários para fazer avanços nesse campo. Os incentivos podem ter várias formas, como impostos, subsídios, prazos e concursos. No entanto, uma arquitetura de escolhas superior e bons nudges também podem desempenhar um papel importante. Em particular, esperamos e acreditamos que o mundo se tornará automaticamente cada vez mais verde, e com isso muitas tragédias serão evitadas.

Parte V

Departamento de reclamações

15. Muito barulho por causa dos nudges!

Quando estávamos tentando encontrar uma editora para a primeira edição de *Nudge*, não havia muitos interessados. A maioria das pessoas não imaginava que alguém além da família dos autores leria um livro sobre paternalismo libertário. Para nossa surpresa – e a de nossos editores –, de alguma forma o livro encontrou um público. O título *Nudge* certamente ajudou. (Foi sugerido por um dos editores que educadamente nos recusou.) Claro, com mais leitores surgem mais céticos. Recebemos críticas de muitos campos (entre os quais economia, psicologia, filosofia, ciência política e direito), abrangendo todo o espectro político, da direita à esquerda.

No que diz respeito à política, é tentador concluir que irritar os dois extremos significa que estamos fazendo algo certo, mas essa conclusão refletiria um viés de autoconveniência. Uma explicação mais provável para criar furor tanto na direita quanto na esquerda é que nossas ideias são ruins, más, imprudentes, confusas – ou pelo menos mal escritas! Nesta edição final tentamos deixar mais claros alguns exemplos em que nossa escrita se mostrou imprecisa, mas esses esclarecimentos não responderão às objeções que exploraremos neste capítulo. É nosso dever ressaltar que aprendemos muito com nossos críticos e que este livro é melhor por causa dos questionamentos e das dúvidas que eles apresentaram.

Seria possível escrever um livro inteiro sobre objeções conceituais, éticas, empíricas e de outros tipos aos nudges, mas tentaremos ser breves.[1] Uma forma de conseguir isso é evitar perder tempo com argumentos semânticos – por exemplo, se o paternalismo libertário é ou uma coisa ou outra, ou libertário ou paternalista. Conforme já dissemos, usamos a palavra *libertário* no sentido da "preservação de escolhas". Também afirmamos que, sendo realistas, até mesmo optar por não participar de algo em que você é automaticamente inscrito pode ser difícil — em especial se houver sludge envolvido —, e que nossos nudges ideais impõem o menor custo possível a quem preferir seguir outro caminho. Por um ou dois dias em 2007, pensamos em chamar este livro de *Paternalismo de um clique*, e, embora tenhamos rejeitado esse título horrível, ele dá a ideia de quais são nossos objetivos. A nosso ver, as direções apontadas por um aparelho de GPS são nudges perfeitos. Mesmo que a voz gentil e educada sugira que você faça uma curva à direita, ela não reclamará se você seguir em frente. É claro que nem todos os nudges e políticas inspiradas em nudges alcançam esse ideal, mas quando isso ocorre passamos a considerar que há sludge no processo, e o sludge deve ser incluído em qualquer análise de custo-benefício de uma política.

Usamos o termo *paternalismo* no intuito de incluir esforços para proteger as pessoas de seus próprios erros, direcionando-as para as escolhas que elas fariam se estivessem plenamente informadas e livres de vieses comportamentais. Esse é um paternalismo de meios, não de fins; geralmente os nudges são projetados para ajudar as pessoas a encontrar os meios corretos para os fins que desejam. Claro que não pretendemos usar nudges para fazer as pessoas escolherem o que nós preferimos. Como isso seria possível nas situações em que não concordamos um com o outro? Como você já sabe, Thaler adora vinho e Sunstein prefere Coca Zero. Thaler adora jantares longos; Sunstein tem pavor dessas ocasiões sociais. Sunstein gosta de discussões filosóficas. Thaler as evita a todo custo. Você entendeu a ideia. Nossas preferências nada têm a ver com o que faz uma política ser boa.

E, por fim, para esclarecer logo a questão: não, não achamos que os arquitetos de escolhas, do setor público ou privado, são sempre inteligentes e profundos conhecedores do assunto. Nem que sempre tenham a motivação certa ou necessariamente desejem o melhor para aqueles que influenciam. Não negamos o poder de grupos de interesse bem organizados. Concordamos que os especialistas erram. Temos prestado atenção ao que vem acontecendo no mundo nas últimas décadas. Percebemos que nem todo chefe de Estado é um gênio estável. Também notamos um aumento preocupante no número de governos autoritários. No setor privado, não faltam nudges egoístas (como já apontamos muitas vezes ao longo do livro). Também estávamos atentos durante a crise financeira de 2008, época em que era difícil encontrar um setor da indústria de serviços financeiros que não tivesse gente mau-caráter. Durante a pandemia de covid-19, muitos cometeram erros e boa parte tinha interesses próprios ao errar. Então, sim, queremos deixar registrado que nem todos priorizam o bem-estar das pessoas. Todos os arquitetos de escolhas são falíveis, e alguns são realmente maliciosos.

Mas que lição devemos tirar desses fatos óbvios? Lembre-se: a arquitetura de escolhas e os nudges são inevitáveis; não dá para simplesmente fugir deles. Já tratamos desse ponto antes, mas ele é tão ignorado que vale a pena repeti-lo. Você pode ser contra advertências gráficas em maços de cigarro, preferir a escolha ativa às regras-padrão, rejeitar a ideia de exibir a quantidade de calorias nos rótulos dos alimentos, tentar abolir os dispositivos de GPS ou ignorar as diretrizes de distanciamento social. Mas ser contra os nudges em si faz tanto sentido quanto ser contra o ar e a água. É impossível evitá-los. E uma razão para utilizar os nudges, em vez de proibi-los, é exatamente a falibilidade dos arquitetos de escolhas. Se as pessoas puderem seguir o caminho que escolherem — e dizer "não, obrigado" sem dificuldade —, os riscos serão bastante reduzidos. Se você está preocupado com os erros e incentivos dos políticos, seu primeiro alvo deve ser a coerção e as obrigatoriedades, não os nudges.

De qualquer forma, estamos preocupados com a possibilidade de pessoas mal-intencionadas lerem nosso livro e saírem por aí encontrando maneiras novas e mais eficazes de usar os nudges? Sim, estamos! Conforme deixamos claro no capítulo 8, sobre sludge, estamos muito preocupados com essas coisas. No entanto, a existência de vilões é anterior à publicação do nosso livro, e embora reconheçamos que é possível que vieses comportamentais sejam bem compreendidos e utilizados de forma sofisticada por interesse próprio (algo que de fato está acontecendo), acreditamos que o risco de nosso livro cair nas mãos de pessoas más e bandidos não deveria estar no topo da lista de preocupações. Talvez as mudanças climáticas devessem estar no topo dessa lista, não?

Com essas questões preliminares fora do caminho, vamos nos voltar para as críticas mais importantes. Algumas vêm de críticos da direita, sobretudo dos mais libertários. Eles gostam da liberdade (assim como nós) e acham que os nudges a comprometem (nisso discordamos). Embora algumas de suas preocupações sejam válidas, às vezes temos a impressão de que suas críticas estão mais ligadas ao fato de termos não só usado a palavra *libertário* sem lhes pedir permissão, como também a combinado com uma palavra que eles odeiam. É mais ou menos como se crianças pegassem uma bola de basquete para jogar futebol (ou vice-versa). Blasfêmia. Admitimos que criamos o termo *paternalismo libertário* para chocar, mas depois de todos esses anos diríamos aos nossos amigos libertários: talvez seja hora de superar isso.

Por outro lado, muitas pessoas dizem que devemos ir além dos nudges. Para elas, nudges não passam de meros ajustes, uma distração. Elas querem mudanças em larga escala e não acreditam que os nudges nos proporcionarão isso. Muitas dessas pessoas estão preocupadas com a desigualdade econômica, com os direitos dos trabalhadores, com os monopólios, com a violência policial, com a discriminação de raça e sexo etc. Nós também. E se você leu até aqui, sabe que, em alguns casos, uma arquitetura de escolhas bem projetada pode fazer muita coisa; é muito mais do que um simples conjunto de ajustes. Em todo o mundo, autoridades públicas, inclusive as que trabalham em unidades especializadas em nudges, realizaram grandes feitos. Ainda assim, é preciso deixar claro que ordens, proibições e incentivos econômicos às vezes podem fazer muito sentido, mesmo para aqueles que costumam amar a liberdade de escolha.

LADEIRAS ESCORREGADIAS

É bem sabido que certas pessoas sofrem com medos bastante bobos, muitos dos quais têm nome. Existe a esciofobia, por exemplo, que é o medo das sombras, e até a araquibutirofobia, que é o medo de a manteiga de amendoim grudar no céu da boca. Existe um medo bem obscuro que parece ser estranhamente comum entre os juristas libertários: a batimofobia — o medo de cair de uma ladeira ou de um lance de escadas. Suspeitamos que essa fobia produz uma obsessão por *ladeiras escorregadias*.

Que fique claro: não estamos dizendo que é *literalmente* bobagem tomar cuidado com ladeiras escorregadias — por exemplo, quando estamos dirigindo. Evite situações desse tipo sempre que possível. Na verdade, qualquer pista escorregadia merece pelo menos um nudge como sinal de alerta, e, em casos extremos, até uma proibição (ESTA TRILHA/RUA/ESTRADA PERMANECERÁ

FECHADA ATÉ SEGUNDA ORDEM). As ladeiras escorregadias que achamos que recebem atenção demais não são físicas – são metafóricas e usadas num tipo específico de argumento.

O argumento da ladeira escorregadia funciona assim: se fizermos algo – chamemos esse algo de X –, existe um sério risco de que ele crie uma tendência, que levará a outras coisas, como Y e Z, e embora o X em si seja uma boa ideia, Y e Z são péssimos. A conclusão é que você não deve fazer X a menos que esteja disposto a aceitar Z.

Os argumentos de ladeira escorregadia são muito populares nos Estados Unidos entre aqueles que se opõem ao controle de armas. Nesse caso, X é qualquer restrição ao direito de um indivíduo possuir uma arma (digamos, a proibição da posse de armas de assalto, como fuzis automáticos), e Z seria o governo confiscar todas as armas, incluindo facas e pistolas de água. Bem, estamos exagerando no exemplo, mas você entendeu a ideia.

O problema com a maioria dos argumentos de ladeira escorregadia é que eles não fornecem nenhuma evidência da existência de uma ladeira real: isto é, uma razão para acreditar que fazer X torna mais provável, que dirá inevitável, Y e Z. No entanto, isso não impediu as pessoas de criarem argumentos bastante duvidosos. Por exemplo, houve uma discussão na Suprema Corte sobre a Lei de Proteção e Cuidado Acessível ao Paciente em que se debateu se o governo poderia constitucionalmente exigir que os cidadãos contratassem um plano de saúde. À época, o juiz Antonin Scalia afirmou que, se essa exigência fosse legalizada, nada impediria que um governo futuro exigisse que as pessoas comam brócolis.[2] Isso que é alarmismo!

O histórico de previsões de ladeiras escorregadias no âmbito político não é exatamente maravilhoso. Certa vez um opositor do sufrágio feminino previu que dar às mulheres o direito ao voto criaria uma "raça de mulheres masculinas e homens efeminados, cujo acasalamento resultaria numa raça de degenerados".[3] Outro opositor, notando que as mulheres representam mais da metade da população, previu que permitir o voto feminino faria com que em pouco tempo todos os nossos líderes políticos fossem mulheres.[4] Só para constar, em 2021, as mulheres detinham apenas 26% dos assentos no Congresso americano.[5] Quem me dera essa ladeira fosse realmente um pouco mais escorregadia!

Estamos falando de ladeiras escorregadias porque os críticos vêm usando argumentos do tipo para criticar os nudges e o paternalismo libertário. "Primeiro é o nudge, depois a obrigatoriedade, e depois eles vão atirar na gente." (Mas por quê? O objetivo do nudge é evitar a obrigatoriedade, e ainda mais os tiros.) É interessante notar que, em alguns desses argumentos, um viés comportamental tem sido usado como base teórica. Um crítico, Glen Whitman, elabora seu argumento com base na descoberta da pesquisa sobre *aversão a extremos*: as pessoas tendem a preferir opções ao longo do espectro.

> A adesão obrigatória a planos de pensão (com opção de saída para os participantes) parece ser o meio-termo atualmente. Mas quando ela se tornar o padrão, passará a ocupar a posição de laissez-faire. Então, uma política do tipo Poupe Mais Amanhã (ainda com opção de saída para os participantes) vai se tornar o novo meio-termo. Em seguida, essa política se tornará a opção extrema, enquanto a adesão automática com liberdade para escolher seus investimentos, mas *sem* opção de saída a qualquer momento, se tornará o meio-termo. Continuando com essa série de pequenos passos, depois de um tempo é possível que o "meio-termo razoável" passe a ser a adesão obrigatória, com exigência de depósito mínimo, investimentos restritos e nenhuma possibilidade de sair do programa.[6]

Sério?

Só para constar, ao longo dos mais de dez anos desde que a edição original de *Nudge* foi publicada, é verdade que tanto a inscrição automática quanto o Poupe Mais Amanhã passaram a ser mais adotados em todo o mundo. No entanto, não conhecemos qualquer tendência à remoção do direito de optar por não participar desses programas. Faz mais sentido que uma opção que pareça um meio-termo sensato seja a mais escolhida, em vez de se transformar em algo considerado extremo. Talvez essa ladeira não seja tão íngreme!

As tendências sociais são imprevisíveis. Nos Estados Unidos, ratificamos uma emenda constitucional (um processo carregado de sludge) no passado para proibir a venda de bebidas alcoólicas. Isso levou à proibição de outras atividades? Alguém foi proibido de fumar ou de comer demais? Não. Anos depois, o país viu que a medida tinha sido um erro e revogou a proibição. Agora os estados estão rapidamente aprovando leis que legalizam a venda de maconha. É difícil prever essas ladeiras.

Não vemos motivo para nos preocupar com a possibilidade de que, aos poucos, os nudges forcem uma mudança de padrões. Mais uma vez: nudges são inevitáveis e, por definição, não eliminam a liberdade de escolha. Se aceitarmos esses limites, não haverá por que pensar que seremos coagidos, se é isso que tanto queremos evitar. Você pode receber avisos de que certos produtos contêm camarão (para ajudar aqueles que, como Sunstein, são alérgicos) sem proibir produtos que contenham camarão. Pode configurar as impressoras para imprimir em frente e verso por padrão sem proibir que as pessoas mudem para a impressão em um só lado. Se a acusação é de que, assim como a política, os nudges exercem apelo porque buscam o meio-termo, então nos declaramos culpados, mas pretendemos avaliá-los por seus próprios méritos, e não com base em algum risco hipotético que pode ser apenas um sintoma de batimofobia.

LIBERDADE E ESCOLHA ATIVA

Alguns críticos da liberdade têm outro argumento, pelo qual temos mais simpatia. Eles estão preocupados com a liberdade e a livre escolha, em vez do bem-estar (somos capazes de medir ou avaliar o ceticismo desses indivíduos). Por isso eles preferem a escolha ativa a padrões sensatos. Para eles, o ideal é fornecer às pessoas as informações necessárias para fazer uma escolha bem informada e, depois, deixá-las à vontade para escolher por conta própria. Essa forma de pensar se refletiu na campanha do governo sueco para que os cidadãos escolhessem suas próprias carteiras de investimentos, e vimos que a estratégia mostrou ter desvantagens.

A escolha ativa é uma forma de arquitetura de escolhas, e é possível utilizar nudges para estimular as pessoas a fazerem escolhas ativas. Concordamos que às vezes essa é uma excelente ideia. Mas com que frequência as pessoas devem ser obrigadas a fazer uma escolha? Às vezes? Sempre? Achamos que a escolha ativa *obrigatória* é mais adequada quando as escolhas são simples, do tipo sim ou não. Em situações mais complexas – por exemplo, escolher uma carteira de um menu de centenas de fundos mútuos –, forçar as pessoas a fazer uma escolha é uma estratégia duvidosa. E ao mesmo tempo bastante paternalista. Por que não fornecer um padrão sensato e depois oferecer a elas a liberdade de escolher outra coisa? Muitas vezes as pessoas optam por não escolher, e devemos respeitar essa decisão. Vimos que a esmagadora maioria dos suecos que entraram no mercado de trabalho na última década está recusando a opção de gerenciar o próprio portfólio. Não esperamos que as pessoas sejam suas próprias médicas, então por que devemos exigir que tomem outras decisões complexas se existem especialistas que podem fazer isso melhor, especialistas em quem essas pessoas escolhem confiar? E sim, nós sabemos (e dissemos) que não é possível presumir que toda e qualquer pessoa que nos dê conselhos seja automaticamente considerada *confiável* ou *especialista* em qualquer assunto.

No contexto da doação de órgãos, defendemos algo próximo ao modelo de escolha ativa. Preferimos a escolha requerida à escolha obrigatória porque as pessoas podem reagir mal ao serem informadas de que são obrigadas a responder a uma pergunta, mas ao mesmo tempo achamos que, nessa área, simplesmente presumir o consentimento de alguém é um exagero a ser evitado.

Além de ser uma intromissão na liberdade alheia, a escolha obrigatória é simplesmente impraticável em muitas áreas. Você quer escolher todos os ingredientes das refeições do restaurante que frequenta? Se você vai comprar um carro novo, não quer que o fabricante defina o padrão para que os faróis fiquem ligados quando estiver escuro e desligados quando estiver claro? Se, em vez disso, você insistir em acender e apagar os faróis manualmente (mais liberdade!), terá uma boa chance de deixar as luzes acesas (descarregando a bateria) se sair para o trabalho quando ainda estiver escuro de manhã, mas chegar no escritório quando já estiver claro. Existem centenas de configurações desse tipo. É melhor que o comprador de um automóvel passe a primeira hora em seu carro novo escolhendo a melhor configuração para o brilho do painel? Achamos que padrões sensatos funcionam bem e podem ser melhorados por um tutorial proeminente sobre como ajustar os bancos e espelhos, pois esse é um caso em que a configuração varia de acordo com a pessoa.

A escolha ativa costuma ser uma boa ideia, mas em muitas áreas a curadoria e os padrões sensatos são uma bênção. Não devemos pedir que eles sumam.

NÃO DÊ NUDGES, CAPACITE

Segundo alguns críticos, numa sociedade livre as pessoas têm o direito de errar. De fato, cometer erros pode ser útil, pois é errando que se aprende. Concordamos plenamente com essa ideia, e é por isso que, no geral, somos a favor de políticas que permitam aos participantes deixar de participar, contanto que isso não prejudique os outros. Se as pessoas realmente querem investir grande parte de sua carteira de investimentos para a aposentadoria em ações romenas de alta tecnologia, não somos nós que vamos proibir (desde que elas compreendam bem o que estão fazendo). Mas pensando nas pessoas que não são boas em fazer escolhas por conta própria, que mal há em colocar alguns sinais de advertência pelo caminho? Por exemplo, somos a favor de placas em estações de esqui alertando esquiadores iniciantes e intermediários: "Nem pense em descer esta trilha se não for profissional".

Certos críticos têm forte preferência por capacitar em vez de oferecer nudges. Para eles, as instituições públicas e privadas deveriam ensinar as pessoas, ou capacitá-las, em vez de usar a arquitetura de escolhas.[7] A versão menos bonitinha desse argumento vem de um psicólogo alemão: "O interesse pelo nudge, em vez da capacitação, deve ser entendido no contexto político específico em que surgiu. Nos Estados Unidos, o sistema de educação pública é amplamente considerado um fracasso, e o governo se esforça para encontrar maneiras de orientar grandes setores da população que mal sabem ler e escrever. No entanto, a situação não é a mesma em todos os lugares".[8]

Vamos ignorar a ofensa nacionalista e nos concentrar na questão mais importante: devemos deixar os nudges de lado em favor da educação — de capacitar as pessoas —, entendida aqui como um esforço para direcionar e aumentar as competências? Nossa primeira reação é questionar: por que temos que escolher um em detrimento do outro? Nós dois podemos ser acusados de muitas coisas, mas ser antieducação provavelmente não é uma delas. Gostamos da ideia de capacitar e concordamos que, em alguns casos, pode ser eficaz. Ambos somos professores. Muitos nudges tentam educar (e exigem que o indivíduo seja alfabetizado); a divulgação de informações, os avisos e os lembretes têm o objetivo de informar as pessoas. Apesar disso, gostamos quando nos oferecem opções e padrões bem selecionados, os quais se quisermos podemos rejeitar. Devemos tentar criar uma cidadania que ofereça as habilidades e os conhecimentos necessários para prosperar no mundo; é importante — valioso, até — aumentar a competência das pessoas e ajudá-las a exercer o livre-arbítrio. Claro que é ótimo termos altos níveis de alfabetização, e quem é a favor de capacitar, em vez de utilizar nudges, vai gostar dessa saída. Mas também precisamos ser realistas. Temos certeza de que nem as melhores escolas de ensino médio alemãs oferecem treinamento equivalente a um doutorado em economia financeira.

Essa crítica é baseada num mal-entendido sobre nossa visão da natureza humana. Nós *não* achamos que as pessoas são burras. Em vez disso, achamos que o mundo é *complicado*! Conhecemos poucos economistas que se dizem plenamente capazes de escolher a melhor hipoteca de uma lista de opções disponíveis ou calcular com precisão quanto precisam economizar para a aposentadoria. Conhecemos muitos que fizeram más escolhas em relação ao plano de saúde. Será que a vida não fica mais fácil quando vivemos num mundo com padrões personalizados, opções fáceis de comparar, divulgação inteligente e mecanismos de escolha que funcionam bem? Não deveríamos ter que escolher entre capacitar e dar nudges. Por que não as duas coisas? Os nudges preservam a liberdade de escolha, portanto é especialmente valioso ajudar as pessoas a exercer essa liberdade da maneira mais esclarecida possível.

Muitos revelam grande entusiasmo com a ideia de oferecer a estudantes do ensino médio uma boa educação financeira. Compartilhamos desse entusiasmo. Se estivéssemos construindo um currículo do ensino médio, substituiríamos a trigonometria por estatística e finanças domésticas. É claro que juros compostos e valor presente líquido são conceitos mais úteis do que seno e cosseno. Ensinar as pessoas a administrar o orçamento doméstico e a entender os perigos da dívida do cartão de crédito é ainda mais importante. A educação pode ajudar, às vezes muito, mas tanto o bom senso quanto pesquisas empíricas sugerem que não devemos confiar demais nos efeitos benéficos de capacitar as pessoas. Exemplo: do que você se lembra das suas aulas de química ou trigonometria do ensino médio? Será que guardaríamos muito melhor a compreensão do que são juros compostos?

Os resultados empíricos mostram a intuição desse experimento mental. Uma importante meta-análise da eficácia da capacitação em educação financeira nos fornece três resultados importantes.[9] Em primeiro lugar, quanto mais longo for o período de formação, melhores os resultados. Um curso de 24 horas de treinamento produz efeitos maiores do que um curso de doze horas. Em segundo lugar, os efeitos são modestos. Não é possível criar gênios em finanças da noite para o dia. Em terceiro lugar — e mais importante —, os efeitos positivos perdem força com o passar do tempo e desaparecem completamente em apenas dois anos. Os autores do estudo concluem que o treinamento eficaz seria aquele ministrado "na hora certa" — ou seja, em antecipação a uma decisão que será tomada. Se você fornecer a alunos do ensino médio informações sobre os diferentes ganhos que podem ter nas mais variadas formas de educação superior, sobre como solicitar auxílio financeiro e empréstimos estudantis, sobre como lidar com cartões de crédito etc., eles serão capazes de aplicar esses conhecimentos de imediato.

Mas não pense que suas aulas sobre taxas fixas e taxas variáveis necessariamente irão ajudá-los a escolher uma hipoteca melhor daqui a uma década. Quando eles estiverem prontos para comprar um imóvel, ofereça aulas gratuitas sobre as possíveis armadilhas. (E talvez dê alguns nudges simples.)

NUDGES SÃO ARDILOSOS?

Há quem afirme que regras, ordens, proibições e impostos têm uma grande vantagem sobre os nudges: as pessoas sabem em que terreno estão pisando e ninguém é enganado. Por outro lado, dizem, os nudges são dissimulados e, em certo sentido, manipuladores, uma forma de trapaça.[10] Eles afetam as pessoas sem que elas saibam.

É difícil entender essa crítica em relação à maioria dos nudges. Rótulos, avisos e lembretes não ficam exatamente ocultos; se ficarem, não funcionarão. As regras-padrão devem ser, e em geral são, totalmente transparentes. Se as pessoas são inscritas de forma automática em um provedor de energia renovável, devem ser, e normalmente são, informadas disso. Quando um empregador inscreve automaticamente seus funcionários num plano de previdência, mas estes têm direito a sair do programa, não há nada de oculto. Se há algo oculto, então temos sludge; os passos a serem seguidos para optar por não participar devem ser claros e, de preferência, exigir apenas um clique.

É verdade que certos nudges funcionam mesmo que os indivíduos afetados não se concentrem ou sequer pensem neles. Um exemplo é um refeitório que posicione os alimentos saudáveis em lugares mais visíveis e acessíveis, o que pode influenciar as escolhas mesmo que os clientes não saibam que há ali um nudge em andamento. Nessa situação, o design em si não está oculto — pelo contrário, está bem à vista. Mas a razão pode não ser aparente. Acontece, porém, que isso vale para muitas formas de influência. Os comerciais de cerveja não avisam que a presença de modelos com pouca roupa tem o intuito de atrair a atenção dos espectadores e torná-los mais propensos a comprar a bebida.

Quando políticos fazem um discurso, não avisam que sua escolha vocabular foi pensada e testada para aumentar suas chances de receber apoio do eleitor. Mas existe alguém tão ingênuo a ponto de não perceber que os comerciais são feitos para vender produtos e que os discursos políticos são escritos para atrair votos? É verdade que um refeitório não é um comercial de TV, mas ele tem um design, que obviamente não é aleatório.

Se um refeitório é projetado para incentivar a alimentação saudável, ou se as pessoas são automaticamente inscritas em algum programa, as instituições privadas e (especialmente) as públicas não devem esconder esse fato. Seria melhor ainda se os motivos dos nudges também fossem revelados. Voltaremos a esse ponto em breve.

Uma alegação um pouco diferente é a de que os nudges só funcionam se seus alvos não estiverem cientes de que há um nudge em curso. Essa alegação foi investigada em vários contextos e repetidamente refutada. Estudos constatam que a transparência não reduz o impacto do nudge.[11] Na verdade, pode ter o efeito inverso. Dizer às pessoas que elas foram automaticamente inscritas no plano de aposentadoria porque o empregador acha que o aporte da empresa e o incentivo fiscal são bons para o funcionário provavelmente aumentará o número de inscritos. Chamar a atenção para o arranjo saudável de uma cafeteria pode ampliar seu efeito, porque transmitirá informações valiosas.[12]

Os nudges são manipuladores? Para responder a essa pergunta, precisamos definir *manipulação*. Para encurtar uma história (muito) longa e complexa, filósofos e outros pensadores geralmente concordam que uma ação é manipuladora se não respeita adequadamente a capacidade de raciocínio das pessoas.[13] Com base nesse critério, a maioria dos nudges não é manipuladora.[14] Se as pessoas são lembradas de que têm consulta médica na próxima quinta-feira, elas não estão sendo manipuladas por ninguém. O mesmo acontece quando recebemos informações sobre o conteúdo calórico dos alimentos, de que certos alimentos contêm frutos do mar ou nozes ou de que, se tomarmos uma dosagem acima do recomendado de um medicamento, algo ruim pode acontecer. Podemos categorizar uma regra-padrão como manipuladora se as pessoas não receberem todas as informações adequadas ou se sofrerem empecilhos para deixar de participar de alguma coisa. Nesse caso elas estão sendo expostas ao sludge — e o sludge, sim, pode ser manipulador.

Anos atrás, Sunstein levou a filha adolescente ao Lollapalooza em Chicago, festival que dura três dias e é realizado anualmente na cidade. Na sexta à noite, um enorme painel eletrônico anunciava a ordem dos shows, mas intercalava as seguintes mensagens em letras garrafais: "Beba mais água" e "No calor, você transpira e perde água".

Qual era o objetivo dos anúncios? Chicago vinha passando por uma onda de calor terrível, e os organizadores do Lollapalooza estavam tentando evitar problemas de saúde causados pela desidratação. As mensagens eram um nudge. Ninguém era obrigado a se hidratar. Mas quem teve a ideia de colocar essas mensagens entendia o modo de pensar das pessoas. Mais especificamente, a escolha das palavras "mais água" foi excelente. Essas palavras provavelmente foram muito mais eficazes do que alternativas mais brandas, como "beba a quantidade suficiente de água" ou "beba água". Avisar que nós "perdemos água" é uma forma clara de apelar para a aversão à perda e, assim, fazer as pessoas se manterem hidratadas. (Na verdade, Sunstein queria ter visto o painel antes; ficou morrendo de sede durante as apresentações, mas, no meio da multidão, não conseguiu sair para pegar uma água.)

Agora compare isso com uma alternativa possível. Vamos supor que, em vez de um enorme letreiro dizendo "Beba mais água", a programação fosse intercalada de maneira quase invisível por anúncios subliminares, ou seja, estímulos que não são percebidos de maneira consciente, mas ainda assim são registrados e alteram nossas crenças e comportamentos. Eles poderiam dizer "Beba mais água", "Não está com sede?", "Se dirigir, não beba", "As drogas matam", "Apoie o presidente", "Aborto é assassinato" ou "Compre dez exemplares de *Nudge*". Podemos considerar as mensagens subliminares uma forma de paternalismo libertário? Afinal, elas orientam as escolhas das pessoas, mas não decidem por elas.

Não defendemos mensagens subliminares e não as consideramos paternalismo libertário, mesmo que sejam usadas para o bem. Alguns poderiam atacar o paternalismo libertário, e também certos tipos de nudge, dizendo que são insidiosos, que permitem a manipulação do governo e ao mesmo tempo fornecem às autoridades excelentes ferramentas para realizar essa tarefa.

Essas são questões importantes, e um de nós escreveu livros sobre elas.[15] Para analisá-las, voltemos a um de nossos princípios norteadores: a transparência. Endossamos o que o filósofo John Rawls chamou de *princípio da publicidade*.[16] Basicamente, o princípio da publicidade sugere que nenhum arquiteto de escolhas, no setor público ou privado, deve adotar uma política que não possa ou não queira defender publicamente. Gostamos desse princípio por dois motivos. O primeiro é prático. Se uma empresa ou governo adota uma política que não é capaz de defender publicamente com facilidade, enfrentará forte constrangimento, e talvez até algo muito pior, se a política e seus fundamentos forem divulgados. Pedimos aos nossos colegas e alunos que adotem essa política para todas as escolhas importantes em suas vidas pessoais e profissionais. O segundo e mais importante motivo envolve a ideia de respeito. As organizações, sejam do tipo que forem, devem respeitar as pessoas, e, se adotarem políticas que não sejam capazes e não queiram defender em público, é porque não estão demonstrando esse respeito. Em vez disso, estão apenas tratando os cidadãos como ferramentas que podem usar ou manipular quando e como quiserem.

Acreditamos que o princípio da publicidade é uma boa diretriz para a restrição e a implementação de nudges, tanto no setor público quanto no privado. No governo dos Estados Unidos, os regulamentos costumam ser apresentados ao público, que pode tecer comentários sobre o tema, e depois revisados antes de serem concluídos. Muitos desses regulamentos são nudges. Exemplos: selos de economia de energia, tabela de informações nutricionais e advertências gráficas para cigarros. Os nudges são transparentes, assim como os motivos para apoiá-los.

A mesma conclusão vale para as regras-padrão legais. Se o governo altera essas regras — para incentivar a doação de órgãos ou a proteção ambiental, ou para reduzir a discriminação etária —, não deve haver sigilo sobre suas ações. O governo tem o dever de divulgar a ação e explicá-la (e, de preferência, permitir que o público comente com antecedência). O mesmo vale para campanhas educativas que utilizam descobertas comportamentais para dar nudges benéficos. Ao elaborar campanhas inteligentes para reduzir o lixo nas ruas, impedir o roubo ou incentivar a doação de órgãos, o governo deve fazer questão de revelar seus métodos e seus motivos. Vejamos o exemplo de um anúncio americano, veiculado muito tempo atrás, mostrando um ovo fritando em uma frigideira quente com a voz em off: "Este é o seu cérebro sob efeito de drogas". A imagem chocante tinha o objetivo de provocar o medo do uso de drogas. Quer seja considerado manipulador ou não, o anúncio não violou o princípio da publicidade.

Então, para ser claros, gostamos da ideia de uma declaração de direitos para os nudges, e ela deveria proibir a publicidade subliminar.[17]

SOBRE ORDENS E PROIBIÇÕES: ALÉM DOS NUDGES?

Vimos que os libertários estão preocupados com a possibilidade de começarmos com simples nudges e depois passarmos a impor nossas vontades. Alguns críticos mais progressistas têm a preocupação inversa: que nos limitemos ao uso de nudges mesmo em situações nas quais são necessárias medidas muito mais drásticas. Alguns até pensam que, se os governos derem um nudge, não se darão o trabalho de fazer mais nada, mesmo que os nudges nitidamente não bastem para lidar com o problema. Por exemplo, em vez de levar a sério as mudanças climáticas, talvez os governos se satisfaçam com selos de eficiência energética!

Se nós (ou, aliás, qualquer um de nós) achássemos que a maioria dos problemas do mundo poderia ser totalmente resolvida com intervenções leves, então essa seria uma preocupação séria. Homicídios, estupros, agressões e assaltos são crimes puníveis com coerção. Alguns problemas, como a poluição, surgem porque as pessoas estão prejudicando as outras. Conforme já enfatizamos, nudges não são uma abordagem adequada para esses problemas. Claro que eles podem ajudar em alguma medida. Você pode usar nudges para criar impostos sobre a gasolina e incentivar as pessoas a comprar carros econômicos. Há muitos nudges capazes de reduzir as externalidades. Mas, por si sós, eles não são suficientes para controlá-las.

Podemos ver os nudges como um canivete suíço. Na situação certa, eles podem fazer muita coisa a um custo muito baixo. Mas, como enfatizamos repetidamente, impostos, subsídios, obrigatoriedades e proibições também têm seu lugar. As advertências gráficas não são o suficiente para reduzir o consumo de cigarros. Mudar o padrão não acaba com a escassez de órgãos para transplante. E passamos um capítulo inteiro enfatizando que, para combater as mudanças climáticas, precisaremos de britadeiras e tratores, e os canivetes vão ajudar onde puderem.

Duvidamos muito que o uso de nudges desestimule as autoridades a adotar medidas mais fortes. (Sunstein trabalhou no governo americano por quatro anos e nunca viu isso acontecer. Nem uma vez sequer.) Um país pode criar impostos pesados para bebidas alcoólicas, usar nudges para evitar que as pessoas bebam e dirijam, e aplicar multas dolorosas a quem for pego dirigindo embriagado. Os países da Escandinávia adotaram essas três medidas. Um país pode usar nudges para fazer sua população comprar automóveis econômicos e, ao mesmo tempo, criar impostos sobre a gasolina ou subsidiar carros elétricos. Um país pode criminalizar o uso de certas drogas e ao mesmo tempo incentivar as pessoas a não as usarem. Pode parecer inteligente sugerir que o uso de nudges vai desencorajar o uso de instrumentos mais agressivos. É possível que isso tenha acontecido na história do mundo, mas, na prática, essa não é uma preocupação séria.

Ainda assim, pessoas razoáveis certamente podem discordar sobre o momento em que devemos passar de nudges para proibições e obrigatoriedades (ou vice-versa). Um exemplo: nosso amigo e colega David Laibson trabalhou com Thaler na concepção do plano de previdência complementar de uma fundação. O plano tem um padrão sensato e pouco custoso, além de opções de investimento selecionadas. A questão sobre a qual eles discordaram (levemente) foi se os participantes ansiosos teriam permissão para acessar a "janela de fundos mútuos", na qual se disponibiliza um grande número de outros fundos. Eles concordaram que, nesse caso, os funcionários provavelmente não tomariam grandes decisões de investimento e, em média, também se sairiam pior a longo prazo (aos olhos deles, claro) do que se permanecessem com as ofertas básicas. Ambos também concordaram (com base em evidências empíricas em outros ambientes) que apenas uma pequena porcentagem de funcionários usaria essa opção, especialmente se houvesse um pouco de sludge para acessar a janela, como uma espécie de aviso. Laibson teria excluído a opção, enquanto Thaler teria permitido que ela permanecesse, mas nenhum dos dois tem certeza de que está certo. (Neste caso, Sunstein concorda com Laibson. É melhor excluir a opção. A maioria vence?)

Esse exemplo ilustra um dilema mais geral. Paternalistas entusiasmados e especialmente preocupados com o risco de escolhas ruins podem querer criar proibições e obrigatoriedades. Se os humanos de fato cometem erros, por que não os proteger, proibindo-os de errar?

A verdade, claro, é que não são somos inflexíveis em nenhum ponto. Na definição de paternalismo libertário incluímos ações, regras e outros nudges que podem ser facilmente evitados caso não sejam desejados. Não temos uma definição clara de "facilmente evitados", mas defendemos que o paternalismo de "um clique" ou algo equivalente seja o mais próximo possível da tecnologia existente. (Podemos torcer por uma tecnologia de "um pensamento" ou "um piscar de olhos" no futuro.) Em muitas áreas, é melhor permitir que as pessoas sigam seu próprio caminho com o menor custo possível. É claro que algumas das políticas que defendemos impõem custos mais altos do que um simples clique. Para optar por se descadastrar de um plano no qual foi inscrito automaticamente, o funcionário pode ter que preencher e devolver um formulário — não é um grande custo, porém é mais do que um clique. Seria arbitrário, e até um tanto ridículo, criar uma regra inflexível especificando as situações em que os custos são tão altos que uma política não pode mais ser considerada libertária, mas a questão do grau não tem tanta importância. Digamos apenas que, no geral, queremos que esses custos sejam baixos. A verdadeira questão, porém, é: quando devemos estar dispostos a impor custos não triviais, ou mesmo custos muito altos, no intuito de melhorar o bem-estar das pessoas?

Vejamos, por exemplo, um tipo de norma que exige um "período de consideração". A ideia é que, no calor do momento, os consumidores tomam decisões ruins ou descuidadas. O problema subjacente aqui é a falta de autocontrole. Um exemplo de paternalismo assimétrico nesse sentido é o período de consideração obrigatório imposto pela Comissão Federal do Comércio norte-americana em 1972.[18] De acordo com a regra da Comissão, qualquer venda feita de porta em porta deve ser acompanhada de um comunicado por escrito informando o comprador de que ele tem o direito de cancelar qualquer compra no prazo de até três dias após a transação. A lei surgiu devido a reclamações sobre técnicas de venda de alta pressão e contratos com letras miúdas. Também nesse caso seria possível usar uma análise de custo-benefício que avaliasse os benefícios para quem é ajudado por essa política e os custos para quem não é, e, com isso, decidir se deveria haver uma lei para regulamentar a questão. Utilizando esse teste, os governos poderiam avaliar até que ponto é um incômodo esperar alguns dias para receber um produto e com que frequência os consumidores vão mudar de ideia em relação à compra. Se os custos são baixos (será que as pessoas tinham mesmo tanta necessidade de comprar uma enciclopédia na hora, mesmo antes do surgimento da Wikipédia?) e muitos costumam mudar de ideia, parece que vale a pena implementar a regra.

O ideal pode ser implementar uma estratégia semelhante a essa para algumas decisões fundamentais feitas de modo impulsivo. Alguns estados norte-americanos obrigam um casal que queira se divorciar a passar por um período de espera.[19] Pedir que as pessoas façam uma pausa para pensar antes de tomar uma decisão dessa magnitude parece ser uma ideia sensata, e nos vemos obrigados a perguntar: por que alguém iria querer se divorciar imediatamente? (Claro que às vezes certos casais se detestam de verdade, mas será que é o fim do mundo esperar um pouquinho mais para se separar?) Podemos facilmente imaginar restrições semelhantes sendo aplicadas à decisão de se casar, e de fato alguns estados também vêm criando regras assim.[20] Cientes de que as pessoas podem fazer coisas das quais se arrependerão no futuro, os legisladores não impedem ninguém de fazer escolhas, mas garantem que haja um período para uma reflexão consciente. Nesse caso, é importante notar que os períodos de consideração fazem todo o sentido e costumam ser obrigatórios levando-se em conta duas condições: (a) as pessoas tomam decisões importantes com pouca frequência, portanto têm pouca experiência no assunto, e (b) é provável que as emoções estejam à flor da pele. Essas são as circunstâncias em que as pessoas estão especialmente propensas a tomar decisões das quais se arrependerão.*

Os períodos de consideração são uma intervenção relativamente leve. Quando a sociedade deve dar o próximo passo para impor proibições e obrigatoriedades? Novamente, pessoas razoáveis podem diferir sobre onde estabeleceriam esse limite. Nossa estrela-guia é o bem-estar humano, mas reconhecemos que

* Claro que vai haver situações em que as pessoas discordarão sobre os méritos de um período de consideração obrigatório. O aborto, permitido nos Estados Unidos, é um desses exemplos. Nesse caso, a questão é tão emocional e politicamente complexa que fica difícil separar os méritos do período de consideração das disputas subjacentes mais básicas. Quem defende o aborto enxerga o período de reflexão obrigatório como sludge, e não resta dúvida de que os custos de requisitos do tipo podem ser altos. Para uma mulher que precisa percorrer um longo caminho para encontrar uma clínica que realize o procedimento, os custos de três noites de internação, tanto econômicos quanto em termos de uma possível invasão de privacidade, podem ser enormes. Nesses casos nós nos colocaríamos contra essa regra, por mais bem-intencionada que seja. Assim como em qualquer situação, os detalhes serão fundamentais. Vamos optar firmemente por não arriscar mais o pescoço nesta questão.

pessoas razoáveis também divergem no entendimento desse conceito. Por exemplo, nossos colegas cientistas comportamentais Nick Chater e George Loewenstein acreditam que os planos de contribuição definida que discutimos neste livro implicam muitas chances de erros e deveriam ser substituídos por esquemas de poupança obrigatória com taxas de poupança estabelecidas.[21] Eles elogiam o sistema australiano, que é compulsório e não permite que as pessoas tomem empréstimos dando como garantia suas economias nessas contas.

É verdade que um sistema obrigatório, por definição, alcançará um compliance de 100%, pelo menos para quem faz parte da economia formal. O Fundo de Pensão Nacional para Empregos, do Reino Unido, é comparável a um sistema obrigatório: usa a inscrição automática e alcança mais de 90% de participação. Com base nessa informação, fica óbvio que essa arquitetura de escolhas é pior? Uma avaliação dependerá necessariamente do valor que atribuirmos à liberdade de escolha e aos danos que sofrerá quem optar por não participar do programa. É pelo menos razoável pensar que, ao escolher sair do programa, as pessoas tenham boas razões para isso, e algumas evidências apoiam essa especulação.[22] Por exemplo, as pessoas podem preferir não participar porque realmente precisam do dinheiro agora ou porque têm um plano de previdência particular — possibilidades que ajudam a explicar por que muitas vezes é melhor deixá-las seguir seu próprio caminho.

Obrigatoriedades e proibições certamente se justificam em alguns contextos. Conforme dissemos, se as escolhas de uma pessoa prejudicam outra, talvez seja melhor proibir (como fazem as leis que tipificam o assalto e o roubo) ou criar um imposto corretivo (como fazem as leis que combatem a emissão de gases do efeito estufa). Mas mesmo nesses contextos os nudges podem se mostrar muito importantes.

Se as pessoas estão tomando decisões estúpidas, míopes ou autodestrutivas, não descartaríamos a possibilidade de usar proibições e obrigatoriedades.[23] Não nos opomos aos programas de seguridade social, à proibição às gorduras trans, às obrigatoriedades criadas para aumentar a eficiência energética, às leis que exigem que motociclistas usem capacetes e motoristas usem cintos de segurança, ou à exigência de que as pessoas usem máscaras em público durante uma pandemia. Se as escolhas dos indivíduos são prejudiciais a seu próprio futuro (por exemplo, no caso do tabagismo), talvez seja melhor ir além dos nudges (somos a favor do imposto sobre cigarros e da proibição de fumar em restaurantes). A única questão aqui é que impostos, obrigatoriedades e proibições criam outros problemas e preocupações. Se as pessoas estiverem tomando decisões conscientes sobre como viver a própria vida, então somos a favor de uma atitude de humildade e respeito — e, portanto, de uma pressuposição a favor da liberdade de escolha. Mas essa pressuposição certamente protege seu direito de discordar de nós.

Epílogo

Quando escrevemos a edição original de *Nudge*, o mundo estava entrando numa crise financeira global. Trabalhamos nesta atualização em meio a uma pandemia mundial. Os anos entre as duas edições foram tumultuados. Vimos um surto extraordinário de criatividade no setor privado, levando ao crescimento de empresas gigantescas, de tamanho e poder sem precedentes (Google, Apple, Facebook, Amazon etc.). Vimos alguns países lidarem com a crise de covid-19 com um sucesso impressionante (incluindo o uso de alguns nudges inteligentes), enquanto outros fracassaram. Algumas eleições nos animaram e outras nos encheram de desespero. Os times e atletas para os quais torcemos venceram, mas também perderam. Na verdade, tirando Rafael Nadal, mais perderam que ganharam. E o mundo progrediu muito pouco no combate às mudanças climáticas, mesmo vendo o gelo derreter e os incêndios se alastrarem. Mas somos otimistas por natureza. Somos de ver o copo meio cheio. Talvez isso seja um reflexo de nossas personalidades ou apenas um viés comportamental. (Para nossas esposas, é a segunda opção.) No entanto, queremos terminar este livro num tom esperançoso, ao mesmo tempo nos esforçando para ser realistas.

Houve um enorme progresso na nossa capacidade de aplicar as ferramentas da ciência comportamental no combate a alguns dos maiores problemas do mundo. Exemplos podem ser encontrados em países como Estados Unidos, Reino Unido, Irlanda, Dinamarca, Austrália, Nova Zelândia, Índia, Catar, Emirados Árabes Unidos, Holanda, Japão, França e Alemanha, entre outros.

As Nações Unidas, a Organização Mundial da Saúde e a Comissão Europeia vêm trabalhando sem parar nessa questão. Quer o tema seja a pandemia de covid-19, as mudanças climáticas, o terrorismo, o tabagismo, o crescimento econômico, a igualdade entre os sexos ou a segurança no trabalho, a ciência comportamental vem sendo usada com regularidade e até com naturalidade. Uma ideia que antes parecia radical se transformou ao longo do tempo. Passou a ser chique, depois tendência, em seguida banal e agora já ultrapassada. Em certas situações é desejável que esse seja o curso das coisas. Muito tempo atrás Thaler disse que espera que chegue o dia em que o campo da economia comportamental deixe de existir, porque os economistas vão incorporar a existência de humanos em suas análises quando apropriado (ou até quando ideal).

A ideia de incorporar a ciência comportamental em políticas públicas ou práticas gerenciais está começando a se tornar tão rotineira quanto fazer uma análise-padrão de custo-benefício ou um plano de negócios. Ficamos satisfeitos em ver que esse pensamento não está sendo limitado a unidades especializadas em nudges, por mais que gostemos delas. Muitas vezes, o trabalho mais importante é feito por departamentos de alto escalão, ministérios ou até pelo presidente ou primeiro-ministro. Líderes de todo o mundo têm conhecimento e até experiência em ciência comportamental e nudges. Ao longo do livro explicamos que toda e qualquer política exige alguma arquitetura de escolhas, assim como todos os produtos necessariamente têm algum tipo de design. Você não precisa ser Steve Jobs para buscar a excelência em design. Basta colocar a experiência do usuário no topo das suas preocupações. Se um grupo de pessoas é responsável pela aparência das coisas e outro é responsável pelo funcionamento delas, o resultado são aquelas maçanetas que você tem vontade de puxar, quando na verdade são de empurrar. Você recebe sludge.

A chance de sucesso é muito maior se a criação de uma boa arquitetura de escolhas estiver no centro de todas as análises de políticas e decisões corporativas. As pessoas que desenvolveram o plano de pensão sueco não se propuseram a criar um sistema com centenas de fundos entre os quais escolher. Isso simplesmente aconteceu. Elas apenas optaram por delegar a tarefa de curadoria das ofertas de fundos a outras pessoas. Esses curadores eram reguladores da União Europeia, que definiram as regras sobre quem podia operar o tipo apropriado de fundo mútuo e decidia que tipos de fundos seriam válidos. Quando esse processo produziu centenas de fundos, já era tarde demais para voltar atrás.

Claro que não estamos dizendo que os formuladores de políticas podem ou devem ser oniscientes, mas eles precisam estar pelo menos um passo adiante no que diz respeito ao que os humanos podem fazer e farão – e, mais importante, devem estar dispostos a revisar o sistema conforme veem seu funcionamento. Infelizmente, porém, a inércia é uma força poderosa.

Ambos temos bastante experiência em tentativas de incorporar a ciência comportamental às políticas. Com base nessas experiências e na literatura da área, que vem crescendo, acreditamos que as maiores oportunidades para avanços podem vir da incorporação da arquitetura de escolhas (e de outros elementos da ciência comportamental) nos estágios iniciais do processo de formulação de políticas. A seguir daremos um bom exemplo dessa outra forma de arquitetura.

Quando decidiu construir um novo prédio, a Booth School of Business da Universidade de Chicago realizou um concurso para receber as propostas conceituais de vários arquitetos de prestígio. A proposta vencedora veio da renomada empresa comandada por Rafael Viñoly, do Uruguai. Após vencer o concurso, mas antes de começar a trabalhar nos detalhes do prédio, Viñoly e sua equipe passaram dias falando com alunos, professores e funcionários, aprendendo mais sobre como eles passavam o tempo e o que esperavam de um edifício. O resultado foi uma estrutura que não é apenas fisicamente bonita – prestando uma bela e apropriada homenagem a uma casa do outro lado da rua projetada por Frank Lloyd Wright –, como também "funciona" incrivelmente bem.

Por exemplo, Viñoly descobriu que os professores valorizam oportunidades para encontros aleatórios uns com os outros – bem, pelo menos ligeiramente mais do que com alunos ou membros da reitoria. Assim, os escritórios dos professores foram construídos nos últimos três pisos, que são conectados por escadarias abertas que ajudam a promover esses encontros casuais. Os reitores e alunos são relegados aos pisos inferiores, e os encontros casuais com esses grupos se limitam ao refeitório, que, para nossa alegria, foi projetado de modo que os clientes precisem passar primeiro pelo bufê de saladas antes de chegar aos hambúrgueres.

Algo semelhante poderia acontecer na concepção de políticas públicas. Se o objetivo é promover a segurança pública nas estradas e no trabalho, os formuladores de políticas podem se esforçar para garantir que a escolha mais segura seja também a mais fácil. Se o objetivo é reduzir a pobreza, os legisladores podem elaborar programas que levem em conta a forma como as pessoas realmente pensam e se comportam, com nudges em direção à educação e ao emprego (eliminando o sludge). Se o objetivo é atrair estudantes, professores, inventores, empresários e imigrantes para o seu país, é possível simplificar a tarefa deles. Se o objetivo é combater uma pandemia incentivando medidas de prevenção e a vacinação, os formuladores de políticas podem refletir sobre a importância da conveniência e de avisos sensatos — e também sobre o poder das normas sociais.

Talvez isso tudo soe como um sonho, mas não é. Já começou a acontecer, especialmente entre aqueles que trabalham na implementação das políticas. Não por acaso, as empresas gigantescas que alcançaram esse status são excelentes na arquitetura de escolhas (entre outras coisas). No entanto, é possível fazer muito mais para melhorar a arquitetura de escolhas incorporada (muitas vezes apenas implicitamente) na forma de elaborar leis e regulamentos. Os heróis anônimos nesse esforço são aqueles que fazem a pesquisa de base e muitas vezes redigem a linguagem final. Se você conhece alguém cujo trabalho seja esse, termine de ler este livro e empreste seu exemplar, com o seguinte recado: "Use os nudges para o bem". Aos poucos, esse apelo está se tornando a regra em inúmeras reformas que vêm sendo desenvolvidas e implementadas em todo o mundo.

Agradecimentos

Preparamos a edição final deste livro às pressas, e somos gratos às muitas pessoas que correram conosco nos últimos meses. Agradecemos em especial a uma excelente equipe de assistentes de pesquisa, incluindo Lia Cattaneo, Dustin Fire, Rohit Goyal, Eli Nachmany e Lukas Roth – a Lukas em particular pelo extraordinário trabalho em várias áreas, e a Lia por isso e também pelo trabalho heroico, tanto no conteúdo quanto nos procedimentos, durante os estágios finais da atualização. Dizer que não poderíamos ter feito isso sem vocês é verdade, mas não é suficiente.

Vários amigos leram e comentaram os primeiros rascunhos, entre os quais Rob Gertner, David Halpern, Alex Imas e Emmanual Roman. Amigos assim são verdadeiros tesouros. Sobre o tema da doação de órgãos, agradecemos a Alexandra Glazier e Eric Johnson pelas discussões úteis. Sarah Chalfant foi uma fonte de sabedoria. John Siciliano foi um editor maravilhoso. Acima de tudo, agradecemos aos leitores da edição original, que, com seus comentários, entusiasmo, preocupações e objeções melhoraram muito este livro.

Notas

PREFÁCIO À EDIÇÃO FINAL [pp. 9-13]

1. Tara Golshan, "Donald Trump Has Supported Hillary Clinton for Longer Than He's Opposed Her", *Vox*, 16 ago. 2016. Disponível em: ‹www.vox.com/2016/8/16/12452806/trump-praise-hillary-clinton-history›.

INTRODUÇÃO [pp. 15-31]

1. "Adult Obesity Facts", Centers for Disease Control and Prevention. Disponível em: ‹www.cdc.gov/obesity/data/adult.html›.

2. "Obesity and Overweight", Centers for Disease Control and Prevention. Disponível em: ‹www.cdc.gov/nchs/fastats/obesity-overweight.htm›.

3. Ver, por exemplo, OECD, "Obesity Update 2017". Disponível em: ‹www.oecd.org/els/health-systems/Obesity-Update-2017.pdf›; Ben Tracy, "Battling American Samoa's 75-percent Obesity Rate", *CBS News*, 7 jul. 2013. Disponível em: ‹www.cbsnews.com/news/battling-american-samoas-75-percent-obesity-rate›.

1. VIESES E ASNEIRAS [pp. 35-55]

1. Roger Shepard, *Mind Sights: Original Visual Illusions, Ambiguities, and Other Anomalies, with a Commentary on the Play of Mind in Perception and Art*. Nova York: W. H. Freeman and Co., 1990.

2. Fritz Strack, Leonard L. Martin e Norbert Schwarz, "Priming and Communication: Social Determinants of Information Use in Judgments of Life Satisfaction". *European Journal of Social Psychology*, v. 18, n. 5, pp. 429-42, 1988.

3. Kareem Haggag e Giovanni Paci, "Default Tips". *American Economic Journal: Applied Economics*, v. 6, n. 3, pp. 1-19, 2014.

4. Paul Slovic, Howard Kunreuther e Gilbert White, "Decision Processes, Rationality and Adjustment to Natural Hazards". In: Gilbert White (Org.), *Natural Hazards: Local, National and Global*. Nova York: Oxford University Press, 1974, pp. 187-205.

5. Howard Kunreuther et al., *Disaster Insurance Protection: Public Policy Lessons*. Nova York: John Wiley & Sons, 1978; ver também Howard Kunreuther et al., "Flood Risk and the U.S. Housing Market". Penn Institute for Urban Research e Wharton Risk Center, documento de trabalho, out. 2018. Disponível em: <riskcenter.wharton.upenn.edu/wp-content/uploads/2018/11/Flood_Risk_and_the_U.S_._Housing_Market_10-30_.pdf>.

6. Amos Tversky e Daniel Kahneman, "Extensional Versus Intuitive Reasoning: The Conjunction Fallacy in Probability Judgment". *Psychological Review*, v. 90, n. 4, pp. 293-315, 1983.

7. Stephen Jay Gould, "The Streak of Streaks". *New York Review*, 18 ago. 1988. Disponível em: <www.nybooks.com/articles/1988/08/18/the-streak-of-streaks>.

8. Paul C. Price, "Are You as Good a Teacher as You Think?". *Thought & Action*, outono 2006. Disponível em: <ftp.arizonaea.org/assets/img/PubThoughtAndAc tion/TAA_06_02.pdf>.

9. Heather Mahar, "Why Are There So Few Prenuptial Agreements?". John M. Olin Center for Law, Economics, and Business, documento de discussão n. 436, set. 2003. Disponível em: <www.law.harvard.edu/programs/olin_center/papers/pdf/436.pdf>.

10. Arnold C. Cooper, Carolyn Y. Woo e William C. Dunkelberg, "Entrepreneurs' Perceived Chances for Success". *Journal of Business Venturing*, v. 3, n. 2, pp. 97-108, 1988.

11. Para referências sobre as principais conclusões neste parágrafo, ver Cass R. Sunstein, Christine M. Jolls e Richard H. Thaler, "A Behavioral Approach to Law and Economics". *Stanford Law Review*, v. 50, n. 5, pp. 1471-550, 1998.

12. Daniel Kahneman, Jack L. Knetsch e Richard H. Thaler, "Anomalies: The Endowment Effect, Loss Aversion, and Status Quo Bias", *Journal of Economic Perspectives*, v. 5, n. 1, pp. 193-206, 1991.

13. Tatiana A. Homonoff, "Can Small Incentives Have Large Effects? The Impact of Taxes Versus Bonuses on Disposable Bag Use". *American Economic Journal: Economic Policy*, v. 10, n. 4, pp. 177-210, 2018.

14. William Samuelson e Richard Zeckhauser, "Status Quo Bias in Decision Making". *Journal of Risk and Uncertainty*, v. 1, n. 1, pp. 7-59, 1988.

15. Ibid.

16. Amos Tversky e Daniel Kahneman, "The Framing of Decisions and the Psychology of Choice". *Science*, v. 211, n. 4481, pp. 453-8, 1981.

17. Daniel Kahneman, *Thinking, Fast and Slow*. Nova York: Farrar, Straus and Giroux, 2013.

18. Philip Lieberman, *Human Language and Our Reptilian Brain*. Cambridge, MA: Harvard University Press, 2002; Joseph LeDoux, "The Emotional Brain, Fear, and the Amygdala". *Cellular and Molecular Neurobiology*, v. 23, n. 4/5, pp. 727-38, 2003.

19. Drew Westen, *The Political Brain*. Nova York: PublicAffairs, 2007.

20. Alexander Todorov et al., "Inferences of Competence from Faces Predict Election Outcomes". *Science*, v. 308, n. 5728, pp. 1623-6, 2005; Daniel Benjamin e Jesse Shapiro, "Thin-Slice Forecasts of Gubernatorial Elections". *Review of Economics and Statistics*, v. 91, n. 3, pp. 523-36, 2009.

21. Shane Frederick, "Cognitive Reflection and Decision Making". *Journal of Economic Perspectives*, v. 19, n. 4, pp. 25-42, 2005.

2. RESISTIR À TENTAÇÃO [pp. 56-68]

1. Ver Colin F. Camerer, "Neuroeconomics: Using Neuroscience to Make Economic Predictions". *Economic Journal*, v. 117, n. 519, p. 26, 2007; Samuel M. McClure et al., "Neural Correlates of Behavioral Preference for Culturally Familiar Drinks". *Neuron*, v. 44, n. 2, pp. 379-87, 2004.

2. Nina Semczuk, "Should You Open a Christmas Account?". SmartAsset. Disponível em: <smartasset.com/checking-account/christmas-club-accounts>.

3. O famoso diálogo está disponível em: <www.youtube.com/watch?v=t96LNX6tk0U>.

4. Richard H. Thaler e Eric J. Johnson, "Gambling with the House Money and Trying to Break Even: The Effects of Prior Outcomes on Risky Choice". *Management Science*, v. 36, n. 6, pp. 643-60, 1990.

3. COMPORTAMENTO DE MANADA [pp. 69-89]

1. Chad R. Mortensen et al., "Trending Norms: A Lever for Encouraging Behaviors Performed by the Minority". *Social Psychological and Personality Science*, v. 10, n. 2, pp. 201-10, 2019.

2. George A. Akerlof, Janet L. Yellen e Michael L. Katz, "An Analysis of Out-of-Wedlock Childbearing in the United States". *Quarterly Journal of Economics*, v. 111, n. 2, pp. 277-317, 1996.

3. Harold H. Gardner, Nathan L. Kleinman e Richard J. Butler, "Workers' Compensation and Family and Medical Leave Act Claim Contagion". *Journal of Risk and Uncertainty*, v. 20, n. 1, pp. 89-112, 2000.

4. Robert Kennedy, "Strategy Fads and Strategic Positioning: An Empirical Test for Herd Behavior in Prime-Time Television Programming", *Journal of Industrial Economics*, v. 50, pp. 57-84, 2002.

5. Ver, por exemplo, Bruce L. Sacerdote, "Peer Effects with Random Assignment: Results for Dartmouth Roommates". *Quarterly Journal of Economics*, v. 116, n. 2, pp. 681-704, 2001; David J. Zimmerman, "Peer Effects in Academic Outcomes: Evidence from a Natural Experiment". *Review of Economics and Statistics*, v. 85, n. 1, pp. 9-23, 2003; Nirav Mehta, Ralph Stinebrickner e Todd Stinebrickner, "Time-Use and Academic Peer Effects in College". *Economic Inquiry*, v. 57, n. 1, pp. 162-71, 2019.

6. Ver Akerlof, Yellen e Katz, "An Analysis of Out-of-Wedlock Childbearing in the United States" (gravidez na adolescência); Nicholas A. Christakis e James H. Fowler, "The Spread of Obesity in a Large Social Network over 32 Years". *New England Journal of Medicine*, v. 357, n. 4, pp. 370-9, 2007 (obesidade); Sacerdote, "Peer Effects with Random Assignment" (colega de dormitório na faculdade); e Cass R. Sunstein et al., *Are Judges Political? An Empirical Analysis of the Federal Judiciary*. Washington, DC: Brookings Institution Press, 2006 (padrões de voto no sistema judiciário americano).

7. Solomon E. Asch, "Studies of Independence and Conformity: I. A Minority of One Against a Unanimous Majority". *Psychological Monographs: General and Applied*, v. 70, n. 9, pp. 1-70, 1956.

8. Rod Bond e Peter Smith, "Culture and Conformity: A Meta-Analysis of Studies Using Asch's Line Judgment Task". *Psychological Bulletin*, v. 119, pp. 111-37, 1996. Para uma ênfase nas diferenças culturais de maneira geral, e no tocante à conformidade em particular, ver Joseph Heinrich, *The Weirdest People in the World*. Nova York: Farrar, Straus & Giroux, 2020, pp. 198-204.

9. Micah Edelson et al., "Following the Crowd: Brain Substrates of Long-Term Memory Conformity". *Science*, v. 333, n. 6038, pp. 108-11, 2011.

10. Cass R. Sunstein, *Conformity: The Power of Social Influences*. Nova York: New York University Press, 2019.

11. Muzafer Sherif, "An Experimental Approach to the Study of Attitudes". *Sociometry*, v. 1, n. 1/2, pp. 90-8, 1937.

12. Lee Ross e Richard E. Nisbett, *The Person and the Situation: Perspectives of Social Psychology*. Nova York: McGraw-Hill, 1991, pp. 29-30.

13. Robert C. Jacobs e Donald T. Campbell, "The Perpetuation of an Arbitrary Tradition Through Several Generations of a Laboratory Microculture". *Journal of Abnormal and Social Psychology*, v. 62, pp. 649-58, 1961.

14. Lindsey C. Levitan e Brad Verhulst, "Conformity in Groups: The Effects of Others' Views on Expressed Attitudes and Attitude Change". *Political Behavior*, v. 38, n. 2, pp. 277-315, 2015; Jing Chen et al., "ERP Correlates of Social Conformity in a Line Judgment". *BMC Neuroscience*, v. 13, p. 43, 2012; Charity Brown e Alexandre Schaefer, "The Effects of Conformity on Recognition Judgements for Emotional Stimuli". *Acta Psychologica*, v. 133, n. 1, pp. 38-44, 2010.

15. H. Wesley Perkins, "Sober Lemmings". *New Republic*, 13 abr. 2003. Disponível em: <newrepublic.com/article/64811/sober-lemmings>.

16. Matthew J. Salganik, Peter Sheridan Dodds e Duncan J. Watts, "Experimental Study of Inequality and Unpredictability in an Artificial Cultural Market". *Science*, v. 311, n. 5762, pp. 854-6, 2006.

17. Michael Macy et al., "Opinion Cascades and the Unpredictability of Partisan Polarization". *Science Advances*, v. 5, n. 8, 2019, eaax0754.

18. Linton Weeks, "The Windshield-Pitting Mystery of 1954". National Public Radio, 28 maio 2015. Disponível em: <www.npr.org/sections/npr-history-dept/2015/05/28/410085713/the-windshield-pitting-mystery-of-1954>.

19. Clarissa Simas et al., "HPV Vaccine Confidence and Cases of Mass Psychogenic Illness Following Immunization in Carmen De Bolivar, Colombia". *Human Vaccines and Immunotherapeutics*, v. 15, n. 1, pp. 163-6, 2019.

20. Katie Nodjimbadem, "The Trashy Beginnings of 'Don't Mess with Texas'". *Smithsonian Magazine*, 10 mar. 2017. Disponível em: <www.smithsonianmag.com/history/trashy-beginnings-dont-mess-texas-180962490>.

21. Timur Kuran, "Ethnic Norms and Their Transformation Through Reputational Cascades". *Journal of Legal Studies*, v. 27, n. S2, pp. 623-59, 1998.

22. Leonardo Bursztyn, Alessandra L. González e David Yanagizawa Drott, "Misperceived Social Norms: Women Working Outside the Home in Saudi Arabia". *American Economic Review*, v. 110, n. 10, pp. 2997-3029, 2020. Disponível em: <www.aeaweb.org/articles?id=10.1257%2Faer.20180975>.

23. Stephen Coleman, *The Minnesota Income Tax Compliance Experiment: State Tax Results*. Munich Personal RePEc Archive, doc. 4827, 1996.

24. Michael Hallsworth et al., "The Behavioralist as Tax Collector: Using Natural Field Experiments to Enhance Tax Compliance". *Journal of Public Economics*, v. 148, pp. 14-31, 2017.

25. Noah J. Goldstein, Robert B. Cialdini e Vladas Griskevicius, "A Room with a Viewpoint: Using Social Norms to Motivate Environmental Conservation in Hotels". *Journal of Consumer Research*, v. 35, n. 3, pp. 472-82, 2008.

26. Josh Earnest, "President Obama Supports Same-Sex Marriage". *The White House President Obama* (blog), 10 maio 2012. Disponível em: <obamawhitehouse.archives.gov/blog/2012/05/10/obama-supports-same-sex-marriage>.

27. *Obergefell v. Hodges*, 135 S. Ct. 2071, 2015.

28. "Same-Sex Marriage Around the World". Pew Research Center, 28 out. 2019. Disponível em: <www.pewforum.org/fact-sheet/gay-marriage-around-the-world>.

29. Adam Liptak, "Exhibit A for a Major Shift: Justices' Gay Clerks". *New York Times*, 8 jun. 2013. Disponível em: <www.nytimes.com/2013/06/09/us/exhibit-a-for-a-major-shift-justices-gay-clerks.html>.

30. Mortensen et al., "Trending Norms".

4. QUANDO PRECISAMOS DE UM NUDGE? [pp. 93-102]

1. Colin F. Camerer et al., "Regulation for Conservatives: Behavioral Economics and the Case for 'Asymmetric Paternalism'". *University of Pennsylvania Law Review*, v. 151, n. 3, pp. 1211-54, 2003.

2. Colin F. Camerer e Robin M. Hogarth, "The Effects of Financial Incentives in Experiments: A Review and Capital-Labor-Production Framework". *Journal of Risk and Uncertainty*, v. 19, n. 1, pp. 7-42, 1999.

5. ARQUITETURA DE ESCOLHAS [pp. 103-25]

1. J. Ridley Stroop, "Studies of Interference in Serial Verbal Relations". *Journal of Experimental Psychology*, v. 18, pp. 643-62, 1935.

2. Kurt Lewin, *Field Theory in Social Science: Selected Theoretical Papers*. Org. de Dorwin Cartwright. Nova York: Harper and Brothers, 1951.

3. Howard Leventhal, Robert Singer e Susan Jones, "Effects of Fear and Specificity of Recommendation upon Attitudes and Behavior". *Journal of Personality and Social Psychology*, v. 2, n. 1, pp. 20-9, 1965.

4. Joel Gunter, "The Greek Referendum Question Makes (Almost) No Sense". *BBCNews*, 29 jun. 2015. Disponível em: <www.bbc.com/news/world-europe-33311422>.

5. Zachary Brown et al., "Testing the Effects of Defaults on the Thermostat Settings of OECD Employees". *Energy Economics*, v. 39, pp. 128-34, 2013.

6. Gabriel Carroll et al., "Optimal Defaults and Active Decisions". *Quarterly Journal of Economics*, v. 124, n. 4, pp. 1639-74, 2009.

7. Michael D. Byrne e Susan Bovair, "A Working Memory Model of a Common Procedural Error". *Cognitive Science*, v. 21, n. 1, pp. 31-61, 1997.

8. Jeffrey B. Cooper et al., "Preventable Anesthesia Mishaps: A Study of Human Factors". *Anesthesiology*, v. 49, n. 6, pp. 399-406, 1978.

9. Michael O. Schroeder, "Death by Prescription". *U.S. News & World Report*, 27 set. 2016. Disponível em: <health.usnews.com/health-news/patient-advice/articles/2016-09-27/the-danger-in-taking-prescribed-medications>.

10. John M. Jachimowicz et al., "Making Medications Stick: Improving Medication Adherence by Highlighting the Personal Health Costs of NonCompliance". *Behavioural Public Policy*, pp. 1-21, 2019.

11. "Gmail Will Now Remind You to Respond". Google Workspace Updates, 14 maio 2018. Disponível em: <gsuiteupdates.googleblog.com/2018/05/gmail-remind-respond.html>.

12. Steven B. Zeliadt et al., "Why Do Men Choose One Treatment over Another? A Review of Patient Decision Making for Localized Prostate Cancer". *Cancer*, v. 106, n. 9, pp. 1865-74, 2006.

13. Samuli Reijula e Ralph Hertwig, "Self-Nudging and the Citizen Choice Architect". *Behavioural Public Policy*, pp. 1-31, 2020.

14. Raj Chetty et al., "Active vs. Passive Decisions and Crowd-Out in Retirement Savings Accounts: Evidence from Denmark". *Quarterly Journal of Economics*, v. 129, n. 3, pp. 1141-219, 2014.

15. Whitney Afonso, "The Challenge of Transparency in Taxation". Mercatus Center. Disponível em: <www.mercatus.org/publications/government-spending/challenge-transparency-taxation>.

16. "Governor Ronald Reagan Opposes Withholding of State Income Tax". Seth Kaller Inc. Disponível em: <www.sethkaller.com/item/1567-24387-Governor-Ronald-Reagan-Opposes-Withholding-of-State-Income-Tax>.

6. MAS ESPERE, TEM MAIS [pp. 126-31]

1. Maria Yagoda, "Singapore Hawker Stands with Michelin Stars". *Food & Wine*, 20 ago. 2018. Disponível em: <www.foodandwine.com/travel/singapore-hawker-stands-michelin-stars-where>.

2. "Volunteer and Job Opportunities". Mark Twain Boyhood Home and Museum. Disponível em: <marktwainmuseum.org/volunteer-employment>.

3. "Speed Reduction Measures—Carrot or Stick?". ITS International. Disponível em: <www.itsinternational.com/its2/feature/speed-reduction-measures-carrot-or-stick>.

4. Richard H. Thaler, "Making Good Citizenship Fun". *New York Times*, 13 fev. 2012. Disponível em: <www.nytimes.com/2012/02/14/opinion/making-good-citizenship-fun.html>.

5. Emily Haisley et al., "The Impact of Alternative Incentive Schemes on Completion of Health Risk Assessments". *American Journal of Health Promotion*, v. 26, n. 3, pp. 184-8, 2012.

6. Thaler, "Making Good Citizenship Fun".

7. DIVULGAÇÃO INTELIGENTE [pp. 132-43]

1. Edna Ullmann-Margalit, *Normal Rationality: Decisions and Social Order*. Org. de Avishai Margalit e Cass R. Sunstein. Oxford: Oxford University Press, 2017.

2. Richard P. Larrick e Jack B. Soll, "The MPG Illusion". *Science*, v. 320, n. 5883, pp. 1593-4, 2008.

3. Cass R. Sunstein, "Informing Consumers Through Smart Disclosure". Memorando aos chefes de departamentos executivos e agências. Office of Information and Regulatory Affairs, Office of Management and Budget, 8 set. 2011. Disponível em: ‹obamawhitehouse.archives.gov/sites/default/files/omb/inforeg/for-agencies/informing-consumers-through-smart-disclosure.pdf›.

4. Sebastien Bradley e Naomi E. Feldman, "Hidden Baggage: Behavioral Responses to Changes in Airline Ticket Tax Disclosure". *American Economic Journal: Economic Policy*, v. 12, n. 4, pp. 58-87, 2020.

5. "Food Allergies: What You Need to Know". FDA. Disponível em: ‹www.fda.gov/food/buy-store-serve-safe-food/food-allergies-what-you-need-know›.

8. #SLUDGE [pp. 144-65]

1. Cait Lamberton e Benjamin Castleman, "Nudging in a Sludge-Filled World". *Huffington Post*, 30 set. 2016. Disponível em: ‹www.huffpost.com/entry/nudging-in-a-sludgefilled_b_12087688?guccounter=1&guce_referrer=aHR0cHM6Ly93d3cuZ29vZ2xlLmNvbS8&guce_referrer_sig=AQAAAMYs-ouJGASCdY_xY8PGX3Ni2BfUI9Zvr5dx8gDkgOle0hBZ3HlhYnpX6-lbZvflt8CucilXVeGpfLFNN9DakYYw6vHYrbwOVhte7AoFVZTbm42GbvPjHxZjSo-sVwARNkU9hpCe4d0fptGvmevun9LW9Okl0MdgFRZrRS-hpAe›.

2. Cal. Bus. & Prof. Code § 17602(c); N.Y. Gen. Bus. Law § 527 (McKinney, 2020).

3. Joshua Tasoff e Robert Letzler, "Everyone Believes in Redemption: Nudges and Overoptimism in Costly Task Completion". *Journal of Economic Behavior and Organization*, v. 107, pp. 107-22, 2014.

4. Xavier Gabaix e David Laibson, "Shrouded Attributes, Consumer Myopia, and Information Suppression in Competitive Markets". *Quarterly Journal of Economics*, v. 121, n. 2, pp. 505-40, 2006.

5. David M. Cutler e Dan P. Ly, "The (Paper) Work of Medicine: Understanding International Medical Costs". *Journal of Economic Perspectives*, v. 25, n. 2, pp. 3-25, 2011.

6. Reed Hastings e Erin Meyer, *No Rules Rules*. Nova York: Penguin Press, 2020.

7. Hastings e Meyer, *No Rules Rules*, p. 70.

8. Susan Dynarski et al., "Closing the Gap: The Effect of a Targeted, Tuition-Free Promise on College Choices of High-Achieving, Low-Income Students". National Bureau of Economic Research, documento de trabalho n. 25349, 2018.

9. "Admissions Decisions". University of Texas at Austin Office of Admissions. Disponível em: ‹admissions.utexas.edu/apply/decisions›.

10. Cass R. Sunstein, "Automatic Enrollment in College Helps Fight Inequality". *Bloomberg*, 19 jun. 2020. Disponível em: ‹www.bloomberg.com/opinion/articles/2020-06-19/college-automatic-enrollment-addresses-inequality›.

11. Bart Jansen, "TSA Gets Boost in Funding, Including Testing 3D Scanners, Without Fee Hike Trump Proposed". *USA Today*, 21 mar. 2018. Disponível em: ‹www.usatoday.com/story/news/2018/03/21/tsa-spending-3-d-scanners/447410002›.

12. Christine Utz et al., "(Un)informed Consent: Studying GDPR Consent Notices in the Field". In: 2019 ACM SIGSAC Conference on Computer and Communications Security (CCS '19). Londres, Reino Unido, 11-15 nov. 2019. Disponível em: ‹arxiv.org/pdf/1909.02638.pdf›.

13. "1040 (and 1040-SR) Instructions: Tax Year 2019". Internal Revenue Service, 2020. Disponível em: <www.irs.gov/pub/irs-pdf/i1040gi.pdf>; Demian Brady, "Tax Complexity 2016: The Increasing Compliance Burdens of the Tax Code". National Taxpayers Union Foundation. Disponível em: <perma.cc/BT3X-VHFY>.

14. Glenn Kessler, "Claims About the Cost and Time It Takes to File Taxes". *Washington Post*, 15 abr. 2013. Disponível em: <perma.cc/C7FJ-L7LM>; Brady, "Tax Complexity 2016". Nota: Treze horas é o número para o conjunto de todos os contribuintes; para declarantes pessoa física, são oito horas. Essas são estimativas do IRS, e incluem o tempo gasto com registro de informações, planejamento tributário e preenchimento de formulários.

15. T. R. Reid, *A Fine Mess*. Nova York: Penguin Press, 2017.

16. Austan Goolsbee, "The Simple Return: Reducing America's Tax Burden Through Return-Free Filing". Brookings Institution. Disponível em: <www.brookings.edu/research/the-simple-return-reducing-americas-tax-burden-through-return-free-filing>.

17. Scott Eastman, "How Many Taxpayers Itemize Under Current Law?". Tax Foundation. Disponível em: <taxfoundation.org/standard-deduction-itemized-deductions-current-law-2019>.

18. John Paul Tasker, "Feds Promise Free, Automatic Tax Returns—A Change That Could Send Benefits to Thousands". CBC, 27 set. 2020. Disponível em: <www.cbc.ca/news/politics/free-automatic-tax-returns-benefits-1.5739678>.

19. "Earned Income Tax Credit Overview". National Conference of State Legislatures. Disponível em: <www.ncsl.org/research/labor-and-employment/earned-income-tax-credits-for-working-families.aspx>.

20. "Wealth Tax TL;DR". Warren Democrats. Disponível em: <elizabethwarren.com/wealth-gap>.

21. Elizabeth Aubrey, "The World's Last Remaining Blockbuster Store Still Open Despite Coronavirus Pandemic". *NME*, 14 maio 2020. Disponível em: <www.nme.com/news/the-worlds-last-remaining-blockbuster-store-still-open-despite-coronavirus-pandemic-2668617>.

9. POUPE MAIS AMANHÃ [pp. 169-85]

1. "Otto von Bismarck". Social Security. Disponível em: <www.ssa.gov/history/ottob.html>.

2. James Choi et al., "Defined Contribution Pensions: Plan Rules, Participant Choices, and the Path of Least Resistance". *Tax Policy and the Economy*, v. 16, n. 1, p. 67, 2002.

3. Richard H. Thaler, "Psychology and Savings Policies". *American Economic Review*, v. 84, n. 2, pp. 186-92, 1994.

4. Sana Siwolop, "When Saving for Retirement Comes with the Job". *New York Times*, 18 maio 1997. Disponível em: <www.nytimes.com/1997/05/18/business/when-saving-for-retirement-comes-with-the-job.html>.

5. Ver, por exemplo, IRS Revenue Ruling 98-30; IRS Revenue Ruling 2000-8; IRS Revenue Ruling 2000-35; IRS Revenue Ruling 2000-33; e IRS Announcement 2000-60.

6. Brigitte C. Madrian e Dennis F. Shea, "The Power of Suggestion: Inertia in 401(k) Participation and Savings Behavior". *Quarterly Journal of Economics*, v. 116, n. 4, pp. 1149-87, 2001.

7. Jeffrey W. Clark e Jean A. Young, *Automatic Enrollment: The Power of the Default*. Valley Forge, PA: Vanguard Research, 2018.

8. Richard H. Thaler e Shlomo Benartzi, "Save More Tomorrow™: Using Behavioral Economics to Increase Employee Saving". *Journal of Political Economy*, v. 112, n. S1, p. S164, 2004.

9. U.S. Department of Labor Employee Benefits Security Administration, "Regulation Relating to Qualified Default Investment Alternatives in Participant-Directed Individual Account Plans". Disponível em: ‹www.dol.gov/sites/dolgov/files/EBSA/about-ebsa/our-activities/resource-center/fact-sheets/final-rule-qdia-in-participant-directed-account-plans.pdf›.

10. Raj Chetty et al., "Active vs. Passive Decisions and Crowd-Out in Retirement Savings Accounts: Evidence from Denmark". *Quarterly Journal of Economics*, v. 129, n. 3, pp. 1141-219, 2014.

11. John Beshears et al., "Borrowing to Save? The Impact of Automatic Enrollment on Debt". *Journal of Finance*. Disponível em: ‹www.nber.org/papers/w25876›.

12. Ver, por exemplo, "Americans Without a Retirement Plan, by State". AARP. Disponível em: ‹www.aarp.org/politics-society/advocacy/financial-security/info-2014/americans-without-retirement-plan.html›.

13. Chris Arnold, "Why Is It So Hard to Save? U.K. Shows It Doesn't Have to Be". NPR, 23 out. 2015. Disponível em: ‹www.npr.org/2015/10/23/445337261/why-is-it-so-hard-to-save-u-k shows-it-doesnt-have-to-be›.

10. OS NUDGES DURAM PARA SEMPRE? NA SUÉCIA, TALVEZ SIM [pp. 186-201]

1. Para uma discussão sobre a escolha obrigatória, ver Gabriel Carroll et al., "Optimal Defaults and Active Decisions". *Quarterly Journal of Economics*, v. 124, n. 4, pp. 1639-74, 2009.

2. Kenneth R. French e James M. Poterba, "Investor Diversification and International Equity Markets". *American Economic Review*, v. 81, n. 2, pp. 222-6, 1991.

3. Shlomo Benartzi et al., "The Law and Economics of Company Stock in 401(k) Plans". *Journal of Law and Economics*, v. 50, n. 1, pp. 45-79, 2007.

4. Henrik Cronqvist, "Advertising and Portfolio Choice". University of Chicago Graduate School of Business, 2006. Tese (Doutorado). Disponível em: ‹citeseerx.ist.psu.edu/viewdoc/download?doi=10.1.1.423.3760&rep=rep1&type=pdf›.

5. Hunt Allcott e Todd Rogers, "The Short-Run and Long-Run Effects of Behavioral Interventions: Experimental Evidence from Energy Conservation". *American Economic Review*, v. 104, n. 10, pp. 3003-37, 2014.

6. William Samuelson e Richard Zeckhauser, "Status Quo Bias in Decision Making". *Journal of Risk and Uncertainty*, v. 1, n. 1, pp. 7-59, 1988.

7. Henrik Cronqvist, Richard H. Thaler e Frank Yu, "When Nudges Are Forever: Inertia in the Swedish Premium Pension Plan". *AEA Papers and Proceedings*, v. 108, pp. 153-8, 2018.

8. Anders Anderson e David T. Robinson, "Who Feels the Nudge? Knowledge, Self-Awareness and Retirement Savings Decisions". National Bureau of Economic Research, documento de trabalho n. 25061, 2018. Disponível em: ‹ideas.repec.org/p/nbr/nberwo/25061.html›.

11. PEGUE MAIS EMPRÉSTIMOS HOJE: HIPOTECAS E CARTÕES DE CRÉDITO [pp. 202-16]

1. Kathleen Howley, "U.S. Mortgage Debt Hits a Record $15.8 Trillion". *HousingWire*, 9 jan. 2020. Disponível em: ‹www.housingwire.com/articles/u-s-mortgage-debt-hits-a-record-15-8-trillion›.

2. Xavier Gabaix e David Laibson, "Shrouded Attributes, Consumer Myopia, and Information Suppression in Competitive Markets". *Quarterly Journal of Economics*, v. 121, n. 2, pp. 505-40, 2006.

3. Susan E. Woodward, *A Study of Closing Costs for FHA Mortgages*. Washington, DC: Urban Institute, 2008.

4. Hamilton Project, "An Opt-Out Home Mortgage System". Resumo de política n. 2008-14, 2008. Disponível em: ‹www.hamiltonproject.org/assets/legacy/files/downloads_and_links/An_Opt-Out_Home_Mortgage_System_Brief.pdf›.

5. Fiona Scott Morton, Florian Zettelmeyer e Jorge Silva-Risso, "Consumer Information and Discrimination: Does the Internet Affect the Pricing of New Cars to Women and Minorities?". *Quantitative Marketing and Economics*, v. 1, pp. 65-92, 2003.

6. Bureau of Consumer Financial Protection, *The Consumer Credit Card Market*, 2019. Disponível em: ‹files.consumerfinance.gov/f/documents/cfpb_consumer-credit-card-market-report_2019.pdf›.

7. Drazen Prelec e Duncan Simester, "Always Leave Home Without It: A Further Investigation of the Credit-Card Effect on Willingness to Pay". *Marketing Letters*, v. 12, n. 1, pp. 5-12, 2001.

8. Sumit Agarwal et al., "Regulating Consumer Financial Products: Evidence from Credit Cards". *Quarterly Journal of Economics*, v. 130, n. 1, pp. 111-64, 2015.

9. Lauren E. Willis, "When Nudges Fail: Slippery Defaults". *University of Chicago Law Review*, v. 80, p. 1155, 2013.

10. John Gathergood et al., "How Do Individuals Repay Their Debt? The Balance-Matching Heuristic". *American Economic Review*, v. 109, n. 3, pp. 844-75, 2019.

11. David B. Gross e Nicholas Souleles, "Do Liquidity Constraints and Interest Rates Matter for Consumer Behavior? Evidence from Credit Card Data". *Quarterly Journal of Economics*, v. 117, n. 1, pp. 149-85, 2002.

12. Bureau of Consumer Financial Protection, *The Consumer Credit Card Market*, p. 51.

13. Tally. Disponível em: ‹www.meettally.com›.

14. Bureau of Consumer Financial Protection, *The Consumer Credit Card Market*, p. 68.

12. SEGUROS: NÃO FAÇA TEMPESTADE EM COPO D'ÁGUA [pp. 217-28]

1. Solomon Huebner, "The Development and Present Status of Marine Insurance in the United States". *Annals of the American Academy of Political and Social Science*, v. 26, pp. 241-72, 1905.

2. James Read, "How the Great Fire of London Created Insurance". Museum of London. Disponível em: ‹www.museumoflondon.org.uk/discover/how-great-fire-london-created-insurance›.

3. Justin Sydnor, "(Over)insuring Modest Risks". *American Economic Journal: Applied Economics*, v. 2, n. 4, pp. 177-99, 2010.

4. Saurabh Bhargava, George Loewenstein e Justin Sydnor, "Choose to Lose: Health Plan Choices from a Menu with Dominated Option". *Quarterly Journal of Economics*, v. 132, n. 3, pp. 1319-72, 2017.

5. Chenyuan Liu e Justin R. Sydnor, "Dominated Options in Health-Insurance Plans". National Bureau of Economic Research, documento de trabalho n. 24392, 2018. Disponível em: <www.nber.org/papers/w24392>.

6. "Health Insurance Deductible: How It Works". CZ. Disponível em: <www.cz.nl/en/health-insurance/deductible>.

7. Benjamin R. Handel et al., "The Social Determinants of Choice Quality: Evidence from Health Insurance in the Netherlands". National Bureau of Economic Research, documento de trabalho n. 27785, 2020. Disponível em: <www.nber.org/papers/w27785>.

8. Handel et al., "The Social Determinants of Choice Quality".

9. Katherine Baicker, Sendhil Mullainathan e Joshua Schwartzstein, "Behavioral Hazard in Health Insurance". National Bureau of Economic Research, documento de trabalho n. 18468, 2012. Disponível em: <www.nber.org/papers/w18468>.

10. Niteesh K. Choudhry et al., "Full Coverage for Preventive Medications After Myocardial Infarction". *New England Journal of Medicine*, v. 365 n. 22, pp. 2088-97, 2011.

11. Amitabh Chandra, Evan Flack e Ziad Obermeyer, "The Health Costs of Cost-Sharing". National Bureau of Economic Research, documento de trabalho n. 28439. Disponível em: <www.nber.org/papers/w28439>.

13. DOAÇÃO DE ÓRGÃOS: A ILUSÃO DA SOLUÇÃO-PADRÃO [pp. 231-54]

1. Eric J. Johnson e Daniel G. Goldstein, "Defaults and Donation Decisions". *Transplantation*, v. 78, n. 12, pp. 1713-6, 2004.

2. "National Data: Transplants by Donor Type (January 1, 1988–July 31, 2020)". Organ Procurement and Transplantation Network. Disponível em: <optn.transplant.hrsa.gov/data/view-data-reports/national-data>.

3. "National Data: Overall by Organ, Current U.S. Waiting List". Organ Procurement and Transplantation Network. Disponível em: <optn.transplant.hrsa.gov/data/view-data-reports/national-data>.

4. "Organ Donation Statistics". Health Resources and Services Administration. Disponível em: <www.organdonor.gov/statistics-stories/statistics.html>.

5. Ali Seifi, John V. Lacci e Daniel Godoy, "Incidence of Brain Death in the United States". *Clinical Neurology and Neurosurgery*, v. 195, p. 105885, 2020.

6. Alvin E. Roth, Tayfun Sönmez e M. Utku Ünverd, "Pairwise Kidney Exchange". *Journal of Economic Theory*, v. 125, pp. 151-88, 2005; ver também Scott Simon, "Opinion: Kidney Transplant Chain Is a Touching Act of Kindness". National Public Radio, 31 out. 2020. Disponível em: <www.npr.org/2020/10/31/929802669/opinion-kidney-transplant-chain-is-a-touching-act-of-kindness>.

7. Gary S. Becker e Julio Jorge Elías, "Introducing Incentives in the Market for Live and Cadaveric Organ Donations". *Journal of Economic Perspectives*, v. 21, n. 3, pp. 3-24, 2007.

8. Janet Radcliffe Richards, *The Ethics of Transplants*. Nova York: Oxford University Press, 2012.

9. Shashank Bengali e Ramin Mostaghim, "'Kidney for Sale': Iran Has a Legal Market for the Organs, but the System Doesn't Always Work". *Los Angeles Times*, 15 out. 2017. Disponível em: ‹www.latimes.com/world/middleeast/la-fg-iran-kidney-20171015-story.html›.

10. Alvin E. Roth, "Repugnance as a Constraint on Markets". *Journal of Economic Perspectives*, v. 21, n. 3, pp. 37-58, 2007.

11. "Organ Donation Statistics". Health Resources and Services Administration. Disponível em: ‹www.organdonor.gov/statistics-stories/statistics.html#:~:text=One%20Donor%20Can%20Save%20Eight,up%20to%208%20lifesav ing%20organs›.

12. James F. Childress e Catharyn T. Liverman (Orgs.), *Organ Donation: Opportunities for Action*. Washington, DC: National Academies Press, 2006, p. 241.

13. Health Resources and Services Administration, *National Survey of Organ Donation Attitudes and Practices, 2019*. Rockville, MD: U.S. Department of Health and Human Services, 2020.

14. Donate Life America, "Stronger Together: 2020 Annual Update".

15. "Become an Organ Donor". New York State. Disponível em: ‹www.ny.gov/services/become-organ-donor›.

16. Daimy Van den Eede, "Gigantisch Succes: Meer Dan 26.000 Registraties voor Orgaandonatie in heel Vlaanderen". *Het Laatste Nieuws*, 27 out. 2018. Disponível em: ‹www.hln.be/binnenland/gigantisch-succes-meer-dan-26-000-registraties-voor-orgaandonatie-in-heel-vlaanderen~af353bba›.

17. Section Belgian Transplant Coordinators, "Donor & Transplant Statistics 2018". Disponível em: ‹www.transplant.be/assets/bts_-_donor_and_trans plant_statistics_2018›.

18. Gina Kolata, "Families Are Barriers to Many Organ Donations, Study Finds". *New York Times*, 7 jul. 1995. Disponível em: ‹www.nytimes.com/1995/07/07/us/families-are-barriers-to-many-organ-donations-study-finds.html›.

19. Ann C. Klassen e David K. Klassen, "Who Are the Donors in Organ Donation? The Family's Perspective in Mandated Choice". *Annals of Internal Medicine*, v. 125, n. 1, pp. 70-3, 1996.

20. Judd B. Kessler e Alvin E. Roth, "Don't Take 'No' for an Answer: An Experiment with Actual Organ Donor Registrations". National Bureau of Economic Research, documento de trabalho n. w20378, 2014. Disponível em: ‹ssrn.com/abstract=2482141›.

21. "How We Help and Support Donors". Donor Care Network. Disponível em: ‹www.donorcarenet.org/support-and-protections›.

22. Jacob Lavee et al., "Preliminary Marked Increase in the National Organ Donation Rate in Israel Following Implementation of a New Organ Transplantation Law". *American Journal of Transplantation*, v. 13, n. 3, pp. 780-5, 2012.

23. "Donazione dopo la morte". Ministero della Salute de Italia. Disponível em: ‹www.trapianti.salute.gov.it/trapianti/dettaglioContenutiCnt.jsp?lingua=italiano&area=cnt&menu=cittadini&sottomenu=diventare&id=245›.

24. Alexandra K. Glazier, "Organ Donation and the Principles of Gift Law". *Clinical Journal of the American Society of Nephrology*, v. 13, n. 8, pp. 1283-4, 2018.

25. Rafael Matesanz e Beatriz Domínguez-Gil, "Opt-Out Legislations: The Mysterious Viability of the False". *Kidney International*, v. 95, n. 6, pp. 1301-3, 2019.

26. Rafael Matesanz et al., "Spanish Experience as a Leading Country: What Kind of Measures Were Taken?". *Transplant International*, v. 24, n. 4, pp. 333-43, 2011; Rafael Matesanz, "A Decade

of Continuous Improvement in Cadaveric Organ Donation: The Spanish Model". *Nefrología*, v. 21, n. S5, p. 59, 2001.

27. "Statistics About Organ Donation". NHS. Disponível em: ‹www.organdonation.nhs.uk/helping-you-to-decide/about-organ-donation/statistics-about-organ-donation›.

28. Alexandra Glazier e Thomas Mone, "Success of Opt-in Organ Donation Policy in the United States". *JAMA*, v. 322, n. 8, pp. 719-20, 2019.

29. Health Resources and Services Administration, *National Survey of Organ Donation Attitudes and Practices, 2019*.

30. "Find Your Local Organ Procurement Organization". Health Resources and Services Administration. Disponível em: ‹www.organdonor.gov/awareness/organizations/local-opo.html›.

14. SALVANDO O PLANETA [pp. 255-78]

1. Michael Burger, Jessica Wentz e Radley Horton, "The Law and Science of Climate Change Attribution". *Columbia Journal of Environmental Law*, v. 45, p. 57, 2020; ver também Rebecca Hersher, "Climate Change Was the Engine That Powered Hurricane Maria's Devastating Rains". National Public Radio, 17 abr. 2019. Disponível em: ‹www.npr.org/2019/04/17/714098828/climate-change-was-the-engine-that-powered-hurricane-marias-devastating-rains›.

2. Richard J. Lazarus, "Super Wicked Problems and Climate Change: Restraining the Present to Liberate the Future". *Cornell Law Review*, v. 94, n. 5, pp. 1153-234, 2009.

3. Edna Ullmann-Margalit, *The Emergence of Norms*. Oxford: Clarendon Press, 1977.

4. Garrett Hardin, "The Tragedy of the Commons". *Science*, v. 162, n. 3859, pp. 1243-8, 1968.

5. Paul A. Samuelson, "The Pure Theory of Public Expenditure". *Review of Economics and Statistics*, v. 36, n. 4, pp. 387-9, 1954.

6. Robyn M. Dawes, Jeanne McTavish e Harriet Shaklee, "Behavior, Communication, and Assumptions About Other People's Behavior in a Commons Dilemma Situation". *Journal of Personality and Social Psychology*, v. 35, n. 1, pp. 1-11, 1977; R. Mark Isaac e James M. Walker, "Communication and Free-Riding Behavior: The Voluntary Contribution Mechanism". *Economic Inquiry*, v. 26, n. 4, pp. 585-608, 1988.

7. James Hansen et al., "Assessing 'Dangerous Climate Change': Required Reduction of Carbon Emissions to Protect Young People, Future Generations and Nature". *PloS One*, v. 8, n. 12, p. e81648, 2013.

8. "China's Environmental Abuses Fact Sheet". U.S. Embassy and Consulates in Brazil. Disponível em: ‹br.usembassy.gov/chinas-environmental-abuses-fact-sheet›.

9. Linda Babcock e George Loewenstein, "Explaining Bargaining Impasse: The Role of Self-Serving Biases". *Journal of Economic Perspectives*, v. 11, n. 1, pp. 109-26, 1997.

10. Ernst Fehr e Simon Gächter, "Cooperation and Punishment in Public Goods Experiments". *American Economic Review*, v. 90, n. 4, pp. 980-94, 2000.

11. William Nordhaus, "Climate Clubs: Overcoming Free-Riding in International Climate Policy". *American Economic Review*, v. 105, n. 4, pp. 1339-70, 2015.

12. "Carbon Taxes II". Initiative on Global Markets. Disponível em: ‹www.igmchicago.org/surveys/carbon-taxes-ii›.

13. "Carbon Taxation in Sweden". Government Offices of Sweden, Ministry of Finance, 2020. Disponível em: ‹www.government.se/government-policy/taxes-and-tariffs/swedens-carbon-tax›.

14. "Carbon Taxation in Sweden". Government Offices of Sweden.

15. Julius Andersson, "Cars, Carbon Taxes and CO_2 Emissions". Centre for Climate Change Economics and Policy, documento de trabalho n. 238; Grantham Research Institute on Climate Change and the Environment, documento de trabalho n. 212, 2017. Disponível em: ‹www.cccep.ac.uk/wp-content/uploads/2017/03/Working-paper-212-Andersson_update_March2017.pdf›.

16. Helga Fehr-Duda e Ernst Fehr, "Sustainability: Game Human Nature". *Nature*, v. 530, pp. 413-5, 2016.

17. Robert N. Stavins, "Assessing the Energy Paradox". *Environmental Forum*, v. 32, p. 14, 2015. Disponível em: ‹scholar.harvard.edu/files/stavins/files/column_67.pdf›.

18. Hunt Allcott e Michael Greenstone, "Is There an Energy Efficiency Gap?". *Journal of Economic Perspectives*, v. 26, n. 1, pp. 3-28, 2012; Hunt Allcott e Cass R. Sunstein, "Regulating Internalities". *Journal of Policy Analysis and Management*, v. 34, n. 3, pp. 698-705, 2015; Renate Schubert e Marcel Stadelmann, "Energy-Using Durables—Why Consumers Refrain from Economically Optimal Choices". *Frontiers in Energy Research*, v. 3, 2015. Disponível em: ‹www.frontiersin.org/articles/10.3389/fenrg.2015.00007/full›.

19. Congressional Budget Office, "Homeland Security and the Private Sector", 2004. Disponível em: ‹www.cbo.gov/sites/default/files/108th-congress-2003-2004/reports/12-20-homelandsecurity.pdf›.

20. "EPCRA Milestones Through the Years". United States Environmental Protection Agency. Disponível em: ‹www.epa.gov/epcra/epcra-milestones-through-years›.

21. Archon Fung e Dara O'Rourke, "Reinventing Environmental Regulation from the Grassroots Up: Explaining and Expanding the Success of the Toxics Release Inventory". *Environmental Management*, v. 25, pp. 115-27, 2000.

22. James T. Hamilton, *Regulation Through Revelation*. Nova York: Cambridge University Press, 2005.

23. "What We Do". CDP. Disponível em: ‹www.cdp.net/en/info/about-us/what-we-do›.

24. "With #Alpha, 2020 Atlantic Tropical Storm Names Go Greek". National Oceanic and Atmospheric Administration. Disponível em: ‹www.noaa.gov/news/with-alpha-2020-atlantic-tropical-storm-names-go-greek#:~:text=Hav ing%20reached%20the%20end%20of,by%20the%20World%20Meteoro logical%20Organization›.

25. Felix Ebeling e Sebastian Lotz, "Domestic Uptake of Green Energy Promoted by Opt-Out Tariffs". *Nature Climate Change*, v. 5, pp. 868-71, 2015.

26. Micha Kaiser et al., "The Power of Green Defaults: The Impact of Regional Variation of Opt-Out Tariffs on Green Energy Demand in Germany". *Ecological Economics*, v. 174, p. 106685, 2020.

27. Robert Walton, "Home Energy Reports: Still the 'Biggest, Baddest Way' to Drive Customer Behavior". *Utility Dive*, 10 jul. 2019. Disponível em: ‹www.utilitydive.com/news/homeenergyreportsstillthebiggestbaddest-way-to-drive-customer-beh/558166›.

28. Hunt Allcott e Todd Rogers, "The Short-Run and Long-Run Effects of Behavioral Interventions: Experimental Evidence from Energy Conservation". *American Economic Review*, v. 104, n. 10, pp. 3003-37, 2014.

29. Benjamin Goldstein, Dimitrios Gounaridis e Joshua P. Newell, "The Carbon Footprint of Household Energy Use in the United States". *Proceedings of the National Academy of Sciences*, v. 117, n. 32, pp. 19122-30, 2020.

15. MUITO BARULHO POR CAUSA DOS NUDGES! [pp. 281-300]

1. Algumas das críticas também são abordadas em Richard H. Thaler, *Misbehaving* (2015); Cass R. Sunstein, *Why Nudge?* (2014); e Cass R. Sunstein, *How Change Happens* (2019).

2. James B. Stewart, "How Broccoli Landed on Supreme Court Menu". *New York Times*, 13 jun. 2012. Disponível em: ‹www.nytimes.com/2012/06/14/business/how-broccoli-became-a-symbol-in-the-health-care-debate.html›.

3. Richard H. Thaler, "Slippery-Slope Logic, Applied to Health Care". *New York Times*, 12 maio 2012. Disponível em: ‹www.nytimes.com/2012/05/13/business/economy/slippery-slope-logic-vs-health-care-law-economic-view.html›; ver também Henry L. Tischler, *Introduction to Sociology*. 11. ed. Boston: Cengage Learning, 2013, p. 261.

4. Thaler, "Slippery-Slope Logic, Applied to Health Care".

5. "Women in the U.S. Congress 2020". Center for American Women and Politics. Disponível em: ‹cawp.rutgers.edu/women-us-congress-2020›.

6. Glen Whitman, "The Rise of the New Paternalism". Cato Unbound. Disponível em: ‹www.cato-unbound.org/2010/04/05/glen-whitman/rise-new-paternalism›.

7. Ralph Hertwig e Till Grüne-Yanoff, "Nudging and Boosting: Steering or Empowering Good Decisions". *Perspectives on Psychology Science*, v. 12, n. 6, pp. 973-86, 2017.

8. Gerd Gigerenzer, "On the Supposed Evidence for Libertarian Paternalism". *Review of Philosophy and Psychology*, v. 6, n. 3, pp. 361-83, 2015.

9. Daniel Fernandes, John G. Lynch e Richard G. Netemeyer, "Financial Literacy, Financial Education, and Downstream Financial Behaviors". *Management Science*, v. 60, n. 8, p. 1861, 2014.

10. Edward Glaeser, "Paternalism and Psychology" *University of Chicago Law Review*, v. 73, n. 1, pp. 133-56, 2006.

11. Hendrik Bruns et al., "Can Nudges Be Transparent and Yet Effective?". *Journal of Economic Psychology*, v. 65, pp. 41-59, 2018. Disponível em: ‹papers.ssrn.com/sol3/papers.cfm?abstract_id=2816227›; George Loewenstein et al., "Warning: You Are About to Be Nudged". *Behavioral Science and Policy Association*, v. 1, n. 1, pp. 35-42, 2015.

12. Craig R. M. McKenzie, Michael J. Liersch e Stacey R. Finkelstein, "Recommendations Implicit in Policy Defaults". *Psychological Science*, v. 17, n. 5, pp. 414-20, 2006.

13. Anne Barnhill, "What Is Manipulation?". In: Christian Coons e Michael Weber (Orgs.), *Manipulation: Theory and Practice*. Nova York: Oxford University Press, 2014, pp. 51-72. O relato do próprio Barnhill é mais sutil.

14. Cass R. Sunstein, *The Ethics of Influence*. Nova York: Cambridge University Press, 2016.

15. Ver Cass R. Sunstein, *The Ethics of Influence*; e Cass R. Sunstein e Lucia Reisch, *Trusting Nudges*. Nova York: Routledge, 2019.

16. John Rawls, *A Theory of Justice*. Cambridge, MA: Harvard University Press, 1971.

17. Ver Sunstein e Reisch, *Trusting Nudges*.

18. "Cooling-Off Period for Door-to-Door Sales", 37 Fed. Reg. 22934 (26 out. 1972; a ser codificado em 16 CFR 425).

19. Ver, por exemplo, Cal. Fam. Code §2339(a) (que exige um período de espera de seis meses antes que uma sentença de divórcio se torne definitiva); Conn. Gen. Stat. §46b-67(a) (que exige um período de espera de noventa dias antes que o tribunal possa dar seguimento a um pedido de divórcio). Para uma discussão mais ampla, ver Elizabeth S. Scott, "Rational Decision Making About Marriage and Divorce". *Virginia Law Review*, v. 76, pp. 9-94, 1992.

20. Camerer et al., "Regulation for Conservatives".

21. George Loewenstein e Nick Chater, "Putting Nudges in Perspective". *Behavioural Public Policy*, v. 1, n. 1, pp. 26-53, 2017.

22. John Chalmers et al., "Auto-Enrollment Retirement Plans for the People: Choices and Outcomes in OregonSaves". National Bureau of Economic Research, documento de trabalho n. w28469, 2021. Disponível em: <www.nber.org/papers/w28469>.

23. Para uma discussão mais detalhada dessas questões, ver Cass R. Sunstein, "Behavioral Welfare Economics". *Journal of Benefit-Cost Analysis*, v. 11, n. 2, pp. 196-220, 2020.

Índice remissivo

As páginas indicadas em itálico referem-se às ilustrações.

1ª EDIÇÃO [2023] 2 reimpressões

ESTA OBRA FOI COMPOSTA PELA ABREU'S SYSTEM EM INES LIGHT
E IMPRESSA EM OFSETE PELA LIS GRÁFICA SOBRE PAPEL PÓLEN DA
SUZANO S.A. PARA A EDITORA SCHWARCZ EM JUNHO DE 2024

FSC
www.fsc.org
MISTO
Papel | Apoiando
o manejo florestal
responsável
FSC® C112738

A marca FSC® é a garantia de que a madeira utilizada na fabricação do papel deste livro provém de florestas que foram gerenciadas de maneira ambientalmente correta, socialmente justa e economicamente viável, além de outras fontes de origem controlada.